Fake for Real

Judith Mair, Silke Becker

Fake for Real

Über die private und politische Taktik des So-tun-als-ob

Campus Verlag
Frankfurt/New York

Bibliografische Information der Deutschen Bibliothek
Die Deutsche Bibliothek verzeichnet diese Publikation in der Deutschen Nationalbibliografie. Detaillierte bibliografische Daten sind im Internet über http://dnb.ddb.de abrufbar.
ISBN 3-593-37675-X

Umschlaggestaltung: Büro Hamburg
Satz: Fotosatz L. Huhn, Maintal-Bischofsheim
Druck und Bindung: Freiburger Graphische Betriebe
Gedruckt auf säurefreiem und chlorfrei gebleichtem Papier.
Printed in Germany

Besuchen Sie uns im Internet: www.campus.de

Inhalt

Einleitung

»Es kommt weniger darauf an, das Ganze
zu erfassen, sondern irgendwo anzufangen.«

Heinz Bude

Schaltet man heute den Fernseher ein, schlendert durch Buchhandlungen oder schlägt die Zeitung auf, sieht und hört man immer wieder dieselben, die meinen, einem sagen zu müssen, worum die Welt sich eigentlich dreht und wohin die Reise geht. Die typischen, im medialen Raum dauercampierenden Meinungsmacher, die ihre Sicht der Dinge in Talkshowsesseln, Podiumsdiskussionen und auf Buch- oder Zeitungsseiten zum Besten geben, gehören dem etablierten Zirkel der »Immergleichen Selbsternannten Diskurshoheiten« (Rufname: »ISD«) an. Ein typisches Bild, das sich einem bietet, wenn die ISD zum Palaver ansetzen, hat Sibylle Berg in *Ende gut* beschrieben: »Im Fernsehen auf allen Kanälen Gesprächsrunden alter Männer. Die dürfen das, alt sein und schlecht riechen, Couperose an den Rotweinzinken, Mistquatschen und dank Viagra auch noch ficken bis sie umfallen. Sloterdijk, Schäuble und Scholl-Latour, diverse haarlose Friedens-, Terror-, Al-Qaida- und Chaosforscher sitzen breitbeinig auf Talksesseln und fallen sich ins Wort.«

Darüber könnte man mit etwas Geschick hinwegsehen und es, wie nicht unüblich, unter der Kategorie Parallelgesellschaft (Slogan: »Das ist nicht meine Welt«) ablegen, wäre da nicht der selbst gebastelte Access-All-Areas-Pass in den Händen der ISD und ihr

Anspruch, die Wahrheit gepachtet zu haben. Hört man ihnen zu, erfährt man allerhand, und zu guter Letzt auch bislang ungeahnte Neuigkeiten über sich selbst. Beispielsweise, dass man ein auf ästhetische Details versessenes, nicht mehr genügend Nachwuchs produzierendes, nicht erwachsen werden wollendes Ex-Dauermitglied der Spaßgesellschaft ist, das sich mit einem Leben als unauthentisches Remake zufrieden gibt, seine Meinung allenfalls in ironisch gefärbten Zwischenrufen kundtut und sich in der lässigen Pose des Unpolitischen gefällt. Und so steht man dann da. Wahlweise in der Rolle des unbelehrbaren, nicht an Konsens interessierten, globalisierungsfeindlichen Freaks, des sozialromantischen Retro-Idealisten, kategorisch unpolitischen Heiapopeia-Berufsjugendlichen oder der chronisch zu kurz gekommenen, gegen den Turbo-Kapitalismus-wetternden Heulsuse.

Trotz alledem zählt man mit diesem kleinen Imageproblem noch lang nicht zu denen, die am meisten Grund zur Beschwerde hätten. In der aktuellen Schusslinie stehen – als desillusionierte Klingelton konsumierende Minderheit – die, die das sind, was die meisten gerne wären: jung. Und müssen sich dafür zum Dank nun von denen, die meinen, ein Dauerabonnement auf das zu haben, was man »Jugend« nennt, erklären lassen, wie das eigentlich geht mit dem jung und wild sein.

Ob Heiapopeia-Generation oder Klingelton-Junkie – genau genommen zeigen beide Erfindungen eigentlich nur eins: Langsam und auch mit viel gutem Willen ist nicht mehr zu übersehen, dass die Maßstäbe, mit denen die ISD hantiert, um ihre Version der Wahrheit zu fabrizieren, ihr Haltbarkeitsdatum überschritten haben. Und das nicht erst seit gestern. Die meisten der heute verabreichten Die-Welt-so-wie-sie-wirklich-ist-Wahrheiten aus dem Hause ISD sind so ungenießbar geworden wie schlechte Milch.

Um die Welt, so wie sie wirklich ist, dreht sich dieses Buch dann auch weniger, sondern um das So-tun-als-ob – und damit um die genau entgegengesetzte Richtung. Beim So-tun-als-ob geht es um

Aufmerksamkeit, Image, Inszenierung, Schein und Fiktion und damit um die Welt, so wie sie auch und noch sein könnte.

Für uns ist das So-tun-als-ob die ultimative private und politische Überlebensstrategie und ein weit verbreitetes, erstaunlich alltagstaugliches Muster. Anders gesagt: Mit dem So-tun-als-ob rettet man sich über den Tag, vermutet es bei anderen und unterstellt es den großen politischen, wirtschaftlichen und medialen Systemen. Wer so tut als ob, trägt gleichzeitig gesellschaftlichen Veränderungen (im Seminarjargon formuliert: Pluralisierung, Individualisierung, Fiktionalisierung, Ökonomisierung, Medialisierung, Ästhetisierung) Rechnung und balanciert so die Widersprüche aus, die Gesellschafts- und Wirtschaftspolitik täglich zu ihm durchreichen.

In der politischen Dimension wird das Fake for Real zum politischen Instrument der Nichteinverstandenen: ein schier unerschöpfliches Sortiment an vielseitig einsetzbaren Kritik- und Protestformen aus gefakten Meinungen, Informationen oder Produkten, mit denen sich die Schwachstellen und Absurditäten des Systems durchaus offen legen lassen.

So ist dieses Buch dann auch der Versuch, herauszufinden, ob es sich bei dem Nichteinverstandensein tatsächlich um die mager besuchte Randveranstaltung der zum Dialog unfähigen Unbelehrbaren mit naiven ökonomischen Erstklässler-Kenntnissen handelt, als die sie uns verkauft werden soll. Oder ob wir es nicht längst mit einer gut besuchten Fankurve inklusive einer wachsenden Anzahl von Dauerkartenbesitzern zu tun haben, die sich fragen, ob oder wie sie ihrem Nichteinverstandensein Gehör verschaffen können.

Unter der Prämisse – »Merkt hier eigentlich noch jemand was?« – widmet sich das erste Kapitel der Frage, was es heute bedeutet, erwachsen, erfolgreich, authentisch und politisch zu sein. Es antwortet damit auf die offiziell kursierenden, von der ISD in die Welt gesetzten Definitionen, die nicht mehr allzu viel taugen, da sie aus einer Zeit stammen, in der die gesellschaftspolitischen

Koordinaten andere waren und das So-tun-als-ob die meisten der Bewertungsmuster noch nicht aus den Angeln gehoben hatte. Eine vergangene Zeit des »Mehr«, der linearen Lebensläufe und des Wohlfahrtsstaates, in der zwischen Alten und Jungen, Arbeitslosen und Unternehmern, Fiktion und Realität, links und rechts oder Kritik und Konsens noch Welten lagen. Höchste Zeit, die ungenießbar gewordenen Definitionen durch die Sowohl-als-auch- und So-ungefähr-Definitionen zu ersetzen, die schon eine ganze Weile jenseits der ISD existieren und sich als praxistauglich erweisen.

Im zweiten Kapitel werfen wir einen Blick auf die verschobenen Koordinaten, zwischen denen sich unser privates Alltagsleben abspielt. Im Mittelpunkt stehen die großen Realitätsproduzenten und -umschlagplätze (wie Marketing, Medien, Ökonomie, Politik) und die von ihnen produzierten Selfmade-Wahrheiten. Getreu der These, dass es nichts zwischen Himmel und Erde gibt, was nicht gesellschaftlich vermittelt ist, dreht es sich um das Standardsortiment der gesellschafts- und wirtschaftspolitischen Bausteine, aus dem man sich bedient, um sich daraus Lebensstile, Meinungen und Identitäten zu basteln. Und da Form und Material der im Sortiment verfügbaren Bausteine in letzter Zeit oft verändert wurden, stehen auch die Wände des privaten Mikrokosmos verdächtig schräg. Anders gesagt: Es wird ungemütlich. Und immer schwieriger, den eigenen Privatkosmos zum harmlosen gesellschaftspolitischen Niemandsland zu erklären.

Im dritten Kapitel finden sich die vier Anpassungsübungen und Strategien, um mit den Widersprüchen, die die beschriebenen Systeme tagtäglich produzieren, halbwegs gekonnt zu jonglieren – ohne darüber verrückt oder depressiv zu werden. Anpassungsübungen, die ein wenig Struktur und Vergnügen in das Dickicht bringen: Mit einem »Wer bin ich und wenn ja wie viele?« erklärt der routinierte Zeitgenosse das Ich zum Zitat und das eigene Leben zum Film mit Drehbuch, Requisite und Publikum. Mit einem entschiedenen »Sowohl-als-auch« widersetzt er sich trotzig der Ausschließlichkeit der So-und-nicht-anders-Denkenden und erklärt Widersprüche zum einzig Verlässlichen und Eindeutigen. Sollte es dennoch Turbulenzen geben, kann man immer noch »Das Prinzip Eigentlich« als Joker einsetzen, mit dem das Mögliche im Handumdrehen zum Tatsächlichen wird – eine unverzichtbare Voraussetzung für das einzig wahre, authentische Leben im »So-tun-als-ob-Modus«.

Das vierte Kapitel greift unter den Vorzeichen des zweiten und dritten Kapitels die Frage auf, ob, und wenn ja, wie, es heute möglich ist, politisch zu sein. Es erzählt von neuen Formen des politischen Protests, die sich den klassischen Politikbereichen entziehen und auf den Feldern der Populärkultur wildern. Es zeigt, wie eng Kritik und Konsum heute ineinander verkeilt sind und welche geschickten Defensivstrategien Wirtschaft und Politik entwickelt haben, um Kritik erst zu verharmlosen – und dann für sich auszuschlachten. Wer sich unter Politischsein, trotz des gewieften Ausverkaufs und der Banalisierung des Dagegegenseins, etwas anderes vorstellt als Charity-Galas und Eier von freilaufenden Hühnern zu kaufen, sollte es einmal mit dem Fake for Real versuchen: Die politische Variante des So-tun-als-ob, mit der sich hervorragend ein paar symbolisch explosive Bausteine in die tragenden Wände der Systeme einschleusen lassen – und die »Ordnung des Diskurses« durchaus gestört werden könnte.

1. Kapitel

»Wenn wir uns an Metaphern klammern, die wir als Kinder gehört haben, werden wir sicher untergehen. Sie beschreiben nicht mehr unsere persönliche oder globale Erfahrung. Wie ein Kind, das zu lange unter dem Rock der Mutter bleibt, bleiben wir in unserer Entwicklung stecken. Wie ein überfälliger Fötus vergiften wir den Planeten, der uns hervorgebracht hat. Es ist an der Zeit, uns selbst zu entbinden.«

Douglas Rushkoff

Von der Nutzlosigkeit, erwachsen zu werden*

Erwachsensein als Privatveranstaltung

Wenn derzeit jemand an seinem Image arbeiten müsste, dann wäre es das Erwachsensein – inklusive seinem persönlichen, ein wenig mehr nach Dynamik klingenden Zubringer: dem Erwachsenwerden. Man kann es drehen und wenden wie man will: Es sieht einfach alt aus.

Dass es um den Begriff nicht gut bestellt ist, zeigt auch dessen mediale Verwertung – meist ein relativ verlässlicher Indikator, um

* *Von der Nutzlosigkeit, erwachsen zu werden* ist der Titel eines 1985 von Georg Heinzen und Uwe Koch bei Rowohlt erschienenen Buches

etwas über die ideelle Kursnotierung, und damit das Image einer Sache, zu erfahren.

Da wäre zunächst die Ermahnung »Tu nicht so erwachsen!« (Abbildung 1), zum Beispiel in einer Anzeigenkampagne für den Renault Modus, von der anzunehmen ist, dass sie sich an Volljährige wendet.

»Eigentlich sollten wir erwachsen werden«, lautet wiederum das Motto des Magazins *Neon*, das sich laut eigener Aussage an all jene Menschen wendet, »die erwachsen geworden sind, sich dafür aber eigentlich noch zu jung fühlen«. Stornierte Nachfragen und fallende Umsatzzahlen meldet auch die Wissenschaft:

»Das Erwachsenen-Alter ist für viele keine erstrebenswerte Entwicklungsphase mehr. Es erscheint den wenigsten als Fortschritt«, so der Kinder- und Jugendpsychologe Helmut Wetzel von der Universität Freiburg. Kurzum: Ob in Werbeagenturen, Redaktionen oder Instituten, hier wie da herrscht die Einsicht, Erwachsensein ist unsexy und lohnt sich nicht.

Tu nicht so erwachsen.
Werbeslogan von Renault

Eine Handvoll guter Gründe dafür

liefert Irvine Welschs oft zitierter Satz aus *Trainspotting:*

> 4 % Erwachsen. 100 % Ich.
> **Werbespot für Fructis / Shampoo**

»Sag ja zum Leben, sag ja zum Job, sag ja zur Karriere, sag ja zur Familie. Sag ja zu einem pervers großen Fernseher. Sag ja zu Waschmaschinen, Autos, CD-Playern und elektrischen Dosenöffnern. Sag ja zur Gesundheit, niedrigem Cholesterinspiegel und Zahnzusatzversicherung. Sag ja zur Bausparkasse, sag ja zur ersten Eigentumswohnung, sag ja zu den richtigen Freunden. Sag ja zur Freizeitkleidung mit passenden Koffern, sag ja zum dreiteiligen Anzug auf Ratenzahlung in hundert Scheiß-Stoffen. Sag ja zu Do-it-yourself und dazu, auf deiner Couch zu hocken und dir hirnlähmende Gameshows reinzuziehen. Und dich dabei mit Scheiß-Junk-Fraß voll zu stopfen. Sag ja dazu, am Schluss vor dich hin zu verwesen, dich in einer elenden Bruchbude voll zu pissen und den missratenen Ego-Ratten von Kindern, die du gezeugt hast, damit sie dich ersetzen, nur noch peinlich zu sein. Sag ja zur Zukunft, sag ja zum Leben.«

Bessere Umfragewerte erzielt das Erwachsensein nur bei jenen, die es allein vom Hörensagen kennen, also bei denen, die es selbst, zumindest rein rechtlich, noch nicht sind. Die betreffenden Eintrittskoordinaten lauten 18/18, heißen volljährig und haben allerhand Möglichkeiten und Rechte im Gepäck, wobei der Führerschein und die Volltrunkenheit bis spät in die Nacht zu den beliebtesten gehören – nicht so das uneingeschränkte Wahlrecht.

Wie das Wort schon in sich verdeutlicht, lehnt es sich aktiv an einen Vorgang, das Erwachsenwerden an, und will man diesen Prozess erfolgreich absolvieren, sind vorweg zwei Fragen zu beantworten.

> Diejenigen die heute 35 sind, stecken immer noch in ihrer Adoleszenz.
> **Wolfgang Schmidbauer**

Die erste lautet: »Was will ich?« An sie schließt sich, sobald beantwortet, Frage Nr. 2 an: »Wie erreiche ich das (was ich will)?« Dabei ist vorgesehen,

> Wenn ich daran denke, wie naiv ich selbst mit 25 war, habe ich das Gefühl: Bis zu diesem Alter ist man eigentlich noch ein Embryo.
>
> **Douglas Coupland**

dass Frage Nr. 1 zügig beantwortet wird, damit möglichst rasch mit der Umsetzung des lückenlosen Strategieplans – als Antwort auf Frage Nr. 2 – begonnen werden kann. Nicht vorgesehen ist hingegen: erstens sich Fragen Nr. 1 und 2 mehrmals zu stellen, zweitens sich mit den Antworten Zeit zu lassen und drittens die Gegenfrage: Warum? Heute, da die Frage nach dem Warum einen der vorderen Plätze im Katalog der kollektiven Lieblingsfragen belegt und das Infragestellen einmal gefasster Entschlüsse und eingeschlagener Wege längst zum guten Ton gehört, braucht es hingegen einige Mühe und auch ein wenig Dogmatismus, um sie sich nicht zu stellen. Und so entpuppt sich das herbeigesehnte Privileg, die alleinige Verantwortung für seine Entscheidungen zu übernehmen, nicht selten als fortschreitendes Desaster, dem niemand ein Ende macht, nicht einmal man selbst.

»Exploration« nennt Norbert Bolz die Phase der Entdeckungen, des Entlassens in die Orientierungslosigkeit, in ein Leben voller Wahlmöglichkeiten. Wobei die Frage lautet: Welche Konsequenzen, die zu tragen man ermahnt wird, sind überhaupt überschaubar? So ist man, noch ehe man sich versieht, mittendrin im Marathon der Gewissensbisse und der Doppelbödigkeit und damit weit entfernt von dem, was Bolz als eine unsere Kultur versorgende »Zeit der Neugier und Frechheit« bezeichnet: eine »Einheit von erwarteter Überraschung und Problemlösungsverhalten«. Was er nicht sieht: Die Frechheit, mit der sich die neugierig erwarteten Überraschungen als unerwartete Probleme entpuppen. Was unschwer daran zu erkennen ist, dass man heute immer wieder die gleichen oder zumindest ähnliche Probleme wälzt wie die, die

> Die Kinder der 68er werden in eine Rush-Hour-Konstruktion gepresst. Die Gesellschaft erwartet, dass sie ihr Leben zwischen 30 und 55 voll gelebt haben. Das ist schwer auszuhalten.
>
> **Hans Bertram**

schon in der Postpubertät nur für ratloses Schulterzucken gesorgt haben.

Das einzige, was sich mit fortschreitendem Alter verändert, ist die Dimension der Verstrickung in kapitalistische Loops, die immer größere Kreise ziehen. Anders gesagt: Probleme werden nicht länger gelöst, sondern verschoben, Entscheidungen nicht länger getroffen, sondern auf morgen vertagt und aus der Forderung nach Taschengelderhöhung ist längst das routinierte Schielen auf das Limit des eigenen Dispos geworden. Es scheint vor allem der finale Charakter zu sein, der dogmatisch erhobene So-und-nicht-anders-man-gewöhnt-sich-an-alles-Zeigefinger, der dafür sorgt, dass manch einen die Befürchtung beschleicht, das Beste sei nun vorbei, ab sofort käme es lediglich darauf an, das Beste draus zu machen.

Dabei war es um das Erwachsensein längst nicht immer so schlecht bestellt. In den Fünfzigern, als dem Leben noch mit Eindeutigkeit beizukommen war und die Antworten auf die Frage nach dem Warum sich erschreckend ähnelten, erfreute es sich größter Beliebtheit und galt damit durchaus als das, was man heute hip nennen würde.

Statt wie heute Sechzigjährige bei der Beteuerung ihrer Jugendlichkeit zu bestaunen, war es damals nicht unüblich, bereits mit Mitte 30 dem Lebensstil eines Rentnerpaares nachzueifern.

Wobei es nicht das Geringste gegen Bowle-Partys, Cocktailsessel, Petticoats und Weintrauben-Käsespießchen zu sagen gäbe – aber dann kam die Individualisierung dazwischen und mit ihr das, was man im Soziologenjargon »Pluralisierung der Lebensstile« nennt.

Damit war der serielle Mangel an Gelegenheiten vorbei – bis heute der sicherste Garant eines auf Eindeutigkeit und Routine basierenden »erwachsenen« Lebens.

> Ich entdecke gerade eine immer wiederkehrende pubertierende Phase, die natürlich mittlerweile besser auszuhalten ist als mit 16 oder 13. Beim ersten Mal Pubertieren ist es besonders schlimm. Mittlerweile ist es schon das 20. Mal und ich muss sagen: Es geht immer besser.
> **Inga Humpe**

> Und ich werde niemals sagen: »Man gewöhnt sich an alles.« Ich werde mich nicht gewöhnen. Und ich werde meine Ziele nicht widerrufen, nur weil sie sich nicht erreichen lassen.
> *Von der Nutzlosigkeit erwachsen zu werden,* **Heinzen/Koch**

Umso erstaunlicher ist, wie unversehrt die auf die fünfziger Jahre datierte Version des Erwachsenseins diese Entwicklung überstanden hat. Als hätte es die letzten Jahrzehnte irgendwo überwintert, steht es da in seinem muffigen, dürftig überarbeiteten Fifties-Look, aus dem es längst herausgewachsen ist, um uns Erklärungsformen zu präsentieren, die nicht mehr im geringsten dazu taugen, die Wirklichkeit zu beschreiben. Und auch ein Revival scheint nicht in Sichtweite. Die Cocktailsessel der fünfziger Jahre (alles Originale!) stehen inzwischen in Designer-Shops, Kleiderständer mit Petticoats bei H&M und Käsespießchen auf Geburtstagsfeiern. Nur das Erwachsensein eignet sich offensichtlich schlecht als popkulturelles Zitat, »Erwachsensein rockt«-Buttons wurden bisher jedenfalls nicht gesichtet. Und auch sonst scheint nicht zu befürchten, dass es in ein paar Jahren mit dem Nostalgielabel Retro – dem offiziell anerkannten Gütesiegel totaler Harmlosigkeit – ausgezeichnet zu neuer Popularität gelangt. Was daran liegen mag, dass sich seit Jahrzehnten niemand um ein inhaltliches oder marketingtechnisches Update gekümmert hat.

Und so ist, da weder der Zustand selbst noch die Beschäftigung mit ihm besonders erstrebenswert erscheint, dem Erwachsensein das widerfahren, was man gemeinhin von Produkten kennt, zu denen kaum noch einer greift. Es wirkt wie aus einer anderen Zeit und doch noch immer nicht fremd genug, um mit einem gewissen Charme zu kokettieren. Was wiederum ein Indiz dafür ist, dass es als Realitätsdefinitionsetikett »immer noch« zu viel Aktualität besitzt, um »schon wieder« aufgewärmt und durch den ästhetischen Durchlauferhitzer gejagt zu werden.

Die Wahl der richtigen Koordinaten: So und nicht anders – Das alles und noch viel mehr.

Wirft man einen Blick auf die offiziell verfügbaren Definitionen, so hat man die Auswahl zwischen mehr als einer Hand voll Versionen des Erwachsenseins. Hier die zwölf wichtigsten:

1. Die Altersgrenze-Variante (30plus),
2. die die ökonomische Unabhängigkeit betonende (keine Kontoeingänge von Familienangehörigen),
3. die Wohlstandsvariante (»Mein Haus, mein Auto, mein Boot«),
4. die biologische (schwaches Bindegewebe, Haarausfall),
5. sowie, direkt damit zusammenhängend, die die Partnerwahl prägende (»Ja, die inneren Werte«),
6. weiter die akademische (Nietzsche statt Nintendo),
7. die institutionelle (Familie, Heirat),
8. die vorsorgende (Rentenversicherung, Bausparvertrag),
9. die ästhetische (»keine Kerzen aus dem Supermarkt«),
10. die genussorientierte (Burgunder statt Dosenbier),
11. die berufliche (»Und was machen Sie so?«),
12. und die freizeitorientierte Variante (»Ich muss morgen früh raus.«).

Auch wenn alle Varianten zusammengenommen stark an einen Horrortrip mit Oneway-Ticket erinnern, besteht nicht der geringste Grund zur Beunruhigung, da sie, zumindest im Dutzend – »12 von 12? Gratuliere!« – als verlässliche Anhaltspunkte des Erwachsenseins ausgedient haben.

Soweit bis hierhin sichtbar, ist das, was man unter Erwachsensein versteht, individuell aushandelbar geworden und damit eine Frage der Perspektive – und die ist, so wissen wir spätestens seit Marx, eine Frage des eigenen Standpunkts.

Für die einen ist die schrumpfende Minirockquote im Kleiderschrank und der Kauf von Kunst als Wertanlage ein

> Die klassische Aufgabe der Popkultur ist es, die Bilder und den Soundtrack für den Schwebezustand zwischen Kindheit und Erwachsensein zu liefern. Früher betraf diese Phase der Verführung allein die Adoleszenz, heute ist sie beliebig über das 30. Lebensjahr hinaus dehnbar.
> **Elke Buhr**

Mit 30 gestorben, mit 70 begraben.
Generation X,
Douglas Coupland

untrügerisches Indiz; für andere die steigende Nichtraucherquote im Freundeskreis, der Wechsel von weißem zu braunem Zucker, Bettwäsche ohne Muster, sexuelle Handlungen mit jemandem, den man kurz zuvor noch gesiezt hat, Kochen nach Jamie Oliver oder die Bereitschaft, die Telefonnummer seines Drogendealers jederzeit gegen die eines guten Orthopäden einzutauschen. Während wieder andere die Angewohnheit kultivieren, in der Rückbesinnung auf kindgerechte Erinnerungshäppchen die zeitliche Distanz zum Hier und Jetzt zu messen, um sich so auf der sicheren Seite des Erwachsenseins zu wähnen.

Die Pflicht und Kür des Erwachsenseins liegen nach wie vor offensichtlich in der gekonnten Dosierung von ergriffenen und, vermehrt, offen gehaltenen Optionen – was wiederum in unterschiedlichen Strategien der Festlegung und Vermeidung deutlich wird, so wie es die folgenden zwei populären Versionen zeigen:

Da wäre zunächst die konservative, etablierte Form. Sie propagiert seit jeher Festlegung und definitive Entscheidungen »mit Perspektive!«. Allerdings ist schon seit längerem zu beobachten, wie diese Version in einer Gesellschaft, die Flexibilität und Mobilität propagiert, zunehmend unter Druck gerät. Nehmen wir beispielsweise ein junges, frisch verheiratetes Paar, so wie man es, zugegebenermaßen, immer seltener trifft, aber dennoch kennt: Sie hat gerade das erste Kind bekommen, letztes Jahr haben sie eine Eigentumswohnung gekauft, die mit etwas Glück ziemlich genau dann abbezahlt ist, wenn die beiden genau doppelt so alt sind wie heute. Gäbe es einen Wettbewerb mit dem Motto »Wer ist am erwachsensten?«, würde man den beiden gute Chancen auf einen Platz in der Endrunde einräumen.

Doch selbst das scheint weit gefehlt. Aus dem schlichten Grund, weil ein Leben, das auf langfristigen Planungen und Anschaffungen basiert, wie sie Kinder, Festgehälter und gemeinsam bezogene Eigentumswohnungen mit sich bringen, längst zu dem geworden ist, was Extremsportarten gerne sein würden: Eine permanente Gefährdung.

Wäre man aufgefordert einen Mottospruch für ein solches Leben im vermeintlichen Erwachsenenstatus zum Besten zu geben, so wäre er mit »No Risk, no Fun« nicht schlecht getroffen. Die Chance allerdings, dass es, so wie geplant, gutgeht, liegt bereits rein statisch betrachtet bei niederschmetternden 50 Prozent. Und so zeigt sich: Wer es sich heute unter strengen Sicherheitsauflagen in einem institutionalisierten Mangel an Gelegenheiten gemütlich macht, schlägt damit zugleich das aus, was die Multioptionsgesellschaft erst höflich offeriert und dann energisch fordert: Umbaumaßnahmen. Wer sich hier zu schnell zu langfristig festlegt, auf das Endgültige baut und Alternativen die Hintertürchen verriegelt, ist im schlimmsten Fall genau das Gegenteil von dem was er gern wäre, nämlich handlungsunfähig und perspektivlos.

Und so sind es auch immer wieder diejenigen, die ihre Bühne und Kulisse mit den Symbolen des Endgültigen, den alten Indizien des Erwachsenseins dekorieren, die besonders unsicher und unerwachsen wirken, wenn man sie aus ihrem mühevoll zusammengezimmerten Leben herausreißt.

Auf der anderen Seite finden wir den entgegengesetzten Typus, dessen Interesse darin besteht, sich möglichst viele Optionen offen zu halten. Da eine Entscheidung immer auch Festlegung und damit den Verzicht auf andere Möglichkeiten bedeutet, wird versucht, Entscheidungen zu vermeiden oder nur zögerlich zu treffen.

Ist eine Entscheidung unumgänglich, wird diese häufig mit einem eigens ausgehandelten Umtauschrecht, rhetorischen Rücknahmeklauseln und dem Stempel »zu meinen Bedingungen« versehen. Wohinter der schlichte Versuch steht, die Entscheidung selbst und die damit verbundenen Konsequenzen so revidierbar und elastisch wie möglich zu halten.

> Du bist nicht dein Job, du bist nicht das Geld auf deinem Konto. Nicht das Auto, was du fährst. Nicht der Inhalt deiner Brieftasche. Und nicht deine beschissene Khakihose.
> **Tyler Druden in** *Matrix*

> Was heißt das, mit über dreißig nicht zu wissen, wo man in ein, zwei Monaten sein wird? Ist das gut? Sie weiß es nicht.
> *Mustererkennung,* **William Gibson**

Das Leben, das bei diesen Varianten herauskommt, verspricht zumindest abwechslungsreicher zu sein. Doch auch hier gibt es einen Haken, der in der Kalkulation schnell übersehen wird: die Halbwertszeit der angebotenen Möglichkeiten des individuellen Optionensortiments.

Das Tückische dabei ist, dass selten ein exaktes und gut leserliches Haltbarkeitsdatum darüber Auskunft gibt, wann die Sache ungenießbar wird. Manche Möglichkeiten verfallen ungewöhnlich leise, fast unmerklich (»Das maximale Alter der Bewerber für das Stipendium ist leider überschritten.«), andere werden plötzlich aus dem Programm genommen (»Einmal im Leben Concorde fliegen.«) oder verlieren einfach ihren Reiz (»Zelten? Ich habe eine Four-Seasons-Member-Card!«).

Irgendwann beginnen sich die mit der banalen Mitteilung »zu spät« gestempelten, ungenutzten Möglichkeiten zu stapeln wie Pappkartons, wobei das Nettoladegewicht ständig zunimmt.

So endet das anfangs noch euphorische Bekenntnis, sich alles offen zu lassen, nicht selten mit der weniger euphorischen Einsicht, dass das Sortiment der Optionen, auf das man nun zugreifen kann, längst nicht mehr so reichhaltig bestückt ist. Im schlimmsten Fall bleibt von der anfangs so emsig verteidigten eigenen Entscheidung und Offenheit nur die ernüchternde Einsicht, dass sich die freie Wahl darin erschöpft, das kleinste der verbleibenden Übel zu wählen.

»Vielleicht kriegen wir Kinder, und vielleicht eröffnen wir ein Fischrestaurant«, so die 25-jährige Anti-Heldin in Douglas Couplands Roman *Generation X* – und ergänzt, die Halbwertzeit ihrer Möglichkeiten ahnend: »Aber ich muss es jetzt tun ... bald handeln, meine ich, weil die aktuelle Version meiner selbst sich bereits ver-

> Ich bin zu alt für meinen Lifestyle.
> **Tim Renner**

flüchtigt.« Udo Volker Marquardt nennt in *Das Wissen der 35-Jährigen* den »Point of no Return« als den Punkt »an dem, ohne dass man sich für oder gegen sie entschieden hätte, eine Menge Optionen von allein weggefallen sind« und ergänzt: »Wir sind in einem Alter, in dem wir nicht so einfach von vorne anfangen können.« Eine Ahnung, die auch die einst Barbourjacken tragenden *Generation Golf zwei*-Protagonisten in ihren Altbauwohnungen in Berlin-Charlottenburg beschleicht und die sie mit der etwas kraftlosen Beteuerung »Eigentlich könnte ich mir vorstellen, auch etwas ganz anderes zu machen« wegzufegen versuchen.

Erst dachte ich, meine hoffnungsvolle Vorgeschichte sei dieser Irrtum, weil ich vor lauter Erwartungen an das Leben, das ich mir erträumte, untauglich wurde für das Leben, wie es wirklich ist.
Von der Nutzlosigkeit erwachsen zu werden, **Heinzen/Koch**

Aus alt mach' jung: Die Abschaffung des Altseins

Die nicht unübliche Einigung, dass jeder die Version von Erwachsensein verteidigt und die Definition entwirft, die ihm am Besten passt, bringt nicht selten einen Einschlag ins Absurde mit sich: So ist es beispielsweise relativ einfach, einem 60-Jährigen eine Freude zu bereiten, indem man seine »Jugendlichkeit« lobt. Wobei man sich nicht wundern darf, an anderer Stelle von ihm dazu aufgefordert zu werden, »doch endlich erwachsen zu werden«, um sich im direkten Anschluss sein Klagen über all die »Berufsjugendlichen« anzuhören, die die Fernsehkanäle und Fußgängerpassagen verstopfen.

Mit deinen großen Träumen hat's nicht so richtig geklappt. Du wurdest weder in Harvard genommen noch von den Chicago Bulls. Du hast keinen Plattenvertrag bei EMI (oder sonst wo) und auch nicht mit fünfundzwanzig die erste Million auf der Kante.
Kalle Lasn

> Manch einer, der auf meiner Altersstufe steht, beweint heimlich den Umstand, dass er trotz aller Bemühungen, seine Jugend durch Outfit und assimiliertes Freizeitverhalten eigenmächtig bis ins vierte oder gar fünfte Lebensjahrzehnt auszudehnen, von echten Jugendlichen nicht mehr automatisch geduzt wird.
> **Max Goldt**

Der gute Mann ist aller Wahrscheinlichkeit nach Mitglied in einem Club, für den sich Zielgruppenstrategen Namen wie »Junge Alte«, »Best Agers«, Selpies (Second Life People) oder »Silver Surfers« aus dem Ärmel geschüttelt haben.

Ein Club mit wenig Aussicht auf Exklusivität allerdings, da er den kommenden Jahrzehnten einen enormen Zulauf an Mitgliedern verzeichnen wird. Was sich außer den demographischen Daten, die für ihn sprechen, durch seine relativ großzügige Türpolitik erklären lässt, die jeden, der sich jenseits der Fünfzig befindet problemlos Einlass gewährt: »50plus? – Hereinspaziert.« Beizeiten kann einem, was die Definitionshoheit der neuen Massenbewegung »Best Ager« betrifft, jedoch schon ein wenig mulmig werden.

Besonders dann, wenn einem Marketingpamphlete wie das der Incorp. GmbH in die Hände fallen: »Nach einer Ära, in der die Jugend Kultur, Konsum und Lebensideale prägte, sind es im kommenden Jahrzehnt die »Neuen Alten«, die das Staffelholz des Zeitgeistes übernehmen. Der neue Lebensstil und das Wertesystem der Best-Agers prägt Märkte und Werte!« Auch der Zentralverband der deutschen Werbewirtschaft spricht von der »Ablösung der Jugendkultur durch eine Alterskultur«.

Wie unschwer zu erkennen, steckt das Altsein, anders als das Erwachsensein, mitten in der Prozedur eines umfassend angelegten Imagewandels (Motto: Alt ist jung) – so wie wir ihn sonst nur bei McDonald's (Motto: BigMäc ist gesund) beobachten können. Dabei soll es an nichts fehlen: Eine PR-Aktion reiht sich an die nächste, neue Positionierungskonzepte und Vermarktungsstrategien fügen sich getreu dem Motto, »Aus alt mach' neu« zur Corporate Identity der Dachmarke Altsein zusammen.

Selbst auf einen eigenen PR-Sprecher und Schirmherren kann man verweisen.

Niemand ist erwachsen, alle machen mit

Erstaunlich bleibt, dass das Schlagwort von der »Generation« seinen Siegeszug angetreten hat, während das Erwachsensein sich stiefmütterlich hinten anstellen musste.

Was übrig bleibt, ist ein Begriff des Erwachsenseins, der genauso überholt ist wie die ihm zugrunde liegenden Weltanschauungen, Maßstäbe und Vorlagen. Sie alle basieren auf einer Zeit, in denen ein linearer Lebensentwurf, sei er dafür oder dagegen, sei er rechts oder links, alternativ oder konservativ, noch in aller Konsequenz durchzuhalten war. Und so zeigt sich das Erwachsensein zu guter Letzt als beliebte Vokabel, die wir im Wortschatz all derer finden, die ihr Gegenüber gerne ordentlicher, reicher, kontrollierter, kultivierter, besser angezogen, aufmerksamer, altruistischer oder wie auch immer, in jedem Fall aber anders haben wollen. Am Erwachsensein wird weiter stur festgehalten, es ist das Pflichtprogramm, das es abzuspulen gilt, das so beiläufig auftritt wie Kopfschmerzen, aber perfekt und bis ins Detail vorbereitet sein soll. Weit gefehlt. Das Normative, das Vorhersehbare eines Lebens und die letzte Konsequenz, davon nicht mehr abzuweichen, sind lange gefallen.

Dass man mit offiziellen Definitionen und Häkchen in Fragekatalogen nicht zu einer halbwegs praxistauglichen Definition von Erwachsensein kommen kann, erklärt sich durch dessen Entkoppelung von einem bestimmten Lebensstil. Der freie Zugriff auf Verhaltensweisen, Kleidungsstücke und andere Accessoires erlaubt es jedem, seinen Lebensstil ganz

> Mein falscher Plan vom Leben hatte auch sein Gutes. Ich bin nicht mehr zu vereinnahmen.
> *Von der Nutzlosigkeit erwachsen zu werden*, **Heinzen/Koch**

> Im Grunde weiß jeder Mensch recht wohl, daß er nur einmal, als ein Unikum, auf der Welt ist und daß kein noch so seltsamer Zufall zum zweitenmal ein so wunderlich buntes Mancherlei zum Einerlei, wie er es ist, zusammenschütteln wird.
> **Friedrich Nietzsche**

nach seinen eigenen Prioritäten und Wünschen zu inszenieren. Produkte, Symbole, Rituale und Codes sind nicht mehr fest zugeschrieben, sondern frei verfügbar. Der Entwurf von Kindsein, Erwachsensein oder Altsein hält sich schon lange nicht mehr an die jeweiligen, verblassten Schablonen. Seit die Codes immer schneller geknackt werden, ist der Fundus für alle geöffnet und jeder aufgefordert, sich aus dem Sammelsurium der Produkte, Gesten und Lebensstile zu bedienen. Die Sortimente lagern nebeneinander und werden immer wieder unterwandert, zweckentfremdet, ergänzt und ausgetauscht.

16-Jährige spazieren durch die Fußgängerzone und erwecken den Eindruck 28-jähriger Models, die nach ihrer Schwangerschaft wieder einen Fuß in das Business kriegen wollen, während ihre 50-jährigen Mütter in den »Young Fashion«-Abteilungen von H&M nach dem neuen Glamour-Outfit für ihr Blind-Date stöbern; Senioren (pardon, »junge Alte«) rollen auf Off-Road-Mountainbikes, Rollerblades oder einer Harley-Davidson aus ihren Garagen, entdecken Hipp-Gläschen mit Babynahrung für sich und schalten den Fernseher an, wenn Bravo-TV läuft, um sich über die Dos and Don'ts des jugendlichen Lifestyles zu informieren, während ihre Kinder das Angeln, Pilze suchen und Wandern für sich entdecken oder ihr neues Outfit in Frankonia-Jagd-Fachgeschäften kaufen – Zuordnungen zu dem einstigen Gegensatzpaar Alt/Jung sind hier überflüssig geworden. Taten und Dinge als feste Platzhalter in einer verbindlichen Gleichung scheinen keinen Pfifferling mehr wert zu sein. Entscheidend ist, so die Devise, nicht wie alt man tatsächlich ist, sondern wie alt man sein will – die Rede vom »gefühlten Alter« macht die Runde.

Bleibt die Frage: Welche Nischen und Zeichen sind noch nicht besetzt und bleiben für die übrig, die wie in einem Sandwich zwischen den beiden Hälften Jung und Alt liegen?

Zunächst haben die heute 35-Jährigen, denen das Etikett eines VW-Modells verpasst wurde, einfach Pech gehabt und standen gerade herum, als man sie unverblümt umarmte. Dabei zeigt dieses bedauerliche Missverständnis zum Glück doch nur eines: Die »Generation Golf« hat keinen Standpunkt. Sie ist weder jung geblieben noch erwachsen oder wird »alt« werden. Schreibt man sich diesen Merksatz hinter die Ohren, ist die Chance all derer gekommen, die sich in beinahe feindlichen Übergriffen an dem bedienen und das zur Schau tragen, was eigentlich anderen gehört: Es ist die Zeit des schlecht bezahlten oder gleich arbeitslosen, aber doch hoch qualifizierten Personals gekommen, das besser als alle anderen weiß, wie man die Zeichen des Erwachsenseins, der Pubertät, des Alt- oder Jungseins für sich selbst und für andere gezielt unter subversiven Vorzeichen oder als harmlose Tarnung einsetzt, denn das Image schert sich nicht um einmal daran gebundene, längst entkernte Regeln oder Definitionen »hinter der Fassade«.

Authentizität als Pose

Das Ich als Image: Sei du Selbst!

Die Beschäftigung mit sich selbst wird heute mit einem Engagement und in einer Ausführlichkeit betrieben, die man – zumal mit Blick auf den zeitlichen Aufwand – gut und gerne hauptberuflich nennen kann.

> Vom »Erkenne dich selbst« der Philosophie über das »Sei du selbst« der Psychoanalyse bis zum »Spiele dich selbst« ist es heute nur noch ein kleiner Schritt.
> **Richard David Precht**

Das Ich, von dem Friedrich Nietzsche einst behauptete, es sei »unser ältester Glaubensartikel«, und das Gracian ein »illusorisches Ding« nannte, beansprucht auch heute einen festen Platz auf der selbst verfassten Gästeliste, die jeder Einzelne von uns mit sich führt. Jeder ist seine eigene »Very Important Person« mit Recht auf Sonderbehandlung und all den anderen Annehmlichkeiten.

Dementsprechend groß ist auch das Bemühen, bloß keine Zweifel daran aufkommen zu lassen, dass man irgendjemand anderes sein könnte als »voll und ganz« man selbst. Würde am Innenfutter der Persönlichkeit ein Etikett haften, das, wie bei Jacken und Pullovern üblich, Aufschluss über das verwendete Material gibt, so würden die meisten dort nur eines lesen wollen: »Ich: 100 % Original«. Wer mag sich schon mit einer Persönlichkeit zufrieden geben, die der interne Beipackzettel mit »46 % Original, 29 % Kopie, 19 % Fake, 6 % andere Beimischungen« als ein Versatzstück aus Zitiertem, Kopiertem und Eigenem ausweist? Und so ist dann auch kaum ein Vorwurf aufzutreiben, der weniger verzeihlich scheint als der der Künstlichkeit.

Wird die Originalität einer Person einmal infrage gestellt, bedeutet das meist nichts Gutes. Früher, irgendwo zwischen Pausenhof, Raucherecke und Umkleidekabine wurde einer Fälschung (gängiger Vorwurf: nicht 100 Prozent Original) die Vorsilbe »Pseudo« verpasst. Dabei brauchte es nicht viel, um vom Original zur Fälschung zu werden. In der Provinz beispielsweise konnte es durchaus reichen, sichtlich zufrieden in dem von Papa geborgten BMW gesichtet zu werden, um von heute auf morgen vom Punk zum Pseudo-Punk zu mutieren. Wobei man hinzufügen muss, dass es sich mit dem Urteil genau andersherum verhielt, wenn der Betreffende nicht im Besitz eines Führerscheins war. Kurze Zeit später wurde die Vorsilbe Pseudo durch Möchtegern abgelöst, während heute an verschiedenen Orten wiederholt von »Kopisten« die Rede ist.

Der unerschütterliche Glaube an die 100-Prozent-Originalität des Ich sowie die Angewohnheit sich im alleinigen Besitz der Urheberrechte der eigenen Person zu wähnen, bündeln sich in der schlichten Erfolgsformel »Sei du selbst« – dem kollektiven Glaubensbekenntnis hoch individualisierter Gesellschaften.

»Seien Sie einfach voll und ganz Sie selbst«, diese schlichte Parole geben Bewerbungsratgeber wie auch So-klappt-es-mit-den-Männern-Rubriken ihren Leserinnen für das bevorstehende Vorstellungsgespräch oder erste Date mit auf den Weg. »Erkenne deinen wahren Kern, fernab von allen Geschichten und Bedeutungen. Erlebe dich im tiefsten Mensch-Sein als kraftvolles, authentisches Wesen durch das Loslassen alter Widerstände, Muster und Blockaden«, verspricht ein Seminar mit dem Titel »Sei Du selbst!«. Und auch für den, dem das zu abstrakt ist, lässt sich eine Lösung finden. Wie wäre es zum Beispiel mit dem »breiten Angebot an trendigen CLIPit Covers?«, den austauschbaren Vorder- und Rückschalen, dank derer »sich dein Handy stets deiner Stimmung anpasst? Sei du selbst – mit den CLIPit Covers ist es so einfach!«. Und für den, bei dem es damit wider Erwarten nicht klappen sollte, bleibt der gute Rat »Sei du selbst und du findest bei uns neue Freunde!!!« einer Online-Dating-Plattform mit dem bezeichnenden Namen Neverbealone.de.

Authentizität als Fake

Als beliebter Gegensatz zum Vorwurf der Künstlichkeit fungiert heute das Lob des Authentischen als das etablierte Gütesiegel, dank dem das Man-selbst-Sein offiziell beglaubigt und anerkannt wird. Die Auszeichnung als »authentische Persönlichkeit« gilt heute als eine der höchsten, die dem »Ich« verliehen werden kann. Dabei schlägt die Authentizität, die nicht erst seit gestern einen festen Platz in den Top Ten der »Nice-to-have«-Eigenschaften beansprucht, zwei Fliegen mit einer Klappe:

> Wir sind wahrscheinlich die erste Generation, die ihr Leben nicht mehr als authentisch empfindet, sondern als Zitat.
>
> **Generation Golf zwei,**
> *Florian Illies*

Nicht der totale Ideologieverdacht, sondern die kleine präzise Skepsis öffnet den Blick für andere Möglichkeiten des Selbst-sein-Könnens.
Heinz Bude

Als Prädikat der unverstellten, echten Persönlichkeit, verweist sie auf die Einzigartigkeit des Einzelnen und betont zugleich dessen Autonomie – und das nicht, ohne mit dem Charme der eigenen Unbestechlichkeit zu kokettieren. Und so ist dann auch weit und breit kaum ein Mensch, aber auch kaum ein Markenimage, Magazin, Medienformat oder Managementinstrument aufzutreiben, das nicht stolz den Anspruch des Authentischen vor sich hertragen würde.

In der ungeheuren Popularität des Authentischen zeigt sich, so der Kanon der verfügbaren Erklärungen, die wachsende Sehnsucht nach reiner Unmittelbarkeit in einer in weiten Teilen künstlich inszenierten Welt, verbunden mit dem »Wunsch nach Durchbrechung der Oberfläche der Repräsentation«, wie ihn Petra Maria Meyer in *Mediale Inszenierung von Authentizität* benennt.

Die Beschwörung des Authentischen erweist sich als Platzhalter des Wunsches nach unverstellter Wahrhaftigkeit in einer Welt, in der dann, auf einmal, nichts mehr vermittelt und codiert, sondern spontan, unmittelbar, echt und wahrhaftig sein soll. Die Apologeten des Authentischen befinden sich auf dem ständigen Feldzug wider die Oberfläche und graben so lange, bis ihnen die Schaufel bricht. Wer und was nicht authentisch ist, so die dahinter steckende Logik, ist aufgesetzt, kalkulierend und damit nicht glaubwürdig. Kurzum: Nur wer und was als »real« gilt, kann heute mit Sympathien rechnen.

Die erste Pflicht im Leben ist die, so künstlich wie möglich zu sein. Welches die zweite ist, hat man noch nicht rausgefunden.
Oscar Wilde

Das hat, noch vor allen anderen, die medial- und marketingtechnische Inszenierungsmaschine begriffen, gegen die die Authentizität ursprünglich auf den Plan gerufen wurde. Im Jugendmarketing tüftelt man an subtilen Insider-Strategien, in der Hoffnung,

> The Real Thing
> **Coca-Cola**

die Street-Credibility – die Glaubwürdigkeit der Marke auf der Straße – zu stärken, während auf Fernsehkanälen »echte Menschen« in Doku-Soaps und Real-People-Shows den Blick auf das authentische, unverfälschte Leben freigeben.

Doch nirgendwo zeigt sich der Boom des Authentischen deutlicher als in den marktsensiblen Selbstauskünften der Markenikonen der Konsumindustrie: Coca-Cola gibt sich als »The Real Thing« aus, Levi's behauptet, »we are the real deal, authentic, real, dependable«, Adidas hält den Slogan »Once Innovative, Now Classic, Always Authentic« in die Höhe, während Christian Stadil, Geschäftsführer des wieder zu Ruhm gelangten Sportbekleidungsherstellers Hummel erklärt: »Wichtig ist, dass wir dabei authentisch bleiben, echt.« Hier zeigt sich Authentizität als aufmerksamskeitsgenerierender Effekt, der über die glatt polierten Oberflächen von TV-Formaten und Markenimages gezogen wird, um sie mit der gewünschten absatzfördernden Patina des Echten und Wahrhaftigen zu verkleiden. Authentizität als USP, als Unique Selling Proposition, und damit als schlagkräftiges Verkaufsargument, dass einem offensichtlichen Bedürfnis nach dem unzweifelhaft Echten Rechnung trägt.

Spätestens seit Guido Westerwelle in einem Interview erklärte »Ich bin absolut authentisch« dürfte deutlich geworden sein, dass es – anders als bei Jeans, Turnschuhen und koffeinhaltiger Limonade – nicht damit getan ist, sich mit dem selbstgebastelten Label »100 Prozent authentisch« zu schmücken. Denn darüber, was zu guter Letzt als authentisch wahrgenommen und diagnostiziert wird, entscheiden immer noch die anderen, nicht man selbst.

> Die Kriterien der Authentizität und Inszenierung werden nach und nach außer Kraft gesetzt.
> **Rimini-Protokoll**

Wem also daran gelegen ist, als authentisch zu gelten, und an Interessenten scheint es ja offenbar nicht zu mangeln, kommt nicht umhin, dies mit einer gewissen Eindeutigkeit darzustellen.

> Wir haben oft das Gefühl, gerade dieser erschreckenden Möglichkeit, in flagranti bei einem offensichtlichen Täuschungsakt ertappt zu werden, könnte sich der aufrechte Darsteller entziehen.
> **Erving Goffman**

Gute Chancen, das Prädikat authentisch verliehen zu bekommen, bestehen immer dann, wenn andere einen plausiblen, einen harmonischen Zusammenhang zwischen Ausdruck und Identität zu erkennen glauben. Wenn bestimmte Gesten, die Art sich zu kleiden oder zu sprechen als unmittelbarer und unverfälschter Ausdruck und damit »richtige Aussage« der Persönlichkeit gewertet werden.

Kurzum: Glaubwürdig ist nur die Authentizität, die auch sichtbare Indizien liefert, an denen man sich im Prozess des Authentizitätsbeglaubigungs-Check-up entlang hangeln kann. Das, was auszudrücken einem nicht gelingt, bleibt ohne Einfluss auf das gefällte Gesamturteil der gegenseitigen »Authentizitätsprüfung«.

Wie sich zeigt, funktioniert Authentizität weniger als Begriff für die Übereinstimmung von Sein und Handeln, sondern als Ausdruck, als bewusst gesendete Botschaft des Absenders, die, wenn sie ankommen will, auf genau das angewiesen ist, was sie eigentlich verhindern will: ihre bewusste Inszenierung.

Ob instinktiv ehrlich oder mit Verstand gelogen, spielt für den Begriff des Authentischseins keine Rolle. Und so »erweist sich der Gegensatz zwischen ›Authentizität‹ und Inszenierung als begriffliche Konstruktion«, wie Erika Fischer-Lichte gezeigt und ergänzend hinzufügt hat: »Inszenierung wäre in diesem Sinne die unhintergehbare Voraussetzung der Wahrnehmung, Authentizität ihr Effekt.«

Spot on: Lob der Künstlichkeit

Hält man nach Antworten darauf Ausschau, findet man gleich mehrere Gründe die davon abraten, Anspruch auf eigene Authentizität (100 Prozent Ich) allzu laut zu erheben. »Der Mensch ist von Natur aus künstlich«, schrieb einst der Anthropologe Helmuth Plessner, der für eine Kultur der Distanz plädierte, und liefert als Begründung die typisch menschliche Veranlagung, Distanz gegenüber sich selbst aufzubauen. Plessner erklärt die »Distanzbildung gegenüber sich selbst« zur Ursache der »vermittelten Unmittelbarkeit«, was für jeden Menschen schlicht und ergreifend bedeutet: »Er lebt und erlebt nicht nur, sondern er erlebt sein Erleben.« Kurzum: Wir verfügen über zweierlei Perspektiven, zwischen denen wir ständig hin- und herswitchen: Wir sind Subjekt und Objekt ein und derselben Empfindung, Darsteller und Zuschauer der gleichen Handlung, Produzent und Konsument der eigenen Gefühle.

Das Ich ist keine definierte Einheit, ein einmal gestaltetes Gebilde, bei dem nur marginale Geschmacksmuster ein und derselben Sache variieren, kein authentisches Wesen, das sein Innerstes vermittelt und das Wahre zum Vorschein holt. Der Glaube daran, dass es in sich hineinschaut, um das dort Gefundene 1:1 nach außen zu tragen, ist nicht mehr als ein gut florierendes Gerücht.

So zeigt sich die praktische Umsetzung der gut gemeinten Forderung nach der »authentischen Persönlichkeit« als weitaus kniffliger als das mehrstimmig auf sie angestimmte Loblied vermuten lässt.

Ganz gleich, ob wir durch die Straße spazieren, mit dem neuen Jackett vor dem Spiegel in der Umkleidekabine herumturnen oder unsere E-Mails sortieren, überall begleitet uns, ohne dass wir jemals darum gebeten hätten, das immer gleiche Frage-Duo: »Bin ich der, der ich zu sein scheine? Scheine ich als der, der ich bin?« Die Antworten darauf fallen, je nach Dringlichkeit und Tagesform, durchaus unterschiedlich aus: Mal ist es ein souveränes Achselzucken, mal Verunsicherung, mal ein überzeugtes »Könnte sein« und mal ein hoffungsvolles »Bald. Vielleicht«. Ein durchweg

> Sämtliche Fotos unseres Familienalbums basieren auf einer Lüge über das, was wir waren und enthüllen eine über das, was wir sein wollen.
> **Richard Avedon**

> So hat der Einzelne im Allgemeinen allen Grund, sich anderen gegenüber so zu verhalten, dass er bei ihm den Eindruck hervorruft, den er hervorrufen will.
> **Erving Goffman**

überzeugtes »Ja«, wie es das Etikett der 100 Prozent-Authentizität einfordert, ist zumindest selten zu hören und meist nicht verfügbar.

Das Pochen auf Authentizität mit ihrem ständigen Credo »Sei du selbst« und der damit gezüchtete Anspruch, mit sich selbst identisch zu sein, führen dazu, dass das Ganze nun unter erschwerten Auflagen vor sich geht. Und so lautet die Devise dann auch »Spot on – Sei du selbst«, wobei, nach Helmut Lethen, gilt: »Je greller das Licht im reflexiven Handlungsraum ist, umso schärfere Konturen nimmt der innere Schatten, den das Subjekt wirft.« Wer weiß, wie es sich anfühlt, sich konzentriert und erbarmungslos dabei zu beobachten, ob das, was man nun sagt, tut oder fühlt, auch unverfälschter Ausdruck seines Selbst ist, dürfte wissen, dass es über kurz oder lang darauf hinausläuft, genau so zu wirken, wie man es mit allen Mitteln zu verhindern versucht hat: künstlich.

Die doppelte Buchführung unserer Wahrnehmung scheint nicht besonders förderlich dafür, sich authentisch zu zeigen. Plessner spricht von der »Doppelten Verneinung authentisch zu sein« und der »Unmöglichkeit ›eigentlich‹ zu sein«, und Oscar Wilde erklärte die Natürlichkeit zur schwierigsten aller Posen und die Pflicht so künstlich wie möglich zu sein, zur ersten Pflicht, des Lebens. Anders gesagt: Die Forderung nach Authentizität beruft sich auf Substanz, die nirgends zu holen ist.

Damit wird auch das Sei-du-selbst zu einer Pose unter vielen, denn da »Authentizität unverstellt nicht zu haben ist, kommt es darauf an, den Zeichengebrauch im Bewusstsein seiner Künstlichkeit, den ›Ausdruck‹ im Bewusstsein seiner Formelhaftigkeit einzusetzen« (Plessner). Wobei die Pose des Authentischen es offensichtlich mit sich bringt, dass der, der sie einnimmt, mit allen Mitteln abstreiten wird, dass man hier das Ergebnis einer bewussten Inszenierung bestaunen könne.

Und so sollten wir davon ausgehen, dass wir genau das von jemandem zu sehen bekommen, was er uns zu diesem Zeitpunkt und an diesem Ort sehen lassen will. Das mag anstrengend und unbefriedigend sein, zu Komplikationen führen und Missverständnisse am laufenden Band produzieren – es ist jedoch allemal entspannter, nicht ständig auf der Suche nach verdächtigen Zeichen und Widersprüchen zu sein, als mit dem, was an der Oberfläche bei uns ankommt, zu operieren.

Dabei scheint die Uneinlösbarkeit von Authentizität keineswegs als der tragische Verlust, den manch einer ihrer Verteidiger fürchtet. Ganz im Gegenteil, die Künstlichkeit hat getreu dem Motto »Das Sein bedarf des Scheins« eine ganze Menge Möglichkeiten im Gepäck, denn sie ist es erst, die das Uneigentliche zum Eigentlichen erklärt, die Inszenierung auf den Plan ruft, dazu auffordert, sich selbst in Szene zu setzen – und es darüber hinaus gestattet, eine gewisse Distanz zum »Ausdruck« seines Selbst zu bewahren.

Der immer gleichen Aufforderung, bitte nur der zu sein, der man auch ist, steht eine ganze Palette an Möglichkeiten gegenüber, die dazu auffordert, dem Schein Geltung zu verschaffen. Streicht das öde »Sei du selbst«, um es durch ein »Werde, was du nicht bist« zu ersetzen. Dies gilt vor allem und umso mehr, seit es durch die wirtschaftliche Schräglage immer unmöglicher wird, in der authentischen Person der oder des Erfolgreichen auf die berufliche Bühne zu treten.

So zeigt sich Authentizität zu guter Letzt nicht als universeller Quellcode des Wahrhaftigen, sondern als ein inszenierter Ausdruck unter vielen. Die Regel Nr. 422 aus dem *Handbrevier für Hochstapler* lautet: »Wo immer du auch seiest, sage dir dieses: ›Alles was um dich herum vorgeht, kann auch gespielt sein‹.«

> Der Mensch ist am wenigsten er selbst, wenn er in eigner Person spricht. Gib ihm eine Maske und er wird die Wahrheit sagen.
> **Oscar Wilde**

> Das Persönlichkeitsmodell eines Blenders oder Tricksers ist doch wesentlich spannender als das von jemandem, der permanent auf Authentizität pocht. Das Ehrliche und Authentische ist fremd geworden. Lieber mit Identitäten spielen. Jeder verspürt doch einen Wunsch nach mehr als nur einem Schicksal im Leben. Um das zu erreichen muss man halt ein bisschen blenden.
>
> **Dirk von Lowtzow, Tocotronic**

Arbeitslosigkeit goes Mainstream

Crash-Test-Dummys

Man mag gegen die derzeitige Wirtschaftskrise sagen, was man will, sie hat immerhin im Gepäck, was sonst nur noch selten zu finden ist: Gemeinsamkeit. Die des Misserfolgs zwar, aber immerhin. Auch über die einzuschlagende Richtung bestehen keine größeren Zweifel: Es geht bergab. So bleibt einem, da das zugegebenermaßen wenig attraktiv klingt, zumindest das tröstliche Gefühl, dass man nicht der einzige ist, dem dieser ebenso unerwartete wie unerfreuliche Hausbesuch abgestattet wurde.

Ganz im Gegenteil, man befindet sich in bester Gesellschaft, in allerbester sogar: Komplette mittlere Managementbelegschaften, vollbesetzte Doktorandencolloquien, praxiserprobte Werbetexter, theoriefundierte Kulturwissenschaftler, Juristen mit internationalem Werdegang, frischgebackene Lehrerinnen, ganze Stockwerke telefonierender Music-Promoter, in Siegerpose erstarrte Unternehmensberater, eingeschworene Redakteurscliquen, etablierte Fernsehmacher – sie alle stehen vor dem beruflichen Aus, oder anders gesagt, der »beruflichen Neuorientierung«. Für eine persönliche Ergänzung der Liste dürfte heute so gut wie jeder auf seine Best-of-Sammlung aus Abschieds-E-Mails, panischen Ich-bin-gefeuert-Anrufen, ausbleibenden Aufträgen, zahlungssäumigen Kunden und Wie-soll's-jetzt-weitergehen-Dialogen zurückgreifen können. Die frühere Randfigur des Arbeitslosen gehört heute zu jedem halbwegs vernünftigen Freundeskreis die dahin dümpelnden »Freiberufler« sowieso.

Für unsere Eltern war der Arbeitslose, der berufliche Loser noch eine ordentlich gruppierte exotische Randgruppe, die sich unverblümt auf den ersten Blick zu erkennen gab. Den »klassischen« Arbeitslosen konnte man in den Randbezirken der Stadt besichtigen: Vormittags mit einem Kissen unter dem Arm, das Fenster geöffnet, den Kopf zwischen vergilbten Gardinen. Oder in wasserdichten Shopping-Malls, den Körper in einen Freizeitanzug aus Ballonseide gehüllt, in der Hand wahlweise eine Dose Karlsquell, eine abgewetzte Aldi-Tüte oder ein Päckchen HB.

> Unter Erfolg verstehen wir eine geradezu weltfremde Prosperität und Sicherheit, unter Misserfolg jene unspektakuläre Existenz, die die meisten von uns führen.
> **Jedediah Purdy**

Der frisch zugezogene, »mobile« Arbeitslose ist eine Neuerscheinung, zu dessen rascher Verbreitung unsere Generation voraussichtlich einen Teil beitragen wird.

Auch wie man einem Arbeitslosen zu begegnen hatte, schien früher eindeutig. Entweder man ignorierte ihn oder betrachtete ihn mit einer Mischung aus »Dumm gelaufen« (Mitleid) und »Selber schuld« (Vorwurf), eine der borniertesten Formen der Anteilnahme. Und der, der nach Erklärungen dafür suchte, wie es so weit kommen konnte, durfte sich aus dem gängigen Standardrepertoire der Top-Drei-Antworten eine passende aussuchen: 1.) Keine Disziplin: Fehlende Ausbildung; 2.) keine Chance: Mangel an Privilegien; 3.) keine Schuld: Schwerer Schicksalsschlag. Warum auch immer es so weit gekommen war, fest stand: Wem es nicht gelang, das Ruder herumzureißen, den erwartete der soziale Abstieg und eine Karriere als Obdachloser oder Kleinkrimineller.

Bei Sprösslingen des gut behüteten bürgerlichen Milieus konnte mitunter eine ganze Kindheit vergehen, bis sie einen »echten« Arbeitslosen zu Ge-

> Sie erhalten auch immer nur Absagen auf Ihre Bewerbungen oder sind unzufrieden mit Ihren Arbeitsbedingungen? Wir schaffen Abhilfe. Schreiben Sie endlich selbst eine Absage, einfach und kostenlos. **Absageagentur.de**

> Ein Arbeitsloser ist auch ein Arbeitssuchender, ein Archäologe unserer Zeit. Das ist eine Berufsgruppe. Das muss anerkannt werden als Berufsgruppe. Das ist einer der beliebtesten Berufe der Zukunft.
>
> **Christoph Schlingensief**

sicht bekamen. Spätestens aber in der Schule wurde der Arbeitslose bemüht und musste nun als »abschreckendes Beispiel« für das herhalten, was einem blühen sollte, wenn man für das, was nach der Schule folgen würde, nicht ausreichend gewappnet wäre. Der Arbeitslose spielte in den letzen Schuljahren in etwa die gleiche Rolle wie in früheren Jahren einmal Knecht Ruprecht: Eine Drohung auf zwei Beinen, die, wenn man nicht erst brav an seinen Hausaufgaben und später an seiner Karriere bastelte, irgendwann kommen, einen in den bereits beschriebenen Anzug aus Ballonseide stecken und in ein Wohnsilo am Stadtrand verfrachten würde. Und so haben sich die meisten bemüht, zumindest ihre Hausaufgaben rechtzeitig abzuschreiben, erst die Schule, dann eine Ausbildung oder ein Studium abzuschließen, ein paar Praktika und Volontariate dazwischenzuschieben, um heute, knapp 15 Jahre später zu sehen, dass der berufliche Aufstieg sich offensichtlich nicht so reibungslos herbeiführen lässt, wie einst geplant. Als wirklich aufschlussreiches Symbol entpuppte sich im Nachhinein einzig und allein die Schultüte, in der sich oft nur in der oberen Hälfte Süßigkeiten befanden.

Das Klassenfoto von heute zeigt einige wenige in der ersten Reihe, die sich in einem guten, ihren Ansprüchen halbwegs entsprechenden Job unterbringen konnten und das Wort Karriere noch nicht aus ihrem Wortschatz und ihrer Lebensplanung gestrichen haben. Man muss Opfer bringen in Zeiten wie diesen, ja, man müsse froh sein, dass man überhaupt Arbeit habe, so die Standarderklärung der erfolgreich Eingeschüchterten unter ihnen, die auch mit 38°C Fieber noch gequält lächelnd zur Arbeit erscheinen, auf Zuschüsse und Urlaubstage verzichten und ohne zu murren Wochenend- und Spätschichten schieben.

In der Reihe dahinter erspäht man die, die sich einen Job in der

> Schon das Wort Arbeit hat nicht mehr die gleiche Bedeutung wie früher. An seiner Stelle werden Begriffe verwendet, die dem Zeitgeist besser entsprechen: »Projekt«, »Mission«, »Tätigkeitsfeld«, »Task Force« usw. All diese Wörter rücken die berufliche Tätigkeit in eine flüchtige, provisorische Perspektive.
> **Richard Senett**

Angestelltenwelt, wie sie die großen, meist bürokratisch organisierten Unternehmen und Institutionen noch bieten, ergattern konnten. Alles in allem wenig aufregend und ohne vielversprechende Perspektiven, dafür aber reich an vergänglichen Luxusgütern wie geregelten Arbeitszeiten, Krankengeld oder bezahltem Urlaub. Zudem gibt es nicht den geringsten Anlass, sich mit dem Unternehmen und der eigenen Tätigkeit übermäßig zu identifizieren – und so hat man nach Feierabend den Kopf frei und kann sein Engagement anderswo unterbringen. In der letzten Reihe stehen die Arbeitslosen, eine Reihe vor ihnen die so genannten geringfügig Beschäftigten, die, wie die Arbeitslosen auch, in den letzen Jahren einige neue Mitglieder aus den ersten Reihen dazu gewonnen haben. An den äußeren Rändern der ordentlich drapierten Gruppe finden wir die Selbstständigen, verteilt auf unterschiedliche Einkommensklassen und je nach Selbstdefinition mal in der Rolle des Unternehmers, des Freien, des Projektarbeiters oder Networkers anwesend. Allen gemeinsam ist, dass sie von verschiedenen Auftraggebern und Kunden beschäftigt werden und Arbeitgeberleistungen wie »volle Lohnfortzahlung im Krankheitsfall«, »Urlaubsgeld«, »Weihnachtsgeld«, »Mutterschaftsurlaub« oder gar das »dreizehnte Gehalt« allenfalls aus Erzählungen kennen. Bei denjenigen von ihnen, die vorne in der ersten Reihe stehen und mit den Karrieristen plaudern, »läuft es«, bei denen in der Reihe dahinter »geht es«, bei denen dahinter »wird's schon wieder werden« und in der letzen Reihe stehen die, bei denen »nichts mehr geht« und die gerade jede Menge gemeinsame Themen mit den Arbeitslosen direkt neben ihnen entdecken.

Bereits die Betrachtung unserer kleinen, halbwegs repräsentativen

Der Ernst des Lebens
Albumtitel von Ideal aus den Achtzigern

Gruppe auf dem Foto lässt unschwer erkennen, dass die einmal florierende Produktion des Labels »Jung & Erfolgreich« ins Stocken geraten ist. Vorsicht auch vor der – sicher gut gemeinten – Frage »Was machen Sie beruflich?« Sie könnte hochexplosives Psycho-Material enthalten.

Die Gründe sind bekannt: Der Wohlfahrtsstaat mit seiner Parole »Wohlstand für alle« und die Daseinsfürsorge, die uns noch während der Schulzeit begleiteten, sind drauf und dran, sich zu verabschieden, und mit ihnen auch der zumindest halbwegs berechenbare Auszählmechanismus der sozialen Ungleichheit. Seit der Staat nur die Bausteine für den beruflichen Werdegang zur Verfügung stellt, lautet die

Devise »Self-Service« statt »All-inclusive-Versorgung«. Der Arbeitnehmer macht Platz für flexible, mobile, sich selbst vermarktende Networker, Projektarbeiter und Ich-AGs. Dahingestellt, ob man die »Umbaumaßnahmen« als längst überfällig begrüßt oder den »Abbau« des Sozialstaats heraufziehen sieht: Fest steht, wir, die Jahrgänge der zwischen 1965 und 1975 Geborenen, sind als Crash-Test-Dummys der neuen Polit- und Wirtschaftssoftware ganz vorne (und in den besten Jahren) mit dabei. Der Psychologe Wolfgang Schmidbauer beschreibt es so: »Die Jahrgänge erleben momentan eine Krise aus vorrangig ökonomischen Gründen. Der wirtschaftliche Tiefpunkt und der anvisierte Karrierehöhepunkt passen nicht zusammen. An sich müsste man mit 35 ›jemand sein‹. Aber es gibt überall Grenzen: Wir haben viele akademische Tagelöhner und wenig feste Stellen.« Andere wiederum können die alles andere als reibungslosen Trial-and-Error-Testläufe am lebendigen Objekt aus sicherer Ferne studieren: »Die Daseinfürsorge im Fall von Arbeitslosigkeit oder für die Zeit der Verrentung passt nur noch für eine privilegierte Gruppe von meistens Männern, die eine sichere Position im öffentlichen Dienst haben oder zur Kernbelegschaft eines hochproduktiven, aber traditionell geführten Betriebs gehören«, so Heinz Bude.

Hält man als mobiler, flexibler, eigenverantwortlicher, in einigen Fällen schon etwas lädierter Crash-Test-Dummy Ausschau nach einem Job, hat man die Wahl zwischen ziemlich genau drei Arbeitsformen: der Fremdausbeutung, der Entfremdung und der Selbstausbeutung; wobei man, wie damals bei *Eins, Zwei oder Drei* mit Michael Schanze, immer erst im Nachhinein erfährt, ob man auch tatsächlich richtig steht.

Fremdausbeutung

Die Fremdausbeutung ist vorrangig in privilegierten Angestelltenberufen zu Hause, um die sich Anwärter und Bewerber drängeln wie kleine gierige Kaulquappen, sie kann aber mit zunehmenden Arbeitslosenzahlen auch in anderen, wenig prestigeträchtigen Sektoren wie Copy-Shops oder den Bettenabteilungen drittklassiger Möbelhäuser beobachtet werden.

Die Spielregeln sind schlicht: Man muss viel geben, wenn man bleiben will, und man gibt am besten alles, wenn man eine Stufe höher will. Zeitgenossen in diesem Hamsterrädchen mit Schleudersitz sind meist unschwer daran zu erkennen, dass sie die Frage nach ihrer Arbeit gern und ausführlich beantworten und die berufliche Identität Ton in Ton zur Corporate Identity abgepasst haben.

In Unternehmen, die amerikanischen Managementmythen folgen und die versprechen, die Autonomie und Kreativität ihrer Mitarbeiter zu fördern, wird der Angestellte zum Unternehmer (im Geiste) erklärt und sorgt so im besten Falle selbst für die Ausbeutung seiner Arbeitskraft. Auch gilt die Revolution der Wirtschafts- und Arbeitswelt, so wie sie die New Economy angekündigt hatte, hier noch lange nicht als verloren. Ganz im Gegenteil: Man träumt den derangierten Traum vom »Smart Capitalism« und »Human Management« bemerkenswert unbeirrt weiter, sucht den »Work-flow«, liefert eine »Top-Performance« und glaubt auch weiterhin »lunch is for losers«.

> Mich interessiert, was mit den Menschen passiert, wenn ihre Rhetoriken ständig dem strategischen Sprechen unterworfen sind, dem Sprechen über Effizienz und Leistungsmaximierung. Wie fühlen sich diese Non-Stop-Arbeitsprozesse konkret für die einzelnen Personen an?
> **Kathrin Röggla**

Entfremdung

Eine bemerkenswerte Renaissance erfährt derzeit die entfremdete Arbeit, so wie sie in den Firmengebäuden von Konzerngiganten, traditionellen Betrieben, aber auch Behörden und anderen staatlichen Institutionen zu finden ist.

Gerade in wirtschaftlich unsicheren Zeiten bietet sie das optimale Biotop für einen Zwischenstopp und mit ihrer Routine einen bequemen Unterschlupf vom Höher-schneller-weiter-besser der Fremd- und Selbstausbeutung. Um hier als Kuckucksei sein warmes Nest zu finden, reicht es vollkommen, sich die passende, unauffällige »Camouflage-Identität« einer Angestelltenexistenz überzuziehen. Das eigene Können und Wissen wird dem »Produktionsprozess« nur so weit wie erforderlich zu Verfügung gestellt, bisweilen reicht es durchaus aus, sich auf das gekonnte Als-ob seiner Arbeit zu verstehen. Die eigene berufliche Identität und Arbeit bleiben mehr oder weniger vollständig unbeschadet außen vor und einem selbst genug Zeit, Geld und Energie, sich dieser, wenn man mag, ausführlich außerhalb von Arbeitszeiten und Firmengelände zu widmen. Die neue Beliebtheit des Angestelltendaseins ist eine zeitverzögerte Antwort und Anpassungsübung auf die ausbeuterischen Tage der Dotcom-Ära, der geschickte Schutz vor dem noch vor einigen Jahren weit verbreiteten Fehler, die eigenen beruflichen Ambitionen vorschnell in etwas zu investieren, um hinterher erkennen zu müssen, dass alle Mühen es nicht wert waren. Auf die neuen Angestellten üben Unternehmenskultur und Motivationsmanagement ungefähr die gleiche Anziehungskraft aus wie Kommunion und Sonntagsmesse auf einen gestandenen Atheisten. Von kreativer Selbstverwirklichung innerhalb der Unternehmensmauern und ihrem Wert als

»Human Capital« muss man den neuen Angestellten nichts erzählen. Wo keine Hoffnung, so die pragmatische Einsicht, da auch keine Enttäuschung.

Um ein besseres öffentliches Ansehen der entfremdeten Arbeit hat sich in der letzen Zeit besonders Corinne Maier verdient gemacht, die mit ihrem Buch *Entdeckung der Faulheit* zu einer Art Verfechterin und Pressesprecherin der So-tun-als-ob-Arbeit wurde, die sie als übersehene Lücke und bequeme Nische der neoliberalen Zeig-was-du-kannst-Arbeitsethik anpreist. »Macht es mir nach, ihr kleinen Angestellten, Lohnabhängigen, Neosklaven, Verdammte des Tertiärsektors, Hilfskräfte des ökonomischen Prozesses, meine Brüder und Schwestern, die von abgestumpften und unterwürfigen Subchefs herumkommandiert werden und gezwungen sind, sich die ganze Woche lang wie ein Kasper zu verkleiden und ihre Zeit mit nutzlosen Meetings und bescheuerten Seminaren zu vergeuden!«

Auch wenn die Imagewerte der entfremdeten Arbeit seitdem sicher gestiegen sind, bleibt das sexy-glamouröse Image der Selbstausbeutung, trotz aller Klagen und Angriffe, unerreicht.

Selbstausbeutung

Womit wir bei den Dritten im Bunde wären, und damit zu guter Letzt bei all jenen, die die Ausbeutung ihrer Arbeitskraft selbst in die Hand nehmen: die Selbstständigen oder Freiberufler.

Das Jobformat der selbstständigen Arbeit ist mit Abstand das, das die meisten Neuzugänge auf sein Konto verbuchen kann, wobei diese sich vorrangig aus unseren Jahrgängen rekrutieren. Ein Beispiel hierfür ist der explosionsartige Anstieg der Mitgliedszahlen der Künstlersozialkasse (KSK) innerhalb der letzten Jahre. Die

> Ich wollte nie Diplom-Popper oder Rock'n'Roll-Meister werden. Ich will machen können, was ich will und nicht davon leben müssen.
> **Peter Hein**

> Ich halte nichts von dem Prinzip des Stundenlohns. Das ist ein anachronistisches Prinzip.
> *Das Jahr der Wunder,*
> **Rainer Merkel**

KSK tritt für freiberufliche Künstler, Journalisten und Schriftsteller mit geringen und wechselhaften Einkommen als Quasi-Arbeitgeber auf, indem sie die Hälfte ihrer Versicherungsbeiträge übernimmt.

Vor ungefähr 20 Jahren zählte die KSK noch schlappe 12 000 Personen zu ihren Mitgliedern, heute sind es mit über 140 000 mehr als zehnmal so viele, Tendenz steigend. Dieser Typus des Selbstständigen pendelt ständig zwischen Phasen der Beschäftigung und Nichtbeschäftigung. Erfolg und Misserfolg tauschen immer wieder die Plätze. Nur in Ausnahmefällen setzt sich eine der beiden Phasen als langfristiges Modell durch, der größte Teil des beruflichen Lebens spielt sich im Dazwischen ab, im Sowohl-als-auch. Panikattacken (erschöpfter Dispositionskredit, keine Aufträge) gehören genauso dazu wie euphorische Erfolgsphantasien (Termine, Aufträge). Der finanzielle Erfolg der eigenen beruflichen Existenz ist in der persönlich erstellten Erfolgsbilanz längst kein primärer Posten mehr, die Gefahr zu scheitern, würde man den Kontostand zum zentralen Baustein des beruflichen Erfolgs erklären, zu hoch. Und so hat man, da der Kontostand als Indiz nicht mehr viel hergibt, andere Dinge wie den ideellen Wert des Projekts, Anerkennung durch Prestigeprojekte oder berufliche Kontakte zu den neuen Zahlungsmitteln erhoben.

Der Selbstständige als Galionsfigur

Nach außen verstehen sich die meisten der Betroffenen sehr wohl darauf, ihre berufliche Existenz gekonnt zu inszenieren und ihr den Anschein des Erfolgs zu verleihen. Es mangelt weder an Ideen noch an ihrer gestalterischen, kreativen Umsetzung.

Und so ist der Selbstständige, dank seiner schlagartigen Vermehrung, heute zumindest im Straßenbild der Großstädte, wo er sich immer rascher verbreitet, nur noch mit viel Mühe zu übersehen. Ohne seine Boutiquen, Friseursalons, Cafés, Kanzleien, Weinhandlungen, Suppenbuden, Agenturen, Journalistenbüros, Clubs oder Shops würden ganze Viertel der deutschen Innenstädte, die heute als vorzeigbare Brutplätze des urbanen Lebens gehandelt werden, reichlich verwaist dastehen. Passanten aus dem »Paralleluniversum Festanstellung« loben das »Flair« und scheuen sich nicht, neugierig ihre Nase an den Schaufensterscheiben der Büros und Shops platt zu drücken.

Doch auch wenn sie als Statisten des städtischen Lebens gern gesehen sind – wovon sie eigentlich ihre Miete zahlen, fragt man sich nicht. Denn sonst würde man wissen, dass das, was auf ihren ästhetisch einwandfreien Büroschildern, Fensterfronten, Webseiten und Visitenkarten als Beruf und Leistung steht, nicht immer unbedingt das ist, womit sie ihre Existenz sichern. Der ihnen immer wieder so wohlwollend attestierte bohemehafte Lebenswandel beruht auch nicht ganz auf dem freiwilligen Entschluss, sondern ist mehr das Ergebnis der Anpassung seiner beruflichen Ideale an einen veränderten Arbeitsmarkt. Der Selbstständige von heute hat gesehen, dass sich berufliche Ideale und finanzieller Erfolg nicht so ohne weiteres unter einen Hut bringen lassen. Seine Entscheidung ist auf ein konsequentes Sowohl-als-auch gefallen: Hier die eigentliche berufliche Identität, dort die Jobs zur Sicherung seiner Existenz.

Doch auch wenn längere Phasen der Nichtbeschäftigung keine Seltenheit sind, in den Arbeitslosenstatistiken tauchen diese Selbstständigen nicht mehr auf. Die, die hier immer wieder ohne aktuelle Aufträge und Beschäftigung, ohne Einnahmen unter dem Existenz-

> Ob Programmierer, Berater, Analyst oder Designer, diese Wissensarbeiter müssen nicht an einem Ort zeitgleich dauerhaft zusammenwirken. Für sie gibt es keine Fabrik, in der sie tätig werden, keine Maschinen, an denen sie arbeiten müssen. Das Kapital steht nicht auf einem Gelände, sie tragen es vielmehr bei sich: ihr Wissen und ihre Fähigkeiten.
>
> **Antonio Negri/Michael Hardt**

> Mythen und künstlerische Produktionsweisen verkörpern jenen metropolitanen, bohemienhaften Lebensstil, bei dem Leben und Arbeit am gleichen Ort stattfinden.
> **Marion von Osten**

minimum taumeln, tun dies in einer statistisch nicht erfassten Grauzone.

Das hält die Bundesregierung jedoch nicht davon ab, mit der Unterstützung von Werbung und Medien die Propagandamaschine anzuwerfen und Unternehmer und Selbstständige als neue Galionsfiguren anzupreisen. Was man sehen will und zeigen muss, scheint klar: den erfolgreichen Unternehmer, junge, motivierte Selbstständige, erfolgsverwöhnte Ex-Arbeitslose. In der Checkliste für »Ich-AGs und andere Kleingründungen« des Bundesministeriums für Arbeit und Wirtschaft, die uns, wie Wolfgang Clement schreibt, dazu ermutigen soll, den Schritt in die Selbstständigkeit zu wagen, schlägt man gleich einen ganz anderen Ton an. Vor allem will man wissen: »Sind Sie sicher, dass Sie sich nicht aus der Not heraus gründen?« Was hier zwischen den Zeilen beschworen wird, ist der Mythos des Selbstständigen, nicht dessen reales Vorkommen. Alles in allem erinnert der Fragenkatalog mehr an einen Einstellungstest für einen Managerposten als ein Leitfaden für verzweifelte Arbeitslose.

Dass die berufliche Warteschlaufe drauf und dran ist, für immer mehr von uns von »nur einer Phase« zum unbehaglichen Dauerzustand zu werden, zeigt auch ein kurzer Blick auf Labels wie »Generation Bankrott«, »Generation Arbeitslos« oder »Generation Praktikum«, die die Generationsetikettiermaschine derzeit ausspuckt. Bleibt die Frage: Welchen Weg kann man gehen, wenn einem Wirtschaft und Politik einzureden versuchen, dass die Ich-AG als selbstständiges Unternehmertum nur Visionen braucht, um funktionsfähig zu sein – auf der anderen Seite jedoch der Begriff von der »Generation Praktikum« die Runde zu machen beginnt, die ihre Arbeitskraft für einen lächerlichen Stundenlohn zur vollen Verfügung stellt, um das System am Laufen zu halten? Wer möchte ernsthaft daran glauben, dass diejenigen, die in die in vergangenen Jahren auf den Arbeitsmarkt gespült wurden, als

»Global Player« agieren und entsprechend ihrer »Skills« bezahlt werden?

Die von der EU-Kommission im Frühjahr angesetzte Wachstumsprognose für die Bundesrepublik Deutschland liegt 2005 in der EU mit 0,8 Prozent weit abgeschlagen auf dem letzten, also dem 25. Rang und lässt sich weder schönreden noch schönrechnen. Und so schätzt sich heute jeder Doktorand der Kunstgeschichte glücklich, wenn er für 500 Euro monatlich ein Volontariat in einem mehr oder minder renommierten Museum in der Nähe seines Elternhauses erhaschen kann, um seinem Geringverdienst das mietfreie Wohnen entgegenzusetzen. Germanistikabsolventen ziehen nach Berlin-Kreuzberg, um türkischen Schulkindern bei ihren Hausaufgaben zu helfen, angehende Ärzte verdingen sich als Pflegekräfte, um wenigstens für ein Minimum an Aufwandsentschädigung im Training zu bleiben, und wer schon einmal das Glück hatte, einen gut bezahlten Job ergattert zu haben, findet sich nicht selten, dank Firmenpleite oder Rationalisierungsmaßnahme, früher als gedacht wieder auf dem freien Markt – und verkauft sich dort, wie alle anderen auch, weit unter Wert. »Erstmal drin sein«, lautet die Devise. Bleibt die Frage, wohin die Tür führt, in die man seinen Fuß kriegen soll. Was nützen Diskussionen um Eliteförderung, wenn selbst diejenigen mit internationalem Studiengang, lückenloser Praxiserfahrung und Musterschülernoten auf einem bereits abgeernteten Feld ausgesetzt werden, um Erträge einzubringen? Und wie soll es gehen, wenn man noch nicht einmal weiß, wovon man seine Miete zahlen und etwas für die private Altersversorgung abzwacken soll, und nebenbei auch die Rentenkasse der Alten, Verzeihung, der Silver Ager, füllen muss. Dass die Rechnung nicht aufgeht und die Ungerechtigkeit nicht nur eine subjektiv »gefühlte« ist – wie das Alter derer, für die man zahlen soll –, lässt sich

> Für gemeinsame Utopien gekämpft zu haben stiftet allemal mehr Gemeinsamkeit, als nur noch die Abwesenheit von Utopien festzustellen.
> **Joachim Buchsteiner**

> Die Revolutionäre von 68 waren die Entdecker der Lebensästhetik. Ihr Widerstand war nicht zuletzt ästhetisch motiviert. Die kommunistischen Ideale wohlgestaltete Selbstinszenierungen.
> **Johannes Goebel/Christoph Clearmont,** *Die Tugend der Orientierungslosigkeit*

in den Tabellen des Armutsberichtes dieses Jahres nachlesen. Kurzum: Die Lage ist ernst und nicht nur für kurze Zeit im Angebot. An guten Gründen, nicht einverstanden zu sein, mangelt es dabei weniger als an Antworten auf die alte Frage: Was tun? Etwa politisch werden? Oder das Feld weiter Christdemokraten wie Philipp-»keine-künstlichen-Hüftgelenke-für-über-85-Jährige«-Mißfelder oder Jungen Liberalen wie Jan-»Alte-gebt-den-Löffel-ab«-Dittrich und Silvana-»Mein-Bauch-provoziert«-Koch-Mehrin überlassen?

Politisch sein – Kein Anschluss unter dieser Nummer

Die öde Heldensage der 68er

Die 68er, so der gängige Argumentationsaufbau, waren die Letzten, die sich darangemacht haben, die Gesellschaft – oder zumindest das Tempolimit in ihrer Wohnsiedlung – zu verändern.

Hier gab es ihn noch, den Glauben an eine bessere Welt, an die große gemeinsame Sache, an die Veränderbarkeit der Zustände. Um sich auch heute noch als Mitglied dieser politischen Bewegung auszuweisen, braucht es nicht viel: Meist reicht das Geburtsjahr und die Sache ist erledigt.

Da tut es auch nichts zur Sache, dass die Mitglieder der 68er – außer ihrer Rolle der politischen Generation, in der sie sich selbst gern sehen – als »Kinder von Marx und CocaCola« (Heinz Bude) die erste Generation der Erlebnisgesellschaft stellten. Sie waren es, die die 24-Stunden-Selbstverwirklichung für salonfähig erklärten, wie der legendäre Spruch »Was stört mich der Vietnamkrieg, wenn ich Orgasmusprobleme habe« des prominenten Kommune-1-Mitglieds Dieter Kunzelmann unschwer erkennen lässt.

Wen wiederum das Schicksal einer späteren Geburt ereilte, der hat es nicht so einfach, sich mit dem Label des Politischen schmücken. Wer heute »Was stört mich der Irakkrieg, wenn ich Orgasmusprobleme habe« als eine aktualisierte Version des Kunzelmann-Satzes von sich gibt, dürfte erhebliche Schwierigkeiten haben, dies als politisches Statement zu verkaufen. Ganz im Gegenteil: Verschärfte Ausweiskontrollen und komplizierte Zugangsrechte brachten es mit sich, dass all jene, deren Ausweis oder Reisepass sie unmissverständlich als zwischen 1965 und 1975 Geborene benennt, sich nur aufgrund ihres Geburtsdatums zum Mitglied der unpolitischen »Heiapopeia-Generation« erklären lassen mussten.

Den rebellischen Aktivisten, unbeugsamen Störenfrieden und engagierten Utopisten folgen ihre lahmen Kinder ohne Kampfgeist, verwöhnt und immer ein wenig gelangweilt, die dem Streiten für die gemeinsame Sache kurzerhand den unermüdlichen Hang, alles zum Accessoire zu erklären, entgegensetzen. Mehr mit sich selbst beschäftigt als mit dem Rest der Welt, interessierter an Oberflächenphänomenen als an Grabenkämpfen, besser informiert über Fernseh- als über Parteiprogramme, vertrauter mit Markenlogos als mit Sitzblockaden.

Von welcher Seite einem solcherlei nachgesagt wurde, dürfte nicht allzu schwer zu erraten sein. Wie so oft, wenn sich Definitionsfragen auftun, tauchen, ehe man sich versieht, die 68er als die selbst ernannten Experten des Politischen auf und zücken ihr 30 Jahre altes Schwarz-Weiß-Links-Rechts-Gut-Böse-Käsekästchen-Orakel, anhand dessen sie unmissverständlich auszuzählen zu beginnen, wen und was man als politisch zu verstehen hat – und was nicht.

> Ihr seid eine Heiapopeia-Jugend.
> **Joschka Fischer**

Bei den zwischen 1965 und 1975

> Wenn man die Dreißigjährigen als politisch lauwarm kritisiert, dann nimmt man sie als Generation in Haft für einen Tatbestand, der die politische Wirklichkeit insgesamt bestimmt.
> **Ijoma Mangold**

Geborenen wurde aufmerksam notiert: Keine Demo-Kultur, keine Polit-Parolen, keine kollektive Utopie, ironische Resignation statt politischer Diskurs – Diagnose: unpolitisch. Und so zeigt sich: Wer heute als politisch gelten will, muss den Anforderungen eines Begriffs von Politischsein genügen, dessen Inhalte gut und gern genauso alt sind wie man selbst, der sich aber – anders als man selbst und der Rest der Welt – kaum verändert hat.

Mit einem solchen Politikbegriff ist der Wirklichkeit nicht mehr beizukommen. Mit seinem abgestandenen moralinsauren Repertoire, seinen Floskeln und Parolen, seinen Symbolen und Ikonen, seiner Dramaturgie und dem dazugehörigen Vokabular hat er die Veränderungen der letzen 35 Jahre ignoriert und geht damit von Voraussetzungen aus, die bereits abgeschafft worden sind. Nach seiner Werteskala bemessen, gilt es heute als politischer, sich mit einem fingerfarbenbemalten Transparent auf einem öffentlichen Platz die Beine in den Bauch zu stehen oder Handzettel zu verteilen, als eine Rundmail an 20 000 Adressaten zu verschicken oder eine Website für den Austausch von Informationen und die Koordination von Polit-Aktionen einzurichten. Und auch die Liste der mit dem Gütesiegel des Politischen ausgezeichneten Veranstaltungen wird weiter von Ostermärschen und Lichterkettenreihen angeführt. Der dieses Jahr zum 13. Mal stattfindende »Buy-Nothing-Day« und die »Turn-off-TV-Week« können dagegen allenfalls mit einer Erwähnung als skurrile Randerscheinungen rechnen.

> Manchmal beneide ich den Vater meiner Freundin, einen linken Intellektuellen, um sein unerschütterliches Weltbild. Er weiß, wer seine Gegner sind, er hat feste ideologische Koordinaten. Wie leicht ist es dagegen, mich zu verunsichern.
> *Genosse Nachwuchs,* **Nicol Ljobic**

Doch auch wenn man die »heldenhaften« Taten der 68er nur aus Erzählungen kennt, so hat man zumindest die Demontage ihrer einstigen Zu-Allem-Entschlossenheit sowie die Trivialisierung ihrer Ideale von einem Platz aus der ersten Reihe beobachten können und weiß:

> Vergangenheitsbewältigung und Gesellschaftsveränderung standen nicht auf der Agenda einer Generation, die im historischen Abbruchunternehmen der Bundesrepublik groß geworden war und die Trivialisierung der Gesellschaftskritik miterlebt hatte.
> **Heinz Bude**

Freie Liebe findet man heute im Swingerclub und Rainer Langhans in einer Doku-Soap des Berliner Regionalfernsehens. Wer sich weiter auf die Suche nach den Protagonisten begibt, die sich einst zu dem langen Marsch durch die Institutionen aufmachten, findet sie in Chefsesseln, B1-Professuren, in Verlagen, bei Podiumsdiskussionen, in Gremien oder Regierungsposten. Und man kann ihnen dabei zusehen, wie sie sich, ausstaffiert mit einem sicheren Posten und Diskurshoheit (beides nicht selten auf Lebenszeit), den Luxus gönnen, über den Abbau des Sozialstaats zu lamentieren – wenn sie ihn nicht gerade mit vorantreiben. Dass da manchen der nachfolgenden Jahrgänge das mulmige Gefühl beschleicht, es hier mit der Besitzstands- und Meinungswahrung eines sich selbst versorgenden und legitimierenden Machtkartells zu tun zu haben, dürfte nachvollziehbar sein.

Utopie, Vision, Revolution? It's the economy, stupid!

Die Grundvoraussetzung des Politischseins, so wie sie die offiziell verfügbare 68er-Fassung des Begriffs fordert, hantiert mit einem ausgesuchten Vokabular. Für den Entschluss, als politisch zu gelten, braucht es zunächst eine von allen geteilte Vorstellung von dem,

> Die 68er haben mit der Revolution angefangen und sind dann in die Werbung gegangen – ich wollte es umgekehrt machen.
> **Frédéric Beigbeder**

> Wenn die Neunundachtziger eine Erfahrung gemeinsam haben, dann das Gefühl, das man die Welt nicht mit einem großen Wurf verändern kann.
> **Warnfried Dettling**

wofür man überhaupt streiten will und für was man zu kämpfen bereit ist: die kollektive *Utopie* oder zumindest eine verbindende *Vision.* Als Ziel sollte man allein für die gewinnende Rhetorik nicht weniger als eine *Revolution* im Auge behalten, und um dort eines Tages anzugelangen, braucht es die *Demonstration* als Protestinstrument. Wem daran gelegen ist, als realpolitisch zu gelten, der ist gut beraten, sich großzügig an diesem Begriffsquartett zu bedienen, auf das wir nun einen kurzen Blick werfen.

Die *Vision* gehört zu den Begriffen, denen die kurze Zeit des New-Economy-Hype seine rasante Karriere bescherte. Dass, wenn erst einmal eine gemeinsame Vision gefunden ist, schon allein der Glaube daran Berge versetzen kann und die praktische Umsetzung einem Kinderspiel gleicht, galt vor ein paar Jahren noch als unhinterfragt. Doch auch wenn die meisten der damaligen grassierenden Visionen sich als das gängige Konzentrat aus schlauen Sprüchen und heißer Luft entpuppten, hat man, wie bei miesen Erfahrungen allgemein üblich, zumindest etwas lernen können. Was die Verwendung des Wörtchens Vision betrifft, genau drei Dinge. Erstens: Es geht um Wirtschaft. Zweitens: Das Ganze riecht nach einem schlechten Fake. Drittens: Misstrauen ist angebracht.

Nichtsdestotrotz hat die Vision seit den Roaring Nineties als Buzzword des Business-Jargons in der Wirtschaftswelt ihr neues Zuhause gefunden und damit ihre Unschuld verloren. Für das Politische ist sie seitdem einigermaßen ungenießbar und aufgrund ihrer pro-kapitalistischen Verfärbung allenfalls für neoliberale Parolen brauchbar. Für politische Statements wie »ich habe eine antikapitalistische Vision« ist sie jedenfalls denkbar schlecht gewählt.

Auch die *Revolution* hat ihren angestammten Platz der politischen Ära verlassen und gibt sich heute hier und da ein Stelldichein. Als politische Vokabel zumindest ist sie in Deutschland das letzte Mal vor gut 15 Jahren, beim Mauerfall, zu Wort gekommen, um sich dann, keine zehn Jahre nach dem offiziellen Sieg des real existierenden Kapitalismus über den real existierenden Sozialismus, erneut ausrufen zu lassen. Diesmal dann auch, in aller Konsequenz, in der Wirtschaftswelt. Die Wahrscheinlichkeit einer tatsächlichen, politischen Revolution tendiert seitdem unaufhörlich gegen Null, und da es im »realen« Leben kaum noch geeignete Verwendungsmöglichkeiten und Anlässe für sie zu geben scheint, kann man derzeit wiederholt beobachten, wie ihre Symbole und Gesten sauber entkernt und saniert als Kulisse und Marketingargument auftauchen.

Offensichtlich scheint man sich darauf geeinigt zu haben, das ganze Sortiment an Revolutionsgesten, Symbolen und anderen Devotionalien für die Werbeindustrie freizugeben (Abbildungen 2 und 3). Da die Zeit der Revolution abgelaufen scheint, tut man gut daran, mit ihrer Ästhetik und ihrem rebellischen Charme noch ein paar Euro zu verdienen und den Mythenausverkauf zu eröffnen. In einer Printanzeige sehen wir den Mazda RX-8 vor einer gerade demontierten Berliner Mauer stehen und müssen lesen »bei manchen Revolutionen geht es darum, leichter rein- und rauszukommen«, ein paar Seiten weiter erfahren wir vom Adidas Trail Ground System, dem Schuh mit dem »revolutionären Dämpfungssystem«. Und auch in der gut sortieren »Radical-Chic-Abteilung« wird sich zwischen T-Shirts mit dem klassischen Che-Guevara-Kopf, Benetton-Pullis mit rotem Stern, Parkas mit RAF-Logo, Hammer-und-Sichel-Schweißbändern und T-Shirts mit Prada-Meinhof-Schriftzug immer noch genügend Platz auf einer Kleiderstange finden lassen, um das eine oder andere linke Revolutions-Fashion-Accessoire dazwischenzuhängen.

> Anstatt Revolution zu verkaufen, werden Ideen von Rebellion verkauft, verpackt in hübsches Papier, überpinselt von der Rhetorik, der sich selbst stylenden Leitfigur.
>
> **Lars Strömberg, The (International) Noise Conspiracy**

Anders als die Revolution lässt sich die *Demonstration* durchaus hin und

wieder blicken. Im Frühjahr 2003, bei den großen Demonstrationen gegen den Irakkrieg, feierte sie sogar fast so etwas wie ein kurzes Comeback. *Die Zeit* schwärmte vom »Summer of Love«, die *Süddeutsche Zeitung* vom »süßen Duft der Anarchie«, beide zusammen von den vielen jungen Demonstrantinnen in Spaghetti-Tops.

Das verfolgte Motto (Kein Krieg!) war einleuchtend und simpel, so wie man es heute nur noch selten findet. Und da sowohl die Regierung wie auch weite Teile der Medien inhaltlich auf der Seite der Demonstranten standen, hatte man auch nicht allzu viel zu befürchten.

Bemerkenswert dabei war allerdings die Ästhetik des Ganzen, die mit dem Stichwort Retro-Sampling wohl am besten getroffen ist. Das demonstrierende, meist jugendliche Publikum bediente sich eifrig und nicht ohne Freude aus dem Fundus an populären Friedens- und Protestsymbolen und ließ die meisten der Demonstrationen so zu durchaus gelungenen Politainment-Veranstaltungen im Stil eines Sixties-Revivals werden.

Das Gegenstück liefern die Montagsdemonstrationen, die im Sommer 2004 zunächst gegen Hartz IV besonders im Osten des Landes eine kurze Popularität erlangten und weder bei der Regierung, gegen deren Reformen sie sich richteten, noch bei den Me-

dien (triste Bürger mit Kassengestellen in Gore-Tex-Jacken und schlichten Spruchbändern) beliebt waren. Spätestens als stumpfe Neofaschisten auf Wählerfang begannen, sich unter die Demonstranten zu mischen, galt das politische Signal als heikel, und schon bald blieben die Teilnehmer aus.

Als letztes Beispiel in dieser Runde finden wir die Erster-Mai-Demonstration in Kreuzberg, die, abgesehen davon, dass die politische Aussage (Dagegen!) im Krawall untergeht, selbst längst in der kommerziellen Welt angekommen ist, wie der saisonbedingte Verkauf von Pflastersteinen (Original!) – als Souvenir und nicht als Waffe – zeigt.

Wer es schafft, seine politische Meinung auf 70 Zeichen Text unterzubringen, aber keine Lust hat, den ganzen Tag mit einem Transparent herumzulaufen, kann das Demonstrieren unter www.mein-demonstrant.de problemlos delegieren.

Dass Demonstrationen einiges von ihrer politischen Sprengkraft eingebüßt haben, zeigen auch die Chiffren der

> Proteste sind Kommunikationen, die an andere adressiert sind und deren Verantwortung anmahnen.
> **Niklas Luhmann**

> Wenn wir Dreißigjährigen nicht mit Spruchbändern durch die Hauptstadt ziehen, wenn wie keine Demo-Kultur entwickeln und keine Märtyrer der guten Sache hervorgebracht haben, dann nur weil wir ahnen, dass wie mit solchen Eindeutigkeiten nur unter dem Problemniveau einer sehr komplexen Wirklichkeit herumalbern würden.
> **Ijoma Mangold**

Demo- und Protestkultur. Die Transparente, Sprechchöre und Sticker, die heute eher auf einem Bundesligaspiel in der Fankurve von Bayer Leverkusen zu besichtigen sind als auf einer Demonstration gegen Steuergelder, treiben als »freigewordene Zeichen« nach und nach an die Oberfläche und werden von Marketing und Werbung dankbar in Empfang genommen.

So zeigte beispielsweise die Printkampagne des Fashion-Labels Diesel eine Zeit lang Demonstranten, (young, angry, beautiful), die mit den alten Symbolen der Protestkultur und in einem Outfit von Diesel ausstaffiert für »Mehr grüne Ampeln« oder »Mehr Sonntage« demonstrieren, während Eastpak, um die Verkaufzahlen seiner Rucksäcke in die Höhe zu treiben, Koalabären in einem psychedelisch angepinselten Hippie-Bulli mit der Parole »Legalize Eukalyptus« demonstrieren lässt.

Einzig die *Utopie* hat sich, anders als die Wirtschaftsvokabel Vision, der Vermarktungsmythos Revolution und die handzahme Demonstration, nicht kaufen lassen. Statt wie ihre Kollegen durch die großzügige Verwertung ihrer Nutzungsrechte von sich reden zu machen, scheint bei der Utopie eine Art begrifflicher Denkmalschutz in Kraft getreten zu sein. In Powerpoint-Präsentation, bei Aktionärsversammlungen, in Werbekampagnen oder im Small-Talk-Geplauder ist zumindest fast nie von ihr zu hören. Offensichtlich fehlt es an guten Gründen, die ihren Einsatz nötig machen. Seit der Sozialismus als gängige Alternative zum Kapitalismus offiziell als gescheitert gilt, herrscht akuter Mangel an Alternativen, die zur Utopie taugen. Nicht ganz zu Unrecht. Um heute an einen »Umsturz« der gesellschaftlichen Verhältnisse zu glauben, braucht es schon einiges an gutem Willen und eine Portion politischer Ideologie. Und so bleibt, da die Utopie die Seite offensichtlich nicht wechseln wollte und eine Karriere in der Wirtschaftswelt dankend ablehnte, der Zeitpunkt abzuwarten, wann sie aufgrund mangelnder Umsätze und sinkender Nachfrage ganz vom Markt genommen wird, wie bereits das immer lauter werdende Gerede »vom Ende der Utopien« zu verstehen gibt.

Ausverkauft: Eindeutige Standpunkte

Hört man sich heute ein wenig um, scheint es an Unbehagen, Unverständnis und Wut gegenüber politischen und gesellschaftlichen Entwicklungen nicht zu mangeln. Wobei sich schlicht die Frage stellt: Was tun? Ist derjenige politisch, der zur Kommunalwahl geht? Zählen streikende Opel-Mitarbeiter als politische Masse? Ist man heute schon politisch, wenn man um 20 Uhr die Tagesschau einschaltet und bei *Sabine Christiansen* dranbleibt? Die Angebote scheinen vielfältig, gleich einem Selbstbedienungsladen mit Namen »P. S. – Politisches Sortiment«: ein Aufkleber hier, ein Stimmzettel oder elektronischer Knopfdruck da, eine Lichterkette am Abend, ein Streik am Morgen, eine Demonstration gegen den Abriss einer Kulturstätte, eine Spende für Greenpeace und die Weigerung, genmanipulierte Cornflakes zu kaufen.

Doch alles in allem ist das Angebot politischen Engagements wenig überzeugend, um die eigene skeptische Zurückhaltung und ironische Erleichterung so mir nichts dir nichts gegen den Einsatz für das Große und Ganze auszutauschen, zumal das Große und Ganze erst einmal aufgetrieben werden müsste. So beschließt man, wie man es als Konsument gelernt hat, erst einmal abzuwarten und die »Kategorie der Tat« aufzuschieben, bis sich die passende Gelegenheit bie-

> Die Maschine des modernen Kapitalismus hat die gegenkulturellen Lebensstile aufgenommen und kommerzialisiert. Ohne diesen durch Massenmedien stimulierenden Hedonismus würde die Konsumgüterindustrie zusammenbrechen.
> **Daniel Bell**

> Aber so pragmatisch und illusionslos, wie wir sind, werden wir, wenn es nicht anders geht, eher wieder Betten machen und Handzettel verteilen, als eine gesellschaftliche Revolte zu initiieren.
> *Genosse Nachwuchs,*
> **Nicol Ljubic**

tet und die richtige Offerte ins Haus flattert.

Vielleicht aber wurde der Ernstfall auch viel zu oft geprobt und ist dann doch nicht eingetreten, sodass man ihn nun nicht erkennt, wenn er wirklich vor einem stehen sollte. Vielleicht sind wieder einmal die achtziger Jahre Schuld: als die Zeit, in der eine Generalprobe für das Horrorszenario die nächste jagte und die Parole »Wohlstand für alle« durch »knappe Ressourcen«, »saurer Regen«, »Tschernobyl«, »reduzierte Erwartungen«, »Pershing 2« und »abgeholzte Wälder« abgelöst wurde. Jederzeit könnte es vorbei sein mit der Sorglosigkeit, wurde einem per Stille Post auf Spielplätzen, Klassenfahrten, am Abendbrottisch und in Großraumdiscos zugeflüstert. Dass der Ernstfall eintreten würde, war nur eine Frage der Zeit, soviel stand fest. Doch die düsteren Endzeitszenarien blieben aus. Dann ging endlich Helmut Kohl und es sollte besser werden. Erst wurde es nicht besser und dann noch schlimmer, und nun, mit gut 15-jähriger Verspätung trudelte sie ein: die Krise.

Konnte man es sich bisher leisten, damit zu kokettieren, auf einen politischen oder sozialkritischen Standpunkt getrost verzichten zu können, verliert diese Koketterie mit Blick auf die Krise einiges an ihrem zuvor durchaus bestechenden Charme und zeigt sich in ungünstigen Fällen gar als seltsam groteske Fratze.

Und vielleicht, so die schleichende Vermutung, hat die Starre, das politische Unpolitischsein, in die manch einer gefallen zu sein scheint, damit zu tun, dass im Grunde nur übrig bliebe, wie dereinst Brecht formulierte, so radikal wie die Wirklichkeit sein zu müssen. Bleibt die Frage: Was wäre die radikale Entsprechung? Vielmehr noch, gegen wen richtet sich der zeitgemäße Protest eigentlich?

Entschließt man sich daraufhin schweren Herzens, mit seiner

Skepsis zurückzustecken und beginnt damit, sich nach einem verantwortungsvollen, adäquat politischen Standpunkt umzusehen, erkennt man, dass das Geschäft mit eindeutigen Standpunkten wegen mangelnder Umsätze geschlossen wurde und lediglich ein kleines Sortiment für gesellschaftliche Randgruppen wie Neofaschisten oder Sektenmitglieder übrig geblieben ist. Daneben ein stetig wachsendes, umsatzstarkes Sortiment an offenen Fragen.

Wer ist Feind und wer ist Freund? Was ist Pro und was ist Contra? Was ist national und was international? Was ist konservativ und was progessiv? Was ist links und was rechts? Und wer um Himmels willen hat sich »Die Neue Mitte« ausgedacht? Die wenigen vertrauten Gut-und-böse-Koordinaten helfen nicht recht weiter, und spätestens, wenn man entdeckt, dass Joschka Fischer Attac einen »abgestandenen linksradikalen Antikapitalismus« vorwirft, muss man erkennen, dass auch ein linker Standpunkt nicht mehr das ist, was er vielleicht einmal war.

Es bleibt die Erkenntnis: Die Zeit des großen Entweder-Oder ist vorbei, die Welt ist zu kompliziert, um ihr mit eindeutigen Positionen beizukommen, Kultur, Wirtschaft und Politik sind zu sehr miteinander verstrickt, um sie auseinander halten zu können.

Das macht es heute schwerer als je zuvor, eine einheitliche Aktivistenmütze zu verteilen. Zu sehr greifen die genannten Ebenen ineinander, lösen sich auf und werden letztlich zu dem, was Michael Hardt und Antonio Negri als neue Weltordnung, als »Empire« bezeichnen.

Und auch der, der den ehrbaren Vorsatz ergreift, der Komplexität mit Informationen und Wissen beizukommen, bekommt als Dank die umgekehrte Wirkung zu spüren: Je mehr man weiß, desto schwieriger eine klare Meinung. Statt Schwarz und Weiß eine ganze Palette an unterschiedlich schat-

> Ich wähle links, aber das hat nichts mit love&peace zu tun. Man kann hart, kompromisslos, republikanisch und tolerant sein – da sehe ich keinen Widerspruch.
>
> **Jean-Pierre Bacri, Filmemacher**

> Ich stehe hier, weil ich die Gesellschaft verändern, die Welt verbessern will, solche Sätze motivieren mich nicht, dazu fehlt mir der Glaube.
> *Genosse Nachwuchs,*
> **Nicol Ljubic**

tierten, fein nuancierten Grautönen. Was bleibt, ist der Widerspruch.

Und so ist man gezwungen, Position zu beziehen, obwohl man selbst ein ganzes Bündel an Gegenargumenten aus dem Ärmel schütteln könnte. Man ist gezwungen, Entscheidungen zu treffen, obwohl man sie für unentscheidbar hält. In einer Art Trockenübung werden Ursachen, Wirkungen und Nebenwirkungen möglicher Entscheidungen so lange mit den vertretenen Interessen verrechnet, bis irgendwann der kleinste gemeinsame Nenner gefunden ist.

Wie idyllisch scheint dagegen die Zeit, in der das Wofür und Wogegen noch auf einen Aufkleber mit 5 Zentimeter Durchmesser passte oder sich in Großbuchstaben auf ein Transparent kritzeln ließ. Wie schlicht die Parolen und wie nachvollziehbar die Argumentation eines »Atomkraft? Nein danke!«. Selten waren Trotz (Nichtwählen, ein Protestkreuzchen für die falsche Partei oder ein zur Ungültigkeit führendes), vehemente Ignoranz (Zappen am Sonntagabend um 21.45 Uhr – weg von der ARD und aus Prinzip hin zu RTL oder ProSieben) oder Protest (streikende IG-Metaller hier, demonstrierende Studenten und ein paar Montage lang ein paar Hartz-IV-Gegner dort) so erfolglos wie derzeit. Wer sich heute mit einem Transparent mit der Parole »Gegen Arbeitslosigkeit« auf einer Demonstration sehen lässt, muss sich den Vorwurf gefallen lassen, nicht über die massiven Umbrüche unserer Gesellschaft (Herzlich Willkommen in der Wissensgesellschaft!) auf dem Laufenden zu sein. Oder, wie es Niklas Luhmann formuliert: »Gegen Komplexität kann man nicht protestieren. Um protestieren zu können, muss man deshalb die Verhältnisse plattschlagen.«

Politik? – Nein, danke.

Doch auch wenn es etwas problematisch ist, politisch aktiv zu werden, bevor man überhaupt weiß, wofür und wogegen man ist, ist das Interesse an Politik, will man Statistiken glauben, größer, genau genommen sogar fast doppelt so groß, wie in den vorangegangenen Neunzigern.

Verteilt über Kneipentresen und Küchentische, Fernsehsessel, Konferenztische und Wohnzimmersofas, zeigt sich das Politische in exklusiven Diskussionsrunden, Stammtischen und Debattierklubs von seiner privaten Seite. Flüchtige Verbündete und verschwommene Gegner suchen nach Positionen und tauschen politische Weltbilder und Meinungen wie einst Panini-Fußballbildchen.

Man debattiert, hantiert mit Halbwissen und gewagten Thesen, um sich dann, noch ehe man sich entrüstet hätte, dazu zu ermahnen, zu Themen zurückzukehren, die sich besser als abendfüllender Gesprächsstoff eignen.

Auch wenn bei Fragen wie »Kerry oder Bush?«, »Schröder oder Merkel?« allgemein Klarheit darüber besteht, wer für das »geringere Übel« zu halten ist, wird manche Diskussion vorzeitig durch die fatalistische Einsicht beendet, dass, auf wen die Wahl auch immer fallen wird, sich im Großen und Ganzen doch nichts ändern wird. In der Ahnung, dass es keinen großen Unterschied macht, wer regiert und wer in der Opposition sitzt und mit dem Abschied von der Überzeugung, über Politik die Gesellschaft tatsächlich verändern zu können, ist einem das »Fuck the System« des Punk näher als das unverbesserliche »Change the System« der 68er. Parteien, Programme und Personal gelten als austauschbar, der eingeschlagene Kurs ist, bis auf ein paar kleine parteispezifische Korrekturen, ausgemachte Sache. Damit ist auch die Möglichkeit des Politischseins, unter

> Aber die Lage der Dinge ist nicht ohne eine bestimmte Haltung zur Wirklichkeit zu erfassen.
> **Heinz Bude**

> Im Bewusstsein, dass alles auch immer anders möglich ist, ist man Konstruktivist, wenn es um Gesellschaft, und im Bewusstsein, dass alles immer weitergeht, ist man Fatalist, wenn es um Geschichte geht.
> **Heinz Bude**

der Dachmarke einer Gesinnungspartei aktiv in das Regierungsgeschehen einzugreifen, nach und nach von der To-do-Liste gestrichen worden. Womit auch die Frage nach dem politischen Engagement innerhalb der Politik als ihr Dreh- und Angelpunkt mit »umsonst« beantwortet wäre, noch ehe sie jemand gestellt hätte. Dass das empfindlich mit dem demokratischen Auftrag der Politik kollidiert, gesellschaftliche Veränderungen und kollektive Interessenlagen mehrheitsfähig zu machen, ist nicht neu.

Die Gründe dafür liefert vor allem anderen die Politik selbst. Als von der Zustimmung abhängiges Produkt durchläuft sie den immer gleichen Zyklus aus Werbung und Vermarktung, wie er auch für Turnschuhe, Urlaubsreisen und Tütensuppen üblich ist. Für die Mechanismen des Marketing ist das Produkt beliebig austauschbar.

Dabei werden die Inhalte der Parteiprogramme immer austauschbarer und zugleich immer abhängiger von der sie befeuernden Medien-Maschinerie. Hier regiert das Gesetz der Übertreibung, die Ideologie des Images, die Mechanismen der Vermarktung. Die Bürger sollen wählen, sich entscheiden, für das richtige Waschmittel, den richtigen Superstar oder die richtige Partei. Hier regiert das Gesetz der Übertreibung, die Ideologie des Images, die Mechanismen der Vermarktung. Die Bürger sollen wählen, sich entscheiden, für das richtige Waschmittel, den richtigen Superstar oder die richtige Partei, wie uns die werbenden Zeilen von Klaus Uwe Benneter zeigen:

> *Liebe Genossinnen und Genossen,*
>
> die Idee, eine SPD-Card einzuführen, ist ein Novum in unserer Parteienlandschaft und auf Anhieb ein Riesenerfolg. Sie enthält viele attraktive Angebote, die zum Teil auf eure An-

regungen zurückgehen. Seht selbst: Die Palette der aktuellen Angebote reicht von Autos über Computer bis zu wertvollen Bucheditionen, von Investment über Versicherungen bis zu interessanten Reisen, von Kino bis zum Internetzugang. Ich hoffe, dass die SPD-Card euch reichlich Nutzen bringt – und vielleicht sogar Freunde oder Bekannte überzeugt, denn: Mit solchen praktischen Angeboten dürfen wir auch Mitglieder werben.

Mit freundlichen Grüßen
Klaus Uwe Benneter
Generalsekretär
Mehr unter: www.imageshop.de

Wer sich als politischer Konsument mit seiner Entscheidung für die »passende« Partei schwer tut, für den gibt es im Internet den verbraucherfreundlichen Wahl-o-Mat: Eine der Bundeszentrale für Politische Bildung angegliederte Internseite, auf der man zu den wichtigsten politischen Thesen und Themen abstimmen kann, um am Ende in seinem »Persönlichen Wahl-O-Mat-Ergebnis« zu erfahren, welche Partei der eigenen Meinung am nächsten ist.

Die schlechten »Imagewerte« sorgen dann auch dafür, dass die Aussichten der politischen Parteienlandschaft, was die Rekrutierung ihres zukünftigen Personals betrifft, gelinde gesagt, fatal sind.

Hardt und Negri wissen: »Das Verschwinden einer autonomen politischen Sphäre signalisiert zugleich das Verschwinden der Möglichkeit, dass im Rahmen nationaler Politik eine Revolution stattfinden könnte, der Möglichkeit, die Gesellschaft umzuwälzen, indem man sich des Staates bedient.«

Und man muss ihnen wohl Recht geben, denn wenn man sich so anschaut, was die gewöhnliche Parteienlandschaft bietet, lässt sich mit Sicherheit eins sagen: Mit den Guten, von denen so etwas wie Veränderung zu er-

> Diese Karte ist Eigentum der IMAGE Ident Marketing GmbH.
>
> **Aufschrift auf der SPD-Mitgliedskarte**

> Wahlen werden zunehmend in Altenheimen gewonnen.
> **Otto Graf Lambsdorff**

hoffen wäre, ist nicht zu rechnen. Man kann also getrost davon ausgehen, dass die nächsten Roland-Koch-Klone bereits in einem unbeobachteten Paralleluniversum brav an ihrer Parteikarriere basteln. »Aber wenn die Netten nicht Kanzler, Fraktionsvorsitzender oder wenigstens Generalsekretär werden wollen, dann bleiben die weniger Netten. Aber das war ja schon in der Schule so, als es um den Posten des Schulsprechers ging«, bringt Nicol Ljubic die Misere der Parteien auf den Punkt. In *Genosse Nachwuchs*, einem Erfahrungsbericht von der Parteibasis, entsorgt er, sofern überhaupt noch vorhanden, die letzten Illusionen über den politischen Alltag.

Dass seine Parteimitgliedschaft andere an seiner Zurechnungsfähigkeit zweifeln lässt, nimmt er noch gelassen: »Es ist nicht so, dass es mir unangenehm wäre, ich fühle mich eher, als hätte ich ein skurriles Hobby, würde Kotztüten sammeln oder sonntags auf der Suche nach Kuckucksuhren über Flohmärkte spazieren.« Der Einsicht, dass sich die eigene, lieb gewonnene Nüchternheit nicht gegen Kampfwillen austauschen lässt, folgen eine SPD-Card mit Shopping-Bonuspunkten, regnerische Stunden hinter einem Tapeziertisch vor dem Supermarkt und die Erklärung einer Genossin: »Bei uns muss man 50 000 Luftballons aufgepumpt haben, um etwas zu werden.« So bleibt zu guter Letzt die Einsicht: »Ein Transparent hochhalten und Parolen zu rufen, fühlt sich eher danach an, etwas zu tun, als Diskussionen im Ortsverein.«

Die Abschaffung der Kritik

Was tun also, wenn man keine Lust hat, 50 000 Luftballons aufzublasen? Macht nichts, hört man sich sagen, auch wenn Demonstrationen nicht mehr das sind was sie einmal waren und die Revolution in der Werbeindustrie ein neues Zuhause gefunden hat: Es bleibt immer noch das Dagegensein, wie wir spätestens seit Niklas Luhmann wissen, als eine politisch etablierte Form des Dabeiseins. Doch auch um das Dagegensein war es schon einmal besser bestellt. Oder, um deutlicher zu werden: Man ist eifrig dabei, es abzuschaffen. Wer es noch einmal zu Gesicht kriegen will, sollte sich also beeilen.

Wie es die in die Jahre gekommene Polit-Parole »Bevor du das System änderst, ändert das System dich« prophezeite, hat man sich heute stillschweigend darauf geeinigt, den Kapitalismus als System ohne Alternative anzuerkennen. Das heißt: Der Kapitalismus ist, so die beizeiten etwas unbehagliche Einsicht, die Heinz Bude formuliert, nicht länger Schicksal, sondern Projekt. Und zwar das einzige, das auf dem Programm steht.

Damit wird es allerdings auch hinfällig, gegen ihn zu sein: Es lohnt sich nicht. Erlaubt ist allenfalls Kritik und auch hier bitte nur die von der konstruktiven Sorte. Das haben selbst zornige Globalisierungsgegner erkannt und nennen sich, wie es sich heute politisch korrekt gehört, brav Globalisierungskritiker.

Doch auch die Kritik hat sich inzwischen als Fass mit doppeltem Boden entpuppt. Immer wieder hat man beobachten können, wie die Kritik die Seiten wechselte und sich von denen tätscheln ließ, gegen die sie ursprünglich gerichtet war. Was sich hier zeigt, gilt nicht erst seit gestern als ausgemachter, ebenso niederträchtiger wie raffinierter Zug des High-End-Kapitalismus, wie wir ihn kennen, mit dem er schon manch einen seiner radikalsten Kritiker höflich außer Gefecht gesetzt hat. Die Taktik, derer er sich dabei bedient, ist immer wieder die gleiche, sie lautet: Ersticken durch Umarmung.

Die Kritik an der bestehenden gesellschaftlichen Ordnung wird rasch in diese Ordnung integriert, um radikale und fundamentale Kritik des Systems in Schach zu halten und als lächerlich und harmlos dastehen zu lassen. Eine List, die im Laufe der letzten Jahrzehnte

> Man ist schneller Mitglied in einer Partei als einer Videothek, wo man immerhin noch einen Ausweis vorlegen muss.
>
> **Genosse Nachwuchs, Nicol Ljubic**

> Es war letztendlich der Kapitalismus und nicht der Kommunismus, der scheinbar auf viele Wünsche und Forderungen der 68er-Generation einging und ihnen neue Identitäts- und Konsumangebote zur Verfügung stellte.
> **Bernhard Schmid**

immer weiter perfektioniert wurde und die Kritik immer schneller in den Schoß derer zieht, auf die sie abzielt. Nett zurechtgemacht, für harmlos und handzahm erklärt, noch ehe sie nach ihnen schnappen könnte.

Der Tod durch die innige Umarmung des kapitalistischen Systems ist jeden Tag von neuem zu beobachten, manchmal subtil, zumeist offensichtlich. Ein gängiges Muster ist es, eine kritische Stimme, Bewegung oder Aktion mit kommerziellem Erfolg zu belohnen und so ihre Glaubwürdigkeit mit einem dicken Fragezeichen zu markieren.

Naomi Kleins *No Logo!*, wurde weder zur Streitschrift für Anti-Marken-Aktivisten und Sweat-Shop-Gegner, noch führte es zu einer Radikalisierung der Konsumenten, die Nike und anderen Markenikonen sinkende Umsatzzahlen und Umsatzeinbußen bescheren sollte, sondern landete in Bestsellerlisten und machte eine Karriere als Coffee-Table-Book – und wurde selbst zur Marke. Ein Must-have, wie man im Marketingjargon zu sagen pflegt, dessen Funktion sich darin erschöpft, einen als den konsumkritischen Konsumenten auszuweisen, der gerade gefragt war. Ein anderes Beispiel: Als die Modedesignerin Katharine Hamnet vor vielleicht 30 Jahren bei einem Empfang der Queen mit einem T-Shirt mit dem Aufdruck »70 % do not want Pershings« aufmarschierte und sich auf einem Cover von The Clash ein T-Shirt mit dem Slogan »We are all Prostitutes« neben einem Bild von Maggie Thatcher befand, wurde das Protestpotenzial des Ästhetischen entdeckt. Wenn Celebrities heute ihre Handtaschen mit »Stop War« über den roten Teppich spazieren tragen, dürfen wir (Stichwort: Glamourprotest) die Ästhetisierung des Protests beklatschen.

Auch das Aufwärmen der alten Parole »Das Private ist politisch« weist keinen rechten Ausweg. Wenn Ulrich Beck erklärt, »in ganz neuer Weise und vielleicht tiefgreifender als durch politische Reformversuche wird hier [...] das Gesellschaftlich-Politische durch eine permanente Praxis des ›Anders-Machen-im-Kleinen‹ unter Veränderungs- und Anpassungsdruck gesetzt«, dann mag man ihm Recht geben. Es ist durchaus eine Möglichkeit als »lebender Widerspruch« (Slavoj Žižek) oder auch »existenzieller Besserwisser« (Diedrich Diederichsen) sein besseres Wissen und seine »große Weigerung durch eine Lebensweise« auszudrücken und »weniger durch öffentliche Argumente«. Ein nicht zu unterschätzendes Problem scheint jedoch zu sein, dass dieses Anders-Machen-im-Kleinen eine unbegrenzte Genehmigung erteilt, das Privatuniversum, das sich nun als politisch versteht, mit gutem Gewissen zum alleinigen Ort des Handelns zu erklären.

Zum anderen werden auch nichtkonforme, subkulturelle Lebensformen mit ihren gegenkulturellen Codes in einem immer schneller werdenden Takt kommerzialisiert und »domestiziert«, um dann, nett zurecht gemacht, in den Vermarktungskreislauf eingespeist zu werden. Noch ehe man überhaupt ernsthaft von ihrer vermeintlich oppositionellen Kraft oder gar von »Protestpotenzial« sprechen könnte, tauchen sie bereits entleert und verharmlost wieder auf der Oberfläche des Mainstreams auf. Um diese Maschinerie auf dem Laufenden zu halten, hat sich ein, eher gewerbsmäßig als privat betriebener, gut florierender Zweig der Zulieferer etabliert, der sehr wohl darum weiß, welchen Ofen er befeuert: Im schlimmsten Fall bleibt kaum mehr als die Hülle, ein trister Aufguss, ein Image-kompatibler Lifestyle, ordentlich renoviert und ausführlich beschildert.

Für den aufmerksamen Zuschauer des zirkulierenden Kreislaufes aus Kritik und Entwertung bleibt die nicht gerade neue Einsicht, dass es kein »Außerhalb« des kapitalistischen Systems mehr gibt und sich die meisten kritischen Ideen von selbst entsorgen. Und damit ein eher zur Alternativlosigkeit denn zum Erfolg verdammter Kapitalismus als Ursache

> Werden die sozialen Bewegungen aufgesogen, werden sie völlig in die Funktionssysteme aufgenommen?
> **Niklas Luhmann**

> Die Subkultur wird zum Markenartikel, der Rebell zum Star und die alternative Szene zum Motor der Unterhaltungsindustrie. Der Mainstream wird gerade von denen bestimmt, die anders sein wollen als der Mainstream.
> **Norbert Bolz**

sowie pragmatische Illusionslosigkeit und skeptische Ironie als Wirkung. Das politische Engagement, das in Aussicht gestellt wird, ist einem Slogan entlehnt, der bisher für Schöner-Wohnen-Ambitionen reserviert war: »Unser Kapitalismus muss schöner werden«. Dass sich hier – anders bei einem lang vergangenen Polit-Projekt mit dem vielversprechenden Slogan »Make love not war« – nur schwerlich freiwillige Sympathisanten finden lassen, dürfte nicht weiter verwundern.

Bleiben genau zwei Möglichkeiten: Entweder man verabschiedet sich höflich von der Idee des Politischen und begnügt sich damit, seine kritischen Zwischenrufe (»Merkt ihr noch was?«) an Küchentischen oder Bartresen kundzutun. Oder man begibt sich in das System – denn wenn es kein Außerhalb mehr gibt, bleibt nur das Innere. Getreu der Devise »Mittendrin statt nur Dagegen« erlaubt der Gegenangriff von innen eine andere Art des Politischen, die, so Saskia Sassen, »das herkömmliche Politische überschreitet, das Politische aus dem formellen institutionellen Apparat in Zonen des Spielerischen, des Karnevalesken transferiert«. Und damit einen Widerstand produziert, der sich dem offiziell und sorgfältig eingegrenzten Gehege »Dagegen« entzieht, da die Stellen, von denen aus er angreift, immer wieder andere sind, die sich schwieriger kontrollieren lassen.

Um das »Innere« zu besetzen und von dort aus agieren zu können, sind Insider-Kenntnisse unerlässlich und stille Agenten gefragt, die sich einspeisen und auf vermeintlich legalem Wege Subversives an die Oberfläche tragen, um es dort sichtbar werden zu lassen. Nur wer die Logik der medialen, ökonomischen oder marketingtechnischen Systeme kennt, kann sie – als Instrument – für sich nutzen und wissen, wo die Schwachstellen des Gegners sind. Kurzum: Es geht nicht mehr darum, ein Transparent vor dem Reichstag in die Höhe zu halten, sondern darum, dem System mit seinen eigenen Waffen die eine oder andere Schramme zu verpassen – und es so zu stören und zu irritieren. Der Vorteil dieser Art des Aktivismus und der Teilhabe ist nicht nur die Aussicht auf Erfolg, sondern auch die geringe Einarbeitungszeit: Wie mediale Vermarktung, Werbung für die eigene Sache und die Platzierung von Informationen in der Aufmerksamkeitsökonomie vonstatten gehen, dürfte niemand besser wissen als diejenigen, denen ihr präziser Umgang mit Oberflächen allzu oft vorgeworfen wird.

2. Kapitel

»Die Realität ist eine Spielregel. Als Spielregel ist sie nichts anders als ein Modus, der den Umgang der Illusionisten untereinander regelt.«

Joachim Koch

Realität: Under permanent Construction

Wirkung ohne Ursache: Die Oberfläche als Inhalt

Die vorschnellen Vorwürfe des letzten Kapitels sind die Konsequenz eines gern gemachten Fehlers, wie er besonders den 68ern unterläuft: Man schielt auf ein veraltetes Zeichensortiment, obwohl die darin enthaltenen Symbole längst nicht mehr als eindeutige Indizien taugen und vermutet somit guten Mutes einen Zusammenhang von gesendeten Botschaften und benutzten Dingen, obwohl diese längst entleert, ironisch gebrochen oder durch neue Zeichen ersetzt wurden.

Um die neuen symbolischen Äußerungen, die an den Platz der alten getreten sind, zu verstehen, um Zeichen zu entschlüsseln und an die mit ihnen verbundenen Aussagen und Botschaften zu gelangen, braucht es allerdings einen Zugangscode, der gerade der Generation der 68er oftmals zu fehlen scheint. Offensichtlich waren sie während der vergangenen Jahrzehnte so mit dem Hinterfragen, Entlarven oder Stören beschäftigt, dass sie die meisten lehrreichen Lektionen des Unterrichtsfachs versäumt haben, das vor ungefähr 30 Jahren unter dem etwas umständlichen Namen »Semiotik« als Pflichtfach auf den Stundenplan gesetzt werden sollte.

> Eine symbolische Äußerung zu verstehen heißt, zu wissen, unter welchen Bedingungen ihr Geltungsanspruch akzeptiert werden könnte. Eine symbolische Äußerung zu verstehen heißt aber nicht, ihrem Geltungsanspruch ohne Ansehen des Kontextes zuzustimmen.
> **Jürgen Habermas**

Die Semiotik interessiert sich nicht für ein Ding oder Gesten »an sich«, sondern nur für sie als Zeichen – als etwas, was für etwas anderes steht. Anders gesagt: Die Semiotik entschlüsselt Botschaften in Formen. Für Erich Fromm ist sie die einzige Fremdsprache, die jeder lernen müsste, für Umberto Eco eine Form der Deutung und für Roland Barthes »ein Hilfsmittel, die gegenwärtige Gesellschaft aufzufassen und zu interpretieren«.

Doch nicht alle sollten dem sich eröffnenden Symboluniversum so verständnislos begegnen wie das unterqualifizierte 68er-Lehrpersonal. Irgendwo zwischen Grundschule und Mittelstufe fand sich eine Horde Heranwachsender, die es wohlwollend beäugte und dann in ihre Klassen- und Kinderzimmer bat.

> Wer bis circa 1975 geboren ist, gehört zur neuen Welt. Es ist die Generation des ausgeprägten subjektiven Realismus und der Hyper-Realität. Es ist die Generation, für die Vernunft selbstverständlich sein wird, weil sie darunter die Realität ihrer eigenen Illusionen verstehen wird.
> **Joachim Koch**

Wie rege Teilnahme, Bestnoten und mangelnde Fehlstunden zeigten, sollte sich das Entschlüsseln und Verpacken von Botschaften in symbolische Formen schnell zum ausgemachten Lieblingsfach der siebzig Jahrgänge entwickeln.

An Lektüre, um das Lesen von Zeichen zu perfektionieren, mangelte es zumindest nicht. Man entdeckte eine

Meine These lautet, dass ästhetisches Denken gegenwärtig das einzig realistische ist, denn es allein vermag einer Wirklichkeit, die – wie die unsrige – wesentlich ästhetisch konstruiert ist, noch einigermaßen beizukommen.
Wolfgang Welsch

originelle Version des überdimensionierten Kreuzes, wie es Madonna in ihren Videos trug, über Großvaters Bett, überhörte die Ermahnung des Sportlehrers, das Paar Adidas-Napoli-Turnschuhe bitte zukünftig nur in der Turnhalle zu tragen und übte sich so schon einmal in dem, was Marcel Duchamp als »Translokation« und »Transfiguration« bezeichnete. Ersteres meint das Herauslösen von Objekten und Verhaltensweisen aus ihrem gewöhnlichen Kontext und Gebrauch, zweiteres die Gewinnung eines neuen Status von Objekten und Verhaltensweisen durch Umcodierung. Und schon flatterten die Matrizenunterlagen mit den neuesten druckfrischen semiotischen Thesen ins Haus, auf denen zu lesen stand:

1. Die Serialität ist das Kennzeichen moderner Massenkultur: Unter dem Deckmantel des Neuen folgt die Wiederholung Desselben.
2. An die Stelle des Realen tritt die Simulation: Nichts ist an sich »echt« und »originell« oder »authentisch«.
3. Die Unterscheidung zwischen authentischem Einzelstück und Kopie wird obsolet.
4. Simulation ist mit Kategorien wie falsch oder wahr nicht mehr zu packen.
5. Der Verlust des Originals zeigt sich in einer Fetischisierung des »Real Thing«.
6. Die Zeichen bilden die Wirklichkeit nicht mehr ab, sondern sie sind die Wirklichkeit.
7. Disneyfikation: Zwischen »Realität« und »Zeichen« kann nicht mehr unterschieden werden.
8. »Hyperrealität«: Die Kopie ist »realer« als das »Reale«, die Fälschung »echter« als das »Echte«.

> Das Reale ist durch das Zeichen des Realen ersetzt worden und von diesem phänomenologisch nicht zu unterscheiden, wohl aber analytisch.
> **Jean Baudrillard**

Damit bekamen viele das Zeichen, noch ehe sie ihren Namen schreiben konnten, in seiner absoluten Form zu Gesicht: als Mythos. Und dessen Schachzug besteht, wie Roland Barthes gezeigt hat, darin, den Gegenständen oder Gesten, die er erfasst, ihren ursprünglichen Sinn zu entreißen und ihre Bedeutung zu entleeren. Allerdings nicht ohne den ursprünglichen Inhalt zur Verfügung zu halten, um hin und wieder ein wenig damit zu kokettieren. Unter der befeuerten Konsumindustrie der sechziger, siebziger und achtziger Jahre und ihrer immer gewaltigeren Vermarktungsmaschinerie begannen sich vor allem die Markenmythen zügig zu vermehren. Taschentücher nannte man nur noch »Tempo«, und Papierseiten in der Bastel-AG wurden mit UHU statt einfach nur mit Klebstoff zusammengepappt.

Als bekennender Markenfreund war man es irgendwann leid, das 68er-Lehrpersonal weiter dabei beobachten zu müssen, wie es, mit einer zerlesenen Ausgabe W. F. Haugs *Kritik der Warenästhetik* in der Hand, die Marken zu verteufeln versuchte, und sich unqualifizierte Ermahnungen (»Was heißt hier Caprisonne, das ist ein Trinkpäckchen, ich glaube, es hackt!«) anzuhören. Stattdessen entschloss man sich, in guter Do-it-yourself-Manier selbst für Know-how zu sorgen.

Um sich über den Markt an Marken und Möglichkeiten auf dem Laufenden zu halten, trieb man sich die Nachmittage in Fußgängerzonen herum und platzierte sich in den frühen Abendstunden vorbildlich vor dem Fernseher, um am nächsten Tag in der Fünf-Minuten-Pause »im Diskurs« mit anderen angehenden Experten das gesammelte Material auszuwerten. Anstatt die Oberfläche mit Oberflächlichkeit zu verwechseln, wurde sie ein guter Freund. Das Ergebnis dieser Kumpanei kann sich durchaus sehen lassen. Die Mehrheit kann heute, zumindest was das Feintuning, Entschlüsseln und Platzieren von symbolischen Botschaften be-

> Die erste Generation, die nach dem Sieg der antiautoritären Bewegung ohne verbindliche Moralvorstellungen und Orientierungssystem aufwuchs, hat konsequent ihre Leidenschaften und Diskurse in Waren verlegt. Man hat es ihnen übel genommen, sie oberflächlich geschimpft und sie als arme Opfer des entfesselten Konsumismus bedauert. Was »eigentlich« hinter diesen Phänomen stand, hat aber kaum jemand begriffen.
> **Matthias Horx**

trifft, auf einen nahezu lückenlosen Lebenslauf und ausgezeichnete Zeugnisse verweisen.

Jede Menge hoch qualifiziertes Personal mit einem genauen Gespür für »die feinen Unterschiede« sowie die detailgetreue Handhabung und Instrumentalisierung von Symbolen, bis an die Zähne bewaffnet mit dem nötigen Handwerkszeug, um Codes zu verschlüsseln und zu knacken, und unablässig damit beschäftigt, die »Message in der Message« ans Licht zu befördern. Und damit, wie das dritte Kapitel zeigen wird, bestens auch dafür gewappnet, durch eine hyperreale und mit Codes und Zeichen operierende Welt zu manövrieren.

Der Schein trügt nie: Abschied von dem wahren Kern der Dinge

Die ausführliche Honorierung des erfolgreich gemeisterten Werdegangs »Experte/in für Oberflächen« lässt allerdings bis heute auf sich warten. Auch wenn sich das Verschlüsseln und Dechiffrieren von Symbolen als praxistaugliches Instrument erwiesen hat, um die Alltags- und Populärkultur zu verstehen, und wir ohne dieses Instrument allesamt ziemlich hilflos umherirren würden.

> Lerne so zu telegraphieren, dass es chiffriert aussieht, ohne es zu sein. Und umgekehrt.
> *Regel Nr. 558 aus dem Handbrevier für Hochstapler*

Denn wenn, wie im ersten Kapitel beschrieben, bisher gängige und normative Maßstäbe nicht mehr angesetzt werden können, um halbwegs zuverlässige Informationen über den Einzelnen in privater, beruflicher wie öffentlicher und politischer Hinsicht zu erhalten und einzig mit Sicherheit zu sagen ist, dass permanent Entscheidungen – für ein Produkt, eine Dienstleistung, eine berufliche Beschäftigung, einen Menschen, eine Lebensform – gefällt und ebenso so schnell wieder revidiert werden, kommen wir nicht umhin, die Oberfläche, die sich uns in wechselndem Kostüm und mit unterschiedlichen Sprachen zeigt, als unseren Gesprächspartner zu akzeptieren und uns mit ihr auseinander zu setzen, statt nach Substanz zu rufen, wo keine ist.

> Wir sind in die vom Schein beherrschte Welt der Postmoderne hineingeboren worden, deren bestimmendes Element die Show ist.
> **Tom Kummer**

Die Oberfläche ist ein Phänomen, dem wir uns gegenübersehen und das zu benennen Anstoß für weitere Erkenntnisse geben soll. Fest steht, dass uns Botschaften primär und zuerst in Form von Symbolen und Zeichen entgegentreten und dass das Äußere die derzeit einzige verlässliche Größe bildet, an der sich die Kommunikation orientiert.

Nichtsdestotrotz, das rege Interesse an Oberflächen, und nicht für das vermutete Dahinter, ist in Verruf gekommen oberflächlich zu sein – wobei sich ein beachtlicher Teil der Oberflächenkritiker aus den eigenen Reihen rekrutiert. Reumütig bezichtigte man sich selbst der Flucht vor der Realität in eine oberflächliche Haltung, einer kindischen Kultivierung des Scheins und der unangemessenen obsessiven Vorliebe für ästhetische Details, erklärte »Irony is over« und gelobte Besserung – und das umso mehr, da »die ungeheure Dosis Realität« (Susan Sontag), die uns der »11. September« verabreichte, einen an einer empfindlichen Stelle erwischte: Als Konsument eines medial perfekt inszenierten Bildes. Und so versprach manch

> Die neue Ära hat ihre Freude an der Semiotik – der Untersuchung von Zeichen und Bedeutungsträgern – und interessiert sich genauso für die Gesetze der Sprache und für die Semantik, wie sich die Moderne für die Gesetze der Physik interessierte.
> **Jeremy Rifkin**

> Hinter dem was man sieht ist nichts. Das ist nur Image.
> **Bret Easton Ellis**

einer, nachdem er sich vom Fernseher erhoben hatte, Buße und Läuterung und erklärte sich, noch ehe ihn irgendjemand dazu aufgefordert hätte, dazu bereit, die komplette »Spaßgesellschaft« inklusive Love Parade, Medienkanzler, Nachmittags-Talk-Shows und Boxenluder auf seine Kappe zu nehmen – und bekundete reumütig seine Mitschuld an dem plötzlich allerorten ausgerufenen Kultur- und Werteverfall unserer Gesellschaft, dem nun der Prozess gemacht werden sollte.

Getreu dem Motto »Die besten Kritiker der Elche waren früher selber welche« wurde mit einem rasch aufgewärmten Weltbild geliebäugelt, in dem das Endgültige statt Vorläufige, Eindeutige statt Ironische, Ernste statt Lustige, Schwere statt Banale und Wahrhaftige statt Beliebige auf dem Programm stehen sollte. Die Reiseroute schien gefunden und sollte von der oberflächlichen Hülle »zurück« zum wahren Kern der Dinge führen.

Der war allerdings nicht so ohne weiteres aufzutreiben und zerfiel, sobald sich die selbst ernannten Trüffelschweine des Wahrhaftigen näherten, in viele kleine Wahrheitssplitter. Und so bekam die Analyse der Oberfläche – die Medienkompetenz der Terroristen, die »Macht der Bilder« als »reale Kopie« eines original Action-Movies und die »Attacke auf Symbole« des westlichen Kapitalismus – wieder ihren Platz in der Diskussion.Die erworbene Oberflächenkompetenz zeigte sich als hilfreiches Instrument und fein justierter Seismograph, um einer Welt, in der Werte nicht absolut zu setzen sind und sich gegenseitig revidieren, noch einigermaßen auf die Schliche zu kommen.

> Wer also den 11. September zur kulturgeschichtlichen Zäsur ausruft, muss erklären können, wieso die neue Epoche schlechterdings besser, wahrhaftiger sein soll als die vorherige (in der immerhin ein bisschen Spaß erlaubt war).
> **Thomas E. Schmidt**

Self-Made-Realität: Wirklichkeit als Privatsache

> Ob Leute jenseits des Optimismus schlauer werden, ob sie ohne Illusionen schneller begreifen, ihre Lage in die Hand zu nehmen, ist äußerst zweifelhaft.
>
> **Diedrich Diederichsen**

Bevor sich etwas über einzelne Phänomene und damit die Welt im Speziellen sagen lässt, scheint es unüblich, ein paar Takte zur Verfassung und Betrachtung der Welt im Allgemeinen vorweg zu schicken. Womit man aber schon mittendrin ist im Dilemma, das es zu beschreiben gilt.

Allgemeingültige, als objektiv und wahr gekennzeichnete Aussagen sind rar und nur schwer aufzutreiben, die Gültigkeit des Etiketts »gesellschaftlich lizenzierte Normalität« (Beck) ist ohnehin reichlich fraglich oder offiziell abgelaufen. Die paar Thesen, Theorien oder Personen, die dem überholten Sortiment »Die Welt so wie sie wirklich ist« entspringen, stellen sich allerspätestens beim Öffnen als dumpfe Mogelpackung heraus und damit als der hilflose Versuch, durch »kategoriale Trennungen nur die wirklichen Mischungen [zu] verdecken« (Heinz Bude).

Wer meint, er wüsste, worum es sich wirklich dreht und wie der Hase läuft, mit Patenten und universellen Strickmustern herumprotzt, kurzum: wer sich im Besitz »Exklusivrechte der Wirklichkeit« wähnt, hat während der letzten Jahrzehnte seine Lektionen nicht gelernt – an deren Ende häufig mal die euphorisch aufgenommene und mal reichlich deprimierende Einsicht stand, dass eigentlich alles immer auch anders möglich ist. Anders gesagt: Ausnahmen bestätigen nicht mehr die Regel, sondern sind die Regel. Wer es wiederum kompliziert mag und über seine Mitgliedschaft im Zirkel der postmodernen Theorien keinen Zweifel lassen will, spricht an dieser Stelle mit Vorliebe von Kontingenz.

> Heute geht man vernünftigerweise von der Tatsache aus, dass es keine Tatsachen gibt, von denen man ausgehen könnte.
>
> **Norbert Bolz**

Wo die Wirkungen die Ursachen überholen und als Meinungen und

> Ich kann mir nicht vorstellen, dass heute noch jemand von der Vorstellung ausgeht, dass es »die Realität« gibt.
> **Jürgen Ploog**

Symbole verpackte Wahrheiten eine Art »Reise nach Jerusalem« machen, lauern die Fallstricke der »Apophänie« – ein hilfreicher Begriff, der eigentlich ein Stadium der Schizophrenie beschreibt und von William Gibson in *Mustererkennung* unter anderen Vorzeichen reanimiert wurde. Für Gibson ist Apophänie »die wahnhafte Wahrnehmung bedeutsamer Zusammenhänge zwischen Dingen, die nichts miteinander zu tun haben«. In pluralen Gesellschaften ein weit verbreitetes Kavaliersdelikt.

Das heißt weiter: Fragezeichen statt Ausrufezeichen, eigentlich statt wirklich, Konjunktiv statt Imperativ, Ungewissheit statt Eindeutigkeit, Plural statt Singular, »Sowohl-als-auch« statt »Entweder-oder«.

Und damit kommt die Einsicht, »dass die Welt durch Pluralität und Heteronomie charakterisiert ist, dass Paradoxien und Paralogien für ihr Verständnis erschließungskräftiger sein können als einfache Deduktion und dass Realität insgesamt nicht homogen, sondern heterogen, nicht harmonisch, sondern dramatisch, nicht einheitlich, sondern divers verfasst ist – kurz gesagt: ein vielfältiges Design hat« (Welsch).

Ständig wird neu verhandelt, revidiert oder ergänzt, Grenzen verwischen oder werden neu gezogen, Unterscheidungen verwässern, einstige Gegensätze verschmelzen zu neuen Verbindungen und Begriffen.

> Abschied von der Realität heißt deshalb nichts anderes als Abschied von der einen Realität, die aufhörte zu existieren, sobald jeder seine eigene entwerfen durfte.
> **Joachim Koch**

Ein Leben in Absurdistan und Paradoxien, irgendwo zwischen Glokalismus, Tofu-Currywurst, Infotainment, weichen Zielen, Doku-Soaps mit echten Laienschaupielern, schlanker Produktion, der Achse des Bösen, Ich-AGs, McJobs, Pazifisten in Camouflage-Jacken, High Potentials, Self-Branding,

Rentnerschwemme, künstlicher Intelligenz, Friendly fire, dem »Real Thing« (Coca-Cola), Lifestyle-Communities, abhängig Beschäftigten, Think different (Apple), Businessplänen, freundlichen Übernahmen, Human Capital, Nike-Town, »Die Gedanken sind frei« (gmx.de), Internet-Chats für Internet-Süchtige, USP, »Leistung aus Leidenschaft« (Deutsche Bank), Old Europe, Spesenkonto, Google-Celebrities, Nice-to-have-Produkten, Feedbackschleifen, Style-Wars, Tchibo-Wellness, Fake Rebels, Reproduktionsmedizin, sozialverträglichem Stellenabbau, Politainment, Kulturwertideen, Casting-Days für Auszubildende bei Lidl, Golfsburg, Get-Together, Radical Chic, »Born to Perform« (Jaguar), Job-Floatern, »Geiz ist geil« (Saturn), Kollateralschäden, Glamourprotest, Spaßbüros, öffentlicher Intimität, Bio-Bier, jungen Alten, Mediokratie, »Ich liebe es« (McDonald's), Survival Of The Hippest, Existenzminimum, Multitude und In and Out-Listen, Vergnügungssteuer, Casting-Material, Speed-Dating, persönlichem Wohlfühlgewicht, Public Image, Innovationsdruck, Arschgeweih, Reste-ficken, Smart Sourcing, Business Process Reengineering.

> Misstrauen wir denen, die sagen, dass nicht die Reden und Meinungen zählten, sondern allein die Realität. Sie wollen uns nur aufs Kreuz legen.
>
> **Umberto Eco**

Realität West: Eigentlich könnte alles auch anders sein

Eindeutigkeiten und Selbstverständlichkeiten sind, soweit vorhanden, Ergebnis und Produkt von Entscheidungen und damit »gemacht« und nicht mehr »gegeben«.

Zugleich wird es immer schwieriger, so etwas wie eine halbswegs realistische Einschätzung zu treffen. Wer eine Entscheidung zu treffen hat, sieht sich einem schrumpfenden Häufchen von eindeutigen »Instantrealitäten« gegenüber – während sich ein ständig wachsender Berg an widersprüchlichen, konkurrierenden

> Man könnte fast sagen, der letzte und einzige Wert, den der Westen absolut setzt, besteht in der Forderung, Werte nicht absolut zu setzen.
> **Jens Jessen**

Sichtweisen, Wahrnehmungen, Untersuchungen, Meinungen, Theorien, Beobachtungen, Behauptungen und Ergebnissen von »Self-Made-Realitäten« vor ihm auftürmt.

Das Gemeine ist: Über je mehr Wissen man verfügt, umso schwieriger wird es, eine eindeutige und klare Meinung zu vertreten. Zu guter Letzt bleibt nicht selten die Einsicht, eine Entscheidung treffen zu müssen, ohne sich dabei auf gültige Maßstäbe stützen zu können, außer der durch »gleichzeitige Ungleichzeitigkeit von Entwicklungen und Reaktionen« ziemlich sicheren »Erwartung des Unerwarteten« (Beck).

Betrachtet man den ganzen Berg von Meinungen, Ideen und Wissen nun als Wert an sich, muss man den griffigen Slogan »Eigentlich könnte alles auch anders sein« zu dem zentralen Wert erklären, auf den sich die westlichen Gesellschaften verständigt haben.

Oder wie Nobert Bolz in *Das Konsumistische Manifest* schreibt: »Der liberale Spitzenwert Diversität entwertet alle anderen Werte.« Und so lautet unsere Version von »Wahrheit« dann auch: Es gibt keine. Wir können über alles reden, niemand und nichts ist von Natur aus im Besitz der Wahrheit. Der Anspruch auf einen »privilegierten Zugang zur Wahrheit« ist – wie Norbert Bolz gezeigt hat – aber wiederum genau das, was eine Religion, die sich ernst nimmt, von der bloßen Meinung unterscheidet: »Wer fromm ist, hat kein Interesse am Marktplatz der Ideen. Er hat kein Interesse an einer anderen Wahrheit.«

An Diversität ist zunächst einmal nicht das geringste auszusetzen, zumal, wenn man sich in der jungen Tradition sieht, »die Welt der Oberflächlichkeit gegen den Todesernst der Fanatiker zu verteidigen«, wie Roman Leik einmal im *Spiegel* (1.3.04) schrieb. Schließlich ist es gar nicht so übel, in einer Zeit zu leben, (wie der Pressesprecher der Postmoderne, Wolfgang Welsch, es einmal formuliert hat), in der man »die Pluralität nicht bloß zähneknirschend als ungeliebte, aber unumgängliche Realität hinnimmt, sondern ihren befreienden Aspekt erkennt und dieser Pluralität aus Überzeugung zustimmt«. Die ständige Frage aus dem Off lautet dann: Welche neuen, kulturellen Praktiken, Denkmuster, Verhaltensweisen oder Stile sind an die Stelle der alten, unbrauchbar gewordenen getreten?

Parallelgesellschaft ohne Parallele

Seit Realität nicht mehr konsenspflichtig ist und man sich von dem objektiven Betrachter, der einen Blick »von außen« auf die ganze Sache wirft, verabschiedet haben dürfte, passieren wir Tag für Tag unterschiedliche Paralleluniversen und Subgesellschaften. Wobei der Begriff »parallel« den Anschein erweckt, als hätten wir es hier mit einem linearen Nebeneinander von Gesellschaften zu tun.

Das scheint ein bisschen bizarr, zumal man sich im Großen und Ganzen darauf geeinigt hat, dass »Realität«, wie Niklas Luhmann schrieb, »einen Komplexitätsgrad erreicht hat, der sich nicht mehr linearisieren lässt«.

Das gilt auch für die immer weniger befahrene, gesellschaftliche Hauptstraße irgendwo zwischen »Mainstream« und »Leitkultur«, die heute dank gut beschilderter Umleitungen weitläufig umgangen werden kann und dabei ist, selber eine Straße unter vielen zu werden. Nichtsdestotrotz wäre es aber interessant zu erfahren, was wir uns heute unter der von offizieller Stelle abgesegneten Hauptstraße vorzustellen haben.

> Wessen Gesellschaft ist das große Gesamtganze, in das sich alle hineinintegrieren sollen?
> **Wiglaf Droste**

Die Mittelschichtghettos der nivellierten Mittelstandsgesellschaft? Die Kleinfamilie, obwohl 50 Prozent der Akademikerinnen keine Kinder mehr bekommen, oder etwa die Arbeitslo-

> Unterschiedliche Überzeugungen darüber, was denn nun wirklich ist, was wichtig, was echt ist, in welcher Welt du eigentlich lebst, prägen unsere Gespräche.
> **Diedrich Diederichsen**

sen, mit 5,2 Millionen immerhin eine der größten Berufsgruppen?

Der bereits verschüttet geglaubte und doch immer wieder mal aufgetriebene gesellschaftliche Wertekern (One-Size-fits-all) oder vielleicht doch eher das, was Hans Magnus Enzensberger unter dem bezeichnenden Titel *Mittelmaß und Wahn* die »durchschnittliche Exotik des Alltags« nannte?

> »Sie äußert sich am deutlichsten in der Provinz. Niederbayerische Marktflecken, Dörfer in der Eifel, Kleinstädte in Holstein bevölkern sich mit Figuren, von denen noch vor dreißig Jahren niemand sich etwas träumen ließ. Also golfspielende Metzger, aus Thailand importierte Ehefrauen, V-Männer mit Schrebergärten, türkische Mullahs, Apothekerinnen in Nicaragua-Komitees, mercedesfahrende Landstreicher, Autonome mit Biogärten, waffensammelnde Finanzbeamte, pfauenzüchtende Kleinbauern, militante Lesbierinnen, tamilische Eisverkäufer, Altphilologen im Warentermingeschäft, Söldner auf Heimurlaub, extremistische Tierschützer, Kokaindealer mit Bräunungsstudios, Dominas mit Kunden aus dem höheren Management, Computerfreaks, die zwischen kalifornischen Datenbanken und hessischen Naturschutzparks pendeln, Schreiner, die goldene Türen nach Saudi-Arabien liefern, Kunstfälscher, Karl-May-Forscher, Bodyguards, Jazz-Experten, Sterbehelfer und Porno-Produzenten. Anstelle der Eigenbrötler und der Dorfidioten, der Käuze und der Sonderlinge ist der durchschnittliche Abweichler getreten, der unter Millionen seinesgleichen gar nicht mehr auffällt.«

> Jedes geschlossene System ist entweder in sich widersprüchlich, unvollständig oder unappetitlich.
> **Monochrom.at**

Glaubt man der Systemtheorie, ist Gesellschaft nichts anderes als Kommunikation. Und da nicht jeder mit jedem kommunizieren kann, wird in unterschiedlichen Systemen und Zirkeln unter unterschiedlichen Vorzeichen und Bewertungsmaßstäben kommuniziert, die am laufenden Band verschiedene Versionen von Wahrheit produzieren.

> Hier ist deine Welt!
> *Slogan der Reality-Doku Big Brother*

Selbst bei einem ähnlichen Input an Erfahrungen, Kenntnissen oder Informationen sind die Wirklichkeitsversionen, die als Output dabei herauskommen, meist sehr unterschiedliche (»Das sehe ich ganz anders.«); umgekehrt kann bei unterschiedlichem Input aber auch der gleiche Output herauskommen (»Gratuliere! Wir sind zum gleichen Ergebnis gekommen.«).

Als System ist allen Parallel- und Subgesellschaften gemeinsam, dass sie sich immer wieder auf sich selbst beziehen und so permanent ihre Version der Wahrheit stützen, diese legitimieren und sich selbst damit profilieren. Luhmann spricht von der Fähigkeit sozialer Systeme sich auf sich selber zu beziehen als Selbstreferenzialität. »Das heißt zunächst nur in einem ganz allgemeinen Sinn: Es gibt Systeme, mit der Fähigkeit, Beziehungen zu sich selbst herzustellen und diese Beziehung zu differenzieren gegen Beziehungen zu ihrer Umwelt.« Getreu dem Motto »Ich unterscheide, also bin ich« entscheidet jedes System selbst, welche Informationen und Impulse es herausfiltert und in sich aufnimmt. Anders gesagt: Selbstreferenzielle Systeme unterscheiden 1.) zwischen inneren und äußeren Einflüssen und Beziehungen, entscheiden 2.) welche Impulse von »außen« aufgenommen und wie sie 3.) verarbeitet werden, sind 4.) so in der Lage, sich von einem selbst gemachten Ereignis zum nächsten zu hangeln und sich 5.) selbst zu reproduzieren. Alle selbstreferenziellen Systeme sind also in der Lage, sich selbst zu befriedigen und zu befruchten. In einem Bild gesagt: Sie trinken ihr eigenes Sperma und prosten sich dabei zu, um dann parasitäre Symbiosen einzugehen

> Wir müssen uns fragen, ob es den Mainstream überhaupt gibt.
> **Monica Bocian**

> Ein Teil der Gesellschaft nach dem anderen richtet sich nach den Maßgaben des Marktes. Von den Medien bis zum Gesundheitswesen, von der Schule bis zur Kultur rückt das ökonomische Moment in den Vordergrund.
> **Uwe Jean Heuser**

und sich mit einem »Wie du mir, so ich dir«, gegenseitig zu bestärken und zu stützen.

Auch wenn sich heute jeder seine Version von Realität zusammenzimmern darf: Die Lieferung der Rohstoffe, mit denen wir arbeiten, die Brillen, durch die wir auf unsere Realitätsversion blicken und die Baupläne, Grundrisse und Gebrauchsanweisungen, anhand derer wir sie vermessen und einsortieren, bleibt Sache der großen Systeme. Ganz gleich, ob die Dioptrinzahl der Brillengläser eine falsche ist, die Baupläne vergilbt, die Grundrisse verschwommen und die Steckverbindungen der von ihnen gelieferten Materialien nicht mehr mit den unseren kompatibel sind.

Jeder muss, ganz gleich, ob er will oder nicht, mehrmals am Tag durch verschiedene »Parallelgesellschaften« (Slogan: »Das ist nicht so meine Welt.«) navigieren, unter denen es wortstarke Anführer gibt.

Zu den Systemen, an denen man heute kaum vorbei kommt, zählen das ökonomische, mediale und politische als upgedatete Versionen:

1. Kultureller Kapitalismus: High-End-Version des kulturellen Kapitalismus sowie die ihn befeuernde Ideologie des Images,
2. Mediokratie: Umschlagplatz und Produktionsstätte von Meinungen und Wahrheiten, Monopolist unter den Realitätslieferanten,
3. Democrazy: Image und Medien verpflichtetes Konstrukt, entscheidet heute nach ökonomischer und selbstbezüglicher Logik, wofür es zuständig ist und wo es sich aufgrund mangelnder Handlungsfähigkeit entschuldigen muss.

Ob das Image als Ideologie des hoch entwickelten kulturellen Kapitalismus, die Medien als Motor der Aufmerksamkeitsökonomie oder die zum Wirtschaftsaktivismus gewordene Politik, die sich mit Imagelogik und Medienrethorik über das Bauernopfer »Soziale Marktwirtschaft« hinwegrettet, sie sind vor allem eins: der selbstbezügliche Blick auf die Welt aus einer bestimmten Perspektive. Um zu sehen, welche Sinnzusammenhänge und Interpretationsmuster hier eine Rolle spielen, auf welche Realitätsthemenparks sie den Blick freigeben und wo der eine oder andere Hebel liegt, den man bedienen muss, um diese Systeme für seine Zwecke ans Laufen zu kriegen, folgen ein paar »eingefangene Ausschnitte der Wirklichkeit« (Sigmar Polke) aus Wirtschaft, Medien und Politik.

Die Welt als Marke: Sign oder nicht Sign

Kapitalismus heute: Widerspruch mit Access-All-Areas-Pass

Hatte man es bei vorangegangenen Formen des Kapitalismus noch mit klar umrissenen Feindbildern zu tun, verhält es sich mit der Kritik der neoliberalen Variante des Kapitalismus so wie mit dem Pudding, den man an die Wand nageln will.

Das Ökonomische ist nicht mehr ein in das gesellschaftliche Gefüge eingebetteter und durch soziale Normen und Institutionen säuberlich begrenzter Bereich, in dem marktförmige Austauschbeziehungen die Hauptolle spielen, sondern ist längst entfesselt. Und auch hier gilt die postmoderne Parole »Eigentlich auch anders möglich«, oder genauer: »Eigentlich ist alles möglich, Hauptsache die Kasse stimmt«.

> Aber das dislozierte, an falscher Stelle angewendete Denken, das die nicht in Geld zu vermessenden Leistungen – ob nun in Psychiatrie und Kindergärten oder in Universitäten und Verlagen – den schlichten Maßstäben McKinseys unterwirft, ist zum gesamtgesellschaftlichen wirksamen Kategoriefehler geworden.
> **Jürgen Habermas**

> Die Marktabhängigkeit gesellschaftlicher Existenzweisen hat aber heute eine soziale Verbreitung und eine lebensweltliche Tiefe erreicht, die andere Epochen des Kapitalismus nicht kannten.
> **Sighard Neckel**

Das kapitalistische System beschränkt sich nicht länger auf die ihm zugeschriebene Wirtschaftsebene, sondern sickert munter in sämtliche Flächen, Ritzen und Nischen unseres öffentlichen und privaten Lebens. Unter ökonomischen Vorzeichen fordert es von Politik und Kultur, nach seinen Spielregeln zu handeln: Ihre Formen und somit schlussendlich ihre Inhalte sollen nach den Prinzipien der Marktwirtschaft ausgerichtet werden. Ob Altersheim oder Gebrauchtwarenhandel, Frauenhaus oder Unternehmensberatung – der Aufwand muss sich rechnen.

Der Staat wird zur »Deutschland AG«, die Gesellschaft zum Unternehmen, oder, wie der Wirtschaftshistoriker Karl Polany einst sagte, zum »Anhängsel des Marktes«. »Was im Fordismus als das Außerökonomische galt (Kommunikation, soziale Beziehungen, Lifestyle), wird heute marktförmig organisiert. das Leben wird fortschreitend vermarktet«, so Marion von Osten in *Die Norm der Abweichung*. Diese Entwicklung beinhaltet das, was bereits Daniel Bell prognostizierte: Die zusammenhängenden Bereiche Wirtschaft, Politik und Kultur werden der Ökonomie untergeordnet.

Die Autonomie der einzelnen Bereiche hat sich aufgelöst und die Hydra, bei der wenigstens noch einer der drei Köpfe als Feind auszumachen und zu bekämpfen war, ist zu einer hybriden Masse geworden.

Antonio Negri und Michael Hardt sprechen von einer »gesellschaftlichen Fabrik«, in der sich »die Regeln der kapitalistischen Produktionsverhältnisse und der darin implizierten Ausbeutung von ihrem Ausgangsort, dem abgegrenzten Territorium der Fabrik, emanzipiert haben, um alle gesellschaftlichen Verhältnisse zu durchdringen und zu definieren. Es gibt keine Produktion und Reproduktion des Sozialen außerhalb des Kapitals mehr – es gibt überhaupt kein ›Außen‹ mehr.«

Und Noreena Hertz ergänzt in ihrer Publikation *Wir lassen uns nicht kaufen* mit drastischen Worten: »Wenn wir nichts tun, wenn wir die ›schleichende Übernahme‹ nicht bekämpfen, unser Glaubenssystem nicht in Frage stellen, unsere Mitschuld an der Schaffung dieser ›neuen Weltordnung‹ nicht zugeben, ist alles verloren.«

Zunächst war die politische Sphäre in die Knie gegangen und hatte sich Schritt für Schritt dem ökonomischen Strickmuster der Effizienz unterworfen, statt dieses, wie einmal gedacht, zu begrenzen. Danach hat sich die Ökonomie einem anderen Bereich zugewandt.

Sie hat, wie Jeremy Rifkin schreibt, »ihre Aufmerksamkeit dem letzen unabhängigen Bereich des menschlichen Leben zugewandt: der Kultur«. Was wir derzeit beobachten können, ist die Transformation des industriellen Kapitalismus in einen kulturellen Kapitalismus und dieser, so sein Namensgeber Rifkin, »droht die kulturellen Ressourcen über die Massen auszubeuten und zu erschöpfen, vergleichbar in etwa mit der Ausbeutung natürlicher Ressourcen im Industriezeitalter«.

Der industrielle Kapitalismus wurde in der Zwischenzeit nicht etwa abgeschafft, sondern vielmehr, dank einer globalisierten Wirtschaft, in Schwellen- und Entwicklungsländer »outgesourced«.

Der Kurzschluss zwischen Kultur und Kapital

Der kulturelle Kapitalismus handelt nicht mehr nur mit Waren, in ihm geht es nicht allein um Kaufen, Besitzen und Eigentum. Er handelt nicht mit Autos, Mobiltelefonen und Fernsehern, sondern mit Ideen, Patenten, Software, Mobilität, Kommunikation, Unterhaltung oder Informationen. Mit Zugriffsmöglichkeiten, dem »Access«, dem kommerziellen Zugang zu Kultur,

> Der heutige Konsumkapitalismus gibt keine wirkliche Vision. Seine Philosophie ist: »Mehr«. Die Vision ist lediglich, zu arbeiten, zu kaufen, zu arbeiten, mehr zu kaufen. Das ist nicht genug. Das menschliche Leben ist mehr als eine ökonomische Größe.
> **Ernest Callenbach**

> Man bringt uns bei, dass die Unternehmen eine Seele haben, was wirklich die größte Schreckensmeldung der Welt ist. Marketing heisst jetzt das Instrument der sozialen Kontrolle und formt die schamlose Rasse unserer Herren.
> **Gilles Deleuze**

Bildung, Zeit, Wohlbefinden oder Jugend.

Das zeigt bereits ein Blick auf die Slogans, die die »Produkte des kulturellen Kapitalismus« an uns richten: Der Pay-TV-Channel Premiere verspricht uns einen sorgenfreien Zeitvertreib (»Abonnieren Sie eine gute Zeit«), Nokia (»Connecting people«) die Mitgliedschaft in einer »Community«, Microsoft (»Where do you want to go today?«) bringt uns unseren Zielen näher, Ikea (»Wohnst du noch oder lebst du schon?«) holt uns das wahre Leben in unsere sterilen Wohnzimmer, Apple adelt uns zu Individualisten (»Think different«), Vodafone (»Wenn Sie den perfekten Partner an Ihrer Seite suchen, können wir Ihnen helfen«) sorgt dafür, dass wir nicht alleine durchs Leben gehen müssen und Gmx verspricht uns: »Die Gedanken sind frei.«

Während wir im industriellen Kapitalismus nur punktuell mit dem ökonomischen System in Berührung kamen, zum Beispiel dann, wenn wir etwas beziehungsweise (unsere) Arbeitskraft kauften oder verkauften, liefert uns der kulturelle Kapitalismus ein engmaschig gestricktes Netz aus Service und Konsum, auf das wir zurückgreifen müssen, sobald wir kommunizieren oder uns bewegen wollen. Er zielt nicht mehr auf die Produktion und den Verkauf von Waren, sondern auf die Inszenierung und Vermarktung von Erfahrungswelten und Sinnstrukturen. Slavoj Žižek spricht von einer »kulturalisierten Marktwirtschaft«, in der »die Kultur [...] nicht nur zu einer weiteren Sphäre des Marktes, sondern zu seiner zentralen Komponente« wird. Damit dürfte auch das bevorzugte »Beschäfti-

> Der Kapitalismus ist keine Barbarei, sondern ein vertrautes Wesen. Es ist sanft, verspielt und rastlos, hat nun eine private Zahnversicherung, trägt teure Turnschuhe und grinst. Seine Botschaft lautet: Du bist so frei! Und genau da liegt das Problem.
> **Jan Engelmann**

gungsverhältnis« im kulturellen Kapitalismus klar sein: Die idealisierte Projektarbeit, die die Selbstausbeutung so populär machte und uns dazu brachte, die neoliberalen Arbeitsbedingungen abzunicken. Dafür zahlt sie ja, sozusagen als Gegenleistung, auf das meist im Minus stehende Konto der beruflichen Selbstverwirklichung ein.

Die Produktion von Kultur ist die letzte Stufe des Kapitalismus, dessen wesentliche Triebkraft es seit jeher war, immer mehr menschliche Aktivitäten für das Wirtschaftsleben zu vereinnahmen.
Jeremy Rifkin

Im vorangegangenen, industriellen Kapitalismus, in dem Waren getauscht wurden, konnte man sich entweder, der Bourgeoisie gleich, einrichten und ein vorzeigbares bürgerliches Puppenheim aufbauen oder, zumindest ideell, als Verfechter der Boheme herauslösen und als Künstler die Selbsterfahrung in einer primär nichtmateriellen Form suchen. Die Vermischung beider Lebensstile blieb die Ausnahme. Heute hingegen ist die Ausnahme die Regel – und die heißt bourgeoiser Bohemien (Rufname Bobo). Der ständige Spagat zwischen Künstlerexistenz und Unternehmerdasein wird zur Grundhaltung, mit der wir durch den kulturellen Kapitalismus manövrieren.

Der kulturelle Kapitalismus braucht die Kultur, die Künstler und die Kreativen als Rechtfertigung und argumentative Grundlage für sein weite Teile der Gesellschaft vereinnahmendes System. »Er sucht die Künste, um die alles durchdringende Konsumkultur aufzubauen. Er lockt die Künste aus der kulturellen Nische, wo sie als wichtigster Vermittler kollektiver Werte auftraten, auf den Markt«, so Douglas Rushkoff in *Der Anschlag auf die Psyche.*

Alles wird zu Ware, die Vielfalt und Kreativität menschlichen Daseins wird zum Gegenstand berechnender Kalkulation und kühler Brisanz.
Berthold Vogel

Kultureller Kapitalismus, das ist der Song »Eple« von röyksopp als Willkommensmelodie nach der erfolgreichen Installation von MacOs, der Weihnachtsmann von Coca-Cola, TV-Spots, in denen Blixa Bargeld aus den Prospekten

> Der neue Geist des Kapitalismus zeigt uns ein freundlicheres Gesicht, das bei näherer Betrachtung aufgeblasen wirkt.
> **Günther Sandner**

der Baumarktkette Hornbach vorliest, »Bohemian Like You« von den Dandy Warhols (Vodafone) und »Star« von The Crash (eBay) als Werbemelodien, die Deutsche Guggenheim (»ein Joint Venture«) im Haus der Deutschen Bank, die Firmenjubiläumsfeiern vom Bund der Deutschen Industrie (BDI), Ronald McDonald als Ernährungsberater in Österreichs Kindergärten und McKinsey im Palast der Republik oder das (gescheiterte) Vorhaben, das alte DDR-Staatsgebäude gleich zur Zwischennutzung Nike zu überlassen und zum »Nike-Palace« zu erklären.

Kurzum: Das kapitalistische System hat sich als lernfähig erwiesen und weiß, es ist auf Kultur angewiesen, da es ihm chronisch an *guten* Gründen mangelt.

Mit seinem permanenten Zweischritt aus der Anhäufung und Investition von Kapital unter der schlichten Prämisse der Vermehrung liefert er selbst nur wenig überzeugende Argumente. Oder, wie Irving Kristol, in *Capitalism Today* einmal schrieb: »Man kann die großen gesellschaftlichen Veränderungen nicht verstehen, ohne das gestörte Selbstbewusstsein des Kapitalismus voll zu berücksichtigen.«

Und so gehört es heute zu den ausgemachten Zügen des austrainierten, hoch entwickelten kapitalistischen Systems wie dem unseren, dass es, auf Mechanismen zu seiner Legitimation angewiesen, ständig nach etwas Ausschau hält, das es 1. argumentativ rechtfertigt, 2. sexy macht und ihm 3. so die schmerzlich vermisste Souveränität verleiht.

> Was für eine Vorstellung: An die Stelle des Palastes der Republik tritt der Nike-Palace, der Swoosh nimmt im Ährenkranz den Platz von Hammer und Sichel ein.
> *Wer hat Angst vor Niketown?*
> **Friedrich von Borries**

Das alles leistet die Kultur. Als vermarktbares Instrument füllt sie die inhaltliche Leere des kapitalistischen Systems, verpasst ihm ein menschlicheres Gesicht und versorgt es obendrein mit den kulturellen Codes und ästhetischen

Praktiken, die, eingespeist in seine Vermarktungsmaschinerie, zu Verkaufsargumenten umgemodelt werden. Anders gesagt: Der kulturelle Kapitalismus integriert Handlungsmuster in sein System, die sich ursprünglich komplementär zu ihm verhalten haben oder auch gegen ihn gerichtet waren und nutzt sie dazu, seine eigenen Widersprüche zu kaschieren.

Wir lernen also, dass der künstlerische Heroismus der Authentizität ebenso wie der politische Heroismus im Angesicht der Macht Prinzipien formulieren, die beide zur der Welt der Wirtschaft gehören. Das ist ein ganz außergewöhnlicher Coup – als hätte Microsoft die Freiheitsstatue, den Louvre und vielleicht noch den Vatikan gekauft.
Jedediah Purdy

Was der »Kurzschluss von Markt und Kultur mit sich bringt«, so Slavoj Žižek, »ist das Verblassen der alten modernistischen Avantgardelogik der Provokation, des Schockierens des Establishments«. Und so sind es nicht wenige, die immer öfter ein etwas mulmiges Gefühl beschleicht, wenn sie erkennen müssen, dass das, was einmal als »Underground« und »Subkultur« daherkam, heute beim besten Willen nicht mehr aufzutreiben ist – sieht man einmal von der Werbe-Marketingwelt ab, die sich nicht zu schade ist, in aller Ausführlichkeit mit dem »rebellischen Spirit« der Underdogs zu kokettieren..

Wenn der Kapitalismus regelmäßigen Untergangsprophezeiungen zum Trotz nicht nur überlebt, sondern seinen Einflussbereich unablässig ausgedehnt hat, so liegt es eben auch daran, dass er sich auf eine Reihe von handlungsanleitenden Vorstellungen und gängigen Rechtfertigungsmodellen stützen konnte, durch die er als eine annehmbare oder sogar wünschenswerte, alleinmögliche bzw. beste aller möglichen Ordnungen schien.
Der neue Geist des Kapitalismus,
Luc Boltanski/Éve Chiapello

Die Ideologie des Images: Wie aus Marketing Kultur wird

Wo es nicht mehr um Besitz geht, sondern um Teilnahme, nicht mehr um das Produkt, sondern um Effekte, nicht mehr um Sein, sondern um Schein, nicht mehr um Hardware, sondern um Software, und die Hälfte der Kapital-

> Eine Ware scheint auf den ersten Blick ein selbstverständliches Ding. Ihre Analyse ergibt, dass sie ein sehr vertracktes Ding ist, voll metaphysischer Spitzfindigkeit und theologischer Mucken.
> **Karl Marx**

werte der Unternehmen aus immateriellen Werten und nicht aus harten Vermögenswerten besteht, wird der Prozess der Vermarktung entscheidender als der der Produktionsweise.

Oder wie Rifkin sagt, die Organisation der Konsumtion wird in diesem Jahrhundert genauso wichtig sein wie es im vergangenen die Organisation der Produktion gewesen ist. Die entscheidenden Zutaten, die Rohstoffe des kulturellen Kapitalismus, sind nicht Kautschuk, Aluminium oder Stahl, sondern Images, Ideen, Erlebnisse oder Wertemuster. Die Konsequenz dieser Entwicklung in der westlichen Konsumwelt ist ebenso schlicht wie unübersehbar:

1. Das Marketing wird zum Kern jedes Geschäftsmodells,
2. die Produktion zu einem ihr angegliederten und untergeordneten Bereich,
3. das Produkt zu einem Marketinginstrument unter vielen,
4. das Image zur Ideologie,
5. und Marken zu kulturellen Accessoires.

Damit wäre auch das Lieblingskind des nachindustriellen, auf ideellen und kulturellen Feldern operierenden kulturellen Kapitalismus gefunden: die Marke. Für einen Erfahrungsmöglichkeiten liefernden und Sinn fabrizierenden kulturellen Kapitalismus ist sie das, was das Produkt für den auf Eigentum und Besitz forcierten industriellen Kapitalismus war.

War die Marke früher nicht mehr als der Stempel von Waren oder Dienstleistungen, hat sie sich heute von dem Produkt als solchem emanzipiert und wird – im kulturellen Kapitalismus, losgelöst von konkreten Produkten und Verkaufskontexten – zum eigenen, autonomen Wertesystem und Sinnlieferanten. Anders gesagt: Der hart

> Brands are the new religion.
> **John Elkins**

umkämpfte Markt liegt nicht mehr im Supermarkt um die Ecke, sondern im Kopf des Verbrauchers.

> Das Ziel der Markentechnik ist die Sicherung einer Monopolstellung in der Psyche der Verbraucher.
> **Hans Domizlaff**

Beispiele, die zeigen, welches Machtmonopol die Marke besitzt, gibt es viele, eines von ihnen sind die als »Sandalenstreit« bekannt gewordenen Querelen im Hause Birkenstock. Susanne Birkenstock hatte nach der Trennung vom Birkenstock-Unternehmersohn für ihre eigene Schuhkollektion mit dem Namen »Birkenstock«, also ihrem durch Heirat erworbenen Nachnamen, geworben, und sich so, laut Unterlassungsklage der anderen Seite, mit ihrer Kollektion »an den guten Ruf der Marke angelehnt und an diesem schmarotzt«.

Glaubt man der gängigen Literatur, funktioniert eine starke Marke heute als Repräsentant bestimmter Werte, einer Lebensauffassung oder gar einer eigenen Philosophie. Sie zeichnet sich durch eine unverwechselbare Haltung und einen hohen Bekanntheitsgrad und Wiedererkennungswert aus, sie genießt Respekt, ihr Markenbild provoziert eine Menge an positiv besetzten Assoziationen.

Als Subsystem vermittelt die Marke Orientierung und liefert eine eigene Werte- und Erlebniswelt. Sie drängt in den Bereich der Lebensphilosophie, der Identitätsbildung und Sinnstiftung und bewirbt sich damit um die Rolle, die traditionellen Wegweisern und Identitätsstiftern wie der Politik, der Religion oder Familie einmal zukamen.

> Das Schönste an Tokio ist McDonald's, das Schönste an Stockholm ist McDonald's, das Schönste an Florenz ist McDonald's, Peking und Moskau haben bis jetzt noch nichts Schönes.
> **Andy Warhol**

»Marken definieren heute eine persönliche Haltung zur Welt, sie positionieren Individuen wie es früher Standes- oder Klassenunterschiede taten [...] Der Markenartikel ermöglicht Partizipation an einer fiktiven gemeinsamen Welt, in der die sozialen Unterschiede zwar nicht verschwinden, aber in neue

Trennlinien übergehen«, so Alexander Meschig.

Damit wird das Marketing als die um die Marke herumgestrickte Propaganda zu einem der populärsten kollektiven Muster, »Marken zu Mythen« und »Logos zu Hostien«, wie Nobert Bolz und David Bossart in *Kultmarketing* zum Besten geben.

Nicht zu unterschätzen: Die Rolle des Konsumenten. Denn erst durch ihn wird sie zu dem, was sie sein soll – so die Meinung der Markentechniker und -experten. Der Konsument ist es, der das Markenimage füttert und im besten Fall für glaubwürdig erklärt. Ohne Konsument keine Marke, denn genau genommen ist er der Urheber und Produzent des Images. Wenn Marc Jacobs auf die Frage, was ihm von seinem ersten Abend im Studio 54 in Erinnerung geblieben sei, antwortet, dass er wohl ein Paar Chucks getragen habe, und Kurt Cobain auf dem legendären Foto nach seinem Selbstmord ein Converse-Modell (Abbildung 4) trägt, ist das eine mehrstellige Einzahlung auf das Imagekonto des Unternehmens. Wenn im britischen Big-Brother-Container eine als dümmlich verschriene Kandidatin permanent im Burberry-Bikini durchs Haus spaziert, bedeutet das wiederum eine größere Abbuchung von der Image-Haben-Seite, die möglicherweise sogar bis zur Kontosperrung führen kann. Und so bastelten die Markenexperten ständig an ansprechenden Projektionsflächen und Leistungen, damit der »Image-Transfer« auch gelingt und die Marke nicht als künstlich und hohl erlebt wird.

Marken besetzen Ideen, um sie schließlich zu ersetzen. Die große Marke ist ein Totem.
Nobert Bolz

Markenspezialisten reden von einer solchen Marke als brand-driven (statt product-driven), und von »Unique Brand Behaviour«: »Wir verkaufen eine Philosophie – das Motorrad gibt es kostenlos dazu«, kokettiert Harley Davidson, und

Charles Revlon, Chef des Kosmetikkonzerns Revlon erklärt: »In unseren Fabriken produzieren wir Produkte, an der Ladentheke verkaufen wir Hoffnung.«

Firms act like cultural engineers that specify the identities and pleasures that can be accessed only through their brands.
Douglas B. Holt

Laut Jägermeister, dem Kräuterschnaps mit dem Hirschkopf-Logo, ist das Ziel ihrer Branding-Strategie erst dann erreicht, wenn die Leute, denen ein Hirsch vors Auto springt, sofort an Jägermeister denken. Renzo Rosso, Chef des italienischen Fashion-Labels Diesel lässt wissen: »Wir verkaufen einen Lebensstil. Ich glaube, wir haben eine Bewegung geschaffen. Das Diesel-Konzept ist alles. Es ist die Art zu leben, die Art Kleidung zu tragen, die Art, etwas zu tun.«

Cultural Branding: Marken als kulturelle Accessoires

Über einen Mangel an Bereitwilligen für ein gutes Gelingen des »Image-Transfers« kann man sich nicht beklagen: Wir pilgern zu Nike-Town und Adidas-Flagshipstores wie einst unsere Großeltern zu Kathedralen und Wallfahrtsorten, um anschließend ähnlich leidenschaftlich über Glaubensfragen zu debattieren.

Man findet nichts dabei, zu einem Auswärtsspiel in die AOL-Arena einzufallen, im Playmobilstadion von Greuther Fürth (wieder ein Auswärtsspiel) zu stehen und seinem Lieblingsverein nicht zujubeln zu können, ohne gleichzeitig auch den Logos sauf seinen Trikots zu huldigen.

Wir finden es in Ordnung, dass Nike (»Hey, wie im richtigen Leben«) Sponsor des Konsolenspiels »NBA Live 2004« ist und der Computerchiphersteller Intel es sich mehr als 2 Millionen Dollar kosten läßt, um im Online-Spiel Simcity als Marke präsent zu sein. Wir wissen, dass die Farbe Gelb (RAL 1032) der Post gehört

They'll be selling Nike tongues instead of sneakers.
Queen Latifah

> Wir sind Konsumenten. Uns geht's um Turnschuhe, Musik und Jeeps. Unser Leben, unsere Freiheit, unser Glück und unsere Wunder sind die Marken in den Regalen unseres Supermarkts.
> **Kalle Lasn**

und die Telekom jedem Unternehmen in den Rücken fällt, dass sich die Frechheit erlaubt, in seiner Unternehmensdarstellung die Farbe Magenta zu verwenden – die Farbe, die (laut dem unsympathischen Telefonkonzern), 70 Prozent der Bevölkerung direkt an die Telekom denken lässt.

Bleibt abzuwarten, ob der, dem ein »Ich liebe es« herausrutscht, auch an McDonald's denken wird, das sich die Rechte an den drei Wörtern gleich in mehreren Sprachen gesichert haben. Bis das reibungslos klappt, freuen wir uns über das große Herz des Eisherstellers Ben & Jerry's, der in Holland warme Winterjacken mit seinem Werbelogo auf dem Rücken an Obdachlose verschenkt hat, leisten entzückt unseren Beitrag, damit die Lizenzen für die japanische Comic-Katze ohne Mund »Hello Kitty« auch weiterhin jährlich um die 500 Millionen Dollar Umsatz pro Jahr einbringen, und rätseln darüber, ob der exklusive Zirkel der Kreditkartenbesitzer der schwarzen Amex Centurion (Mindestjahresumsatz 150 000 Euro) tatsächlich auf kein Kreditlimit Rücksicht nehmen muss.

Unangefochtener Herrscher im Land der Markenmythen ist der iPod, der auf dem besten Weg ist, eine Markenikone wie Coca-Cola zu werden und uns als beispielhafter Musterschüler des kulturellen Kapitalismus zeigt, wie es gehen kann, wenn Kultur und Ökonomie sich in inniger Umarmung verknoten. Für manche einfach nur ein mp3-Player aus dem Hause Apple, für alle anderen der »Must-have-Music-Player«(*Newsweek*) und »die erste Ikone des 21. Jahrhunderts« (*Guardian*). Nick Hornby, David Beckham, Charlotte Roche oder Karl Lagerfeld (der 40 Stück davon besitzen soll), die Liste der Fans ist ebenso prominent wie die der Designer – Louis Vuitton (265 US-Dollar), Dior (265 US-Dollar), Gucci (195 US-Dollar), Paul Smith (115 US-Dollar)

> Für mich ist Shopping wie öffentliches Masturbieren.
> **Slavoj Žižek**

–, die dem iPod ein paar Outfits auf den Leib maßgeschneidert haben.

Einer Marke kann man vertrauen wie einem Freund.
Robbie Williams

Wie in der *Weltwoche* (27/04) zu lesen war, hat sich auch die Wissenschaft dem kulturellen Phänomen genähert und erklärt, dass der iPod seine Benutzer in eine »perfekte, selbstkontrollierte Blase« verfrachtet, die selbst Warteschlangen oder den morgendlichen Weg zur Arbeit erträglich werden lässt. Und auch denjenigen, denen das nötige Kleingeld fehlt, kann geholfen werden: Einfach die weißen Kopfhörer »im typischen iPod-Look« bestellen, da macht es auch nichts, wenn das Kabel zu einem gewöhnlichen mp3-Player führt oder sich als bloßes Accessoire herausstellt. Wer nach mehr verlangt, kann sich selbst zum Hauptdarsteller seiner ganz persönlichen iPod-Werbung machen. Einfach unter www.ipodmyphoto.com Foto hochladen, Kreditkartendaten eingeben und fertig. Für so viel Vergnügen sollte man Tony Fadell, den die *New York Times* im April 2004 als Erfinder des iPod ausmachte, dann auch persönlich danken (tony@fadell.com), zumal er selbst, wie es Apple wünscht, nicht in Erscheinung treten und zu Wort kommen darf.

Wie andere Markenmythen vor ihm, wird sich auch der iPod in klassischen »kulturellen« Hochburgen wie beispielsweise in Romanen einen festen Platz sichern, denn wer bei der Beschreibung von Erlebtem auf Marken verzichtet, verzichtet auf die Tiefenschärfe der Oberfläche.

Oder, wie Douglas Coupland einmal in *Neon* zum Besten gab: »Ich finde Autoren schrecklich, die im Jahr 2003 Sätze schreiben wie: ›Er stieg in seinen Wagen und fuhr zu dem Supermarkt.‹ Nein, es muss heißen: ›Er stieg in seinen Honda Accord und fuhr zu Wal-Mart.‹«

Gandhi verkauft Apple-Computer. Verstehst du, was das bedeutet? Der heilige Mann, der jede Technologie ablehnte, der barfuß ging und Mönchskleider trug, als Informatik-Händler.
Frédéric Beigbeder

Von einem anderen Tummelplatz der zu kulturellen Accessoires gewordenen Marken erzählt das Anfang

Als ich wieder im Wohnzimmer war, stellte ich den Fernseher an, einen Sony 16:9 mit einem 82 cm Bildschirm, dolby surround-Klang und integriertem DVD-Player.
Plattform, **Michel Houellebecq**

2003 ins Leben gerufene »American Brandstand Research Project«, eine Art semiotisches Barometer, das die in den platzierten Songs der Top Twenty-Billboard Charts erwähnten Marken auflistet und damit zeigt »that pop culture relevance is a key dynamic in modern brand strategy«.

Laut Brandstand wird in fast 40 Prozent aller platzierten Songs mindestens eine Marke erwähnt, Sieger der Gesamtwertung der vergangenen Jahre ist unangefochten die Marke Mercedes, die wir auf der Ende 2004 veröffentlichten Liste auf Platz 4 finden, gefolgt von Gucci auf Platz 5, Nike auf Platz 9 und MTV auf Platz 13.

Die Mechanismen des Marketing und des Branding reichen heute weit über die Marke »an sich« hinaus und sind längst zu einem der bestimmenden gesellschaftlichen Strickmuster geworden. Die Vermarktung wird zum universellen Gestaltungsmuster, das Image zur Ideologie. Das Motto ist: Der Schein trügt nie – wahr ist, was gut gemacht ist. Wobei die Frage lautet: Wie stellt sich eine private Kultur dar, die diese Ideologie reflektierend nun selbst zur Marke wird und um Image und Marketing kreist?

Selbst die Imagearbeit an der Marke Deutschland gibt man in marketingerprobte Hände, um dafür zu sorgen, dass Deutschland sich nicht »von der Premium- zu Mainstream-Marke entwickelt«. Passend zur Fußballweltmeisterschaft 2006 haben die Bundesregierung und der BDI Anfang des Jahres eine neue Image-Kampagne ausgelobt. Die zuständige Agentur wurde Scholz & Friends, der abgesegnete Slogan »Deutschland – Land der Ideen«, die Zielgruppe werden potenzielle Direktinvestoren im Ausland sein, der Etat für die beiden Laufjahre beträgt 32 Millionen Euro und stammt aus der Kasse des Bundes sowie einer ganzen Riege deutscher Unternehmen.

I wear the pants
Bought the shoes, they Prada too
Missy Elliott

Self-Branding: Der Mensch als Marke

> More Adidas sneakers than a plumber got pliers
> Got more suites than Jacoby & Meyers
> If not for my vices my bugged out desires
> My year would be good just like Goodyear's tires
> **Beastie Boys**

Zu guter Letzt wird jedem Einzelnen dringend geraten, in ein persönliches Selbstvermarktungskonzept zu investieren, um die Imagewerte der Marke »Ich« professionell in die Höhe zu treiben.

Im gleichen Zuge wie Marken zu Markenpersönlichkeiten erklärt werden, wird uns dazu geraten, unsere Persönlichkeit als Marke zu begreifen. Und bei einer erfolgreichen Marke, das hat uns die Werbeindustrie gelehrt, sollte man nichts dem Zufall überlassen. Damit wird auch das Sei-du-selbst der Authentizitätsverfechter zum symbolischen Mehrwert und Verkaufsargument der Marke »Ich«. Ab jetzt gilt: Corporate Identity statt einfach nur Identity.

An Ratschlägen, wie die Marke »Ich« ins rechte Licht zu setzen ist, mangelt es dabei nicht. Die meisten der Tipps & Tricks, die zum Besten gegeben werden, folgen dem immergleichen Strickmuster und sind allesamt nicht zu schade dafür, das kleine 1 × 1 der Marketingwelt aufzuwärmen, um es freudig über das neu erkannte Marken-Sortiment auszuschütten.

»Sie sind in jeder Hinsicht genauso eine Marke wie Nike, Coca-Cola, Pepsi oder Body Shop. Wenn Sie Ihre Marke Ich promoten, kommunizieren Sie mit allem, was sie tun – und mit allem, was Sie unterlassen – den Wert und den Charakter Ihrer Marke«, erklärt Tom Peters.

Den Weg dahin weisen uns Conrad Seid und Werner Beutelmeyer in ihrem Buch *Die Marke Ich*: »Wir wollen Sie noch einmal daran erinnern, dass Sie sich darüber klar sein müssen, dass Sie einzigartig sind [...] Sie müssen Sie selbst sein und bleiben – aber Sie müssen anders als die anderen sein und wirken«.

> Ihr habt die Welt längst aufgegeben,
> für Medien, Märkte, Merchandise
> **Blumfeld**

> I want to be as famous as persil automatic.
> **Victoria Beckham**

Wer den hart umkämpften Markt aus Angebot und Nachfrage als Sieger verlassen will, sollte allerdings bereit sein, sich von unrentablen Imagewerten seiner Marke zu trennen, um neuen Verkaufsargumenten Platz zu machen: »Wer die Marke Ich® an sich selber entwickelt, wird einige liebgewonnene Gewohnheiten aufgeben müssen. Wahrscheinlicher noch: Er oder sie wird diese Gewohnheiten aufgeben wollen. Sie werden einen Teil Ihrer Garderobe ausmustern wollen, weil er nicht mehr zur Marke Ich® passt. Oder Sie werden andere Umgangformen annehmen – die die Marke Ich® erkennbar machen.«

Anders als Seid und Beutelmeyer, hat Rachel Greenwald, Absolventin der Harvard Business School, in ihrem Buch *Männerbeschaffungsmarketing*, für das im Feuilleton der *Süddeutschen Zeitung* eigens eine Anzeige reserviert wurde, nur ein einzelnes Marktsegment beackert:

Ob »Nischenmarketing«, »Online-Marketing«, »Direktwerbung«, »Kontrollpunkt Haltbarkeit«, der »Ramschladen-Aktionsplan« oder »die Eroberung neuer Märkte«, präsentiert wird der wasserdichte Plan-to-win, der der Frage *How to find a Husband under 35*, so die Originalversion des Titels, keine Antwort schuldig bleibt.

> Berühmte Marken sind in sich widerspruchfrei: Am besten funktionieren sie, wenn es nur noch Fiktionen sind: John F. Kennedy, Che Guevara, Cato, Napoleon. Darum wollen sie alle in die Geschichtsbücher, weil einem dann die Stiftung Warentest nichts mehr anhaben kann.
> **Klaus Kocks**

Medien: Mittendrin statt nur dabei

So wie das System des Images als Motor die Konsumindustrie anheizt, sind die Medien der Motor der Aufmerksamkeitsökonomie, in der mit der Währung »Aufmerksamkeit« bezahlt wird.

Der Lieblingsevent der Imageideologie und Aufmerksamkeitsökonomie ist der mit Prominenten (die Einkommensmillionäre der Aufmerksamkeitsökonomie) gefüllte Charity-Event, der zudem noch brav auf das Rechtfertigungskonto des kulturellen Kapitalismus einzahlt. Gemeinsames Lieblingsprodukt ist massenmediale Werbung, und ihre Lieblingskinder sind zu globalen Brands gewordene Menschen wie Paris Hilton.

> Der Terminus Image kann als der positive soziale Wert definiert werden, den man für sich durch die Verhaltensstrategie erwirbt, von der andere annehmen, man verfolge sie in einer bestimmten Interaktion.
> **Erving Goffman**

Als Motor der Aufmerksamkeitsökonomie zu rotieren ist für die Medien jedoch eigentlich nur ein Nebenverdienst, hauptberuflich, so könnte man sagen, sind Medien der Realitätsumschlagplatz und -zubringer. Täglich schwemmen sie auf ihren Kanälen neue Informationen an und servieren uns, ganz gleich ob in *Newsweek* oder auf RTL2, ihre Version der Wahrheit.

Niklas Luhmann spricht in *Realität der Massenmedien* von den Medien als »Realität zweiter Ordnung« und erklärt: »Was wir von der Gesellschaft, ja über die Welt wissen, wissen wir fast alles durch die Massenmedien.« Auch, dass man nicht alles für bare Münze nehmen sollte, was einem in den Medien so alles erzählt wird, haben wir uns von besorgten Redakteuren, Nachrichtensprechern und Verlagsleitern erzählen lassen. Und so sind es paradoxer Weise die Medien, aus denen wir erfahren haben, dass wir dem, was wir dort lesen und sehen, misstrauen sollten.

An der Schaltstelle zwischen uns und einer Realität, die zu komplex und paradox ist, als dass man sie wahrheitsgetreu wiedergeben könnte, ist es ihre Aufgabe, eine subjektive Vorauswahl zu treffen, indem sie nach ihren Kriterien Informationen herausfiltern und aufbereiten und uns so eine reduzierte, einigermaßen überschaubare Wirklich-

> Expose yourself!
> **Andy Warhol**

> Als gescheitert gilt nicht das gewöhnliche, sondern das anonyme Leben.
> **Jedediah Purdy**

keitsversion liefern und mit »Quasi-Meinungen« (Habermas) versorgen.

Heraus kommen semifiktive Wahrheiten, konsumierfertige, »mundgerechte« Wahrheitsschnipsel, wobei gilt: Für jeden ist die richtige Version der Wahrheit dabei. So unterschiedlich die einzelnen Medien auch sein mögen, so ähnlich ist das Ziel, das sie verfolgen: die Absatzzahlen für ihre Version von Wahrheit und ihre Sicht auf die Welt in die Höhe zu treiben. So ist die Wahrheit der *Bild* eine, die sich in eine Schlagzeile pressen lässt, die von 23-Uhr-Talkshows im Öffentlich-Rechtlichen eine, die sich am besten in intimgeschwängerten Betroffenheitsdialogen ans Tageslicht befördert, während die des Nachrichtenmagazins *Focus*, an dessen Konferenztisch man schon mal in der Werbepause Platz nimmt, sich in »Fakten, Fakten, Fakten« auszählen kann.

Ganz anders wiederum die von feuilletonistischen Leitartiklern in die Welt gesetzten Wahrheiten, deren Reality-Produktion, wie wir Dank einer Selbstauskunft der *SZ* (13./14.9.03) erfahren, folgenden Codes folgt: »Ganz wichtig für die Sprache, die Identität und das Leben des Feuilletonisten ist das Personalpronomen ICH. Aus den langen Texten des Feuilletonisten erfährt der Leser oft ebenso viel über den Autor wie über den Gegenstand des Textes. Der Feuilletonist an sich nämlich ist wichtig und deswegen führt er gern Feuilletondebatten, bevorzugt mit Feuilletonisten anderer Zeitungen. Die verstehen ihn am besten.«

Eine gern genutzte Möglichkeit, seine Version der Wirklichkeit in der Welt zu verbreiten, ist die parasitäre Symbiose, um sich mit einem »Wie du mir, so ich dir« gegenseitig zu bestärken und zu stützen. Ob der Privatsender RTL und das Springerblatt *Bild*, das ZDF und die *Welt am Sonntag*, das *FAZ*/*FAS*-Spezialistenduo für Fachfragen für junge Alte und alte Junge und zig

> Ich glaube nicht, dass Wahrheit das zentrale Moment der Massenmedien sein kann.
> **Niklas Luhmann**

andere Redaktionen, Magazine und TV-Sender: Wenn es sein muss, und es muss sein, packt man gemeinsam mit an, um seine Version der Wahrheit an die mediale Oberfläche zu hieven. Bleiben wir bei RTL und *Bild*: Wer nicht hin und wieder in die Boulevard- und Trashlandschaft von RTL reinzappt, wird die Hälfte der »Prominenten« des hausgemachten Ping-Pong-Hypes in der *Bild* nicht erkennen und umgekehrt auch nicht verstehen, wer da gerade bei *Exklusiv* in der Hotellobby Rede und Antwort steht.

> Die Massenmedien sind Bestandteil der Brille geworden, durch die hindurch wir die Wirklichkeit mitsamt den Massenmedien selbst betrachten.
> *Mediokratie*, **Thomas Meyer**

Ob Konsensschlagzeilen, Betroffenheitsdialoge, Faktentabellen, die für die Kollegen des Konkurrenzblatts bestimmten Tagebucheinträge im Feuilleton oder Boulevard-Ping-Pong-Trash – aus der zu uns angeschwemmten Meinungsflut basteln wir uns den kleinsten gemeinsamen Nenner einer Wirklichkeit zusammen, die wir im Austausch mit anderen voraussetzen und auf die wir uns beziehen (»Was? Du hast nicht mitbekommen, dass sie Saddam Hussein haben?« »Doch, doch, in einer Höhle, mit Bart.« – »Schon gehört? Charles heiratet Camilla« – »Die haben Michael Jackson freigesprochen: In allen zehn Anklagepunkten!“). Florian Rötzer spricht von einer »medial vermittelten Hintergrundwirklichkeit«, Habermas von einer »Integrationskultur«, die dem Einzelnen Zugang zur Gesellschaft verschaffe und ihn zugleich vereinnahme.

Die Welt als Bild: Wahr ist, was gut gemacht ist

Auch wenn der von den Massenmedien selbst verbreitete Vorwurf, ein verzerrtes Bild der Realität zu liefern, nur schwer zu beweisen ist, da man dafür erst einmal wissen müsste, was

> Wenn ich mir jetzt überlege, das jetzt gedruckt [...] zu lesen – dann ist es auch schon wieder falsch.
> **Blixa Bargeld**

> Deshalb ist auch völlig irrelevant, ob du missverstanden wirst oder nicht, denn diese »Medienwahrheit« fernab aller Tatsachen hat ein derartiges Eigenleben entwickelt, dass du sie sowieso nicht bewusst steuern kannst.
> **Thom Yorke, Radiohead**

Realität eigentlich bedeutet, wird um die massenmedialen Wahrheitsproduktionsbedingungen kein Geheimnis gemacht.

Dass es nicht darum geht, eine möglichst wahrheitsnahe Version der Realität zu liefern, sondern eine möglichst aufmerksamkeits- und absatzstarke, ist längst ein Small-Talk-kompatibles Thema, wobei die Frage ist, was eine Information zu einer Information macht, also: Welche Nachricht ist in der Lage, das Rennen um Aufmerksamkeit zu gewinnen?

Einen klaren Vorsprung haben all die Informationen, die sich abbilden lassen und von denen handfeste Realitätsdokumente wie Bilder, Fotos oder Filme existieren.

Hier ist es wieder das Image, wenn auch nur als ergänzender »Eye-Catcher«, denn Text allein verkauft sich schlecht. Die Debatte um das den Text verdrängende Bild ist längst in vollem Gange, wie die Auseinandersetzung um die Folterfotos von Abu Ghraib zeigt: Der Medienwissenschaftler Joseph Vogl spricht von einem »Monopol auf Zeugenschaft«, und sein Berufskollege Klaus Kreimeier schreibt (*taz* 19/20.5.04): »Alarmierender als die Bilder selbst, ist das Gerücht, dass es noch viel mehr und viel schlimmere Bilder gäbe.«

Auch wenn heute jeder Versicherungsangestellte mit den Tricks der digitalen Bildbearbeitung vertraut ist – »Da oben waren noch ein paar Wolken, die habe ich einfach weggestempelt, ein paar Touristen weniger im Hintergrund schaden auch nicht, dann haben wir das perfekte Urlaubsfoto.« – muss das Bild nicht um seine Funktion als Beweiskraft des »Es-ist-so-gewesen« (Roland Barthes) fürchten.

> Wenn ich die Meldung von einem Flugzeugabsturz bekomme, ist sie wahr, schließlich sehe ich die Sandalen der Toten auf dem Meer schwimmen. Es tut nichts zu Sache, ob die Sandalen vielleicht aus einem Archivfilm stammen.
> **Umberto Eco**

Anders allerdings als am heimischen

Computer gilt in den Massenmedien derzeit das technisch schlecht Gemachte – Handkamera verwackelt (mit Nachtsichtgerät!), ausschnitthafte Low-Tech-Ästhetik, spontane, überbelichtete Schnappschusseffekte, mühsam aufgepixelte Paparazzi-Shots – als unverfälschter Ausdruck der authentischen »Realness«.

> Wir meinen, Bilder zu betrachten, aber wir fressen sie längst. Wir schieben sie uns ins Hirn, wie wir uns Schokolade, Popcorn, Erdnüsse oder Kekse zwischen die Zähne schieben.
> **Klaus Kreimeier**

Kaum ein Fernsehsender, der dem Wunsch nach dem Realen, Unspektakulären, Unverstellten und Authentischen nicht ein ganzes Sortiment von Dokuformaten folgen ließ, die nun, als Pendant und lebendig gewordener Beweis von Richard Sennetts These die Veröffentlichung des Intimen zum Besten geben.

Dank dem unverfälschten Blick auf das vermeintlich echte Leben der »Every-Day-People« wissen wir heute wie der Alltag von Handwerkern, Polizisten, Detektiven und plastischen Chirurgen aussieht und was einen in Großfamilien, Swingerclubs, Ausnüchterungszellen und Hundesalons erwartet.

Wer will, kann vor laufender Kamera Erziehungsratschläge oder das Ergebnis seines Vaterschaftstests entgegennehmen oder als echter Laienspieler in einem Gerichtssaal posieren. Doch langsam zeigt sich, dass das Bedürfnis nach Authentizität in den So-tun-als-ob-Formaten der »Scripted Reality« (im Jargon der Medienmacher) und des »performativen Realitätsfernsehens« (im Jargon der Medienwissenschaft) denkbar schlecht aufgehoben ist: »Angekoppelt an die trügerische und verspielte, mit Wahrheit und Täuschung souverän hantierende Wirklichkeit der Medien«, so Florian Rötzer, »wächst auch das Verlangen nach einer außermedialen Wirklichkeit, die durch Authentizität, Natürlichkeit oder Spontaneität gekennzeichnet ist, die aber im selben Maße wächst, wie die Medien eben diese Merkmale zu simulieren suchen

> Die Kamera lügt immer über das, was vor ihr ist, aber nie darüber, was hinter ihr ist.
> **Wolfgang Tillmanns**

> Das Fernsehsofa ist die Gosse des 21. Jahrhunderts.
> **Ausspruch**

und Widerstand gegen sich selbst erzeugen.«

Dabei scheinen immer weniger Menschen unterscheiden zu können, wo das Dokumentarische aufhört und das Fiktive anfängt und umgekehrt. Als vor mehr als einem Jahrzehnt in der ARD-Serie *Lindenstraße* eine Wohnung frei wurde, kursierte das mit Kopfschütteln aufgenommene Gerücht, dass sich mehrere wohnungssuchende Zuschauer beim Sender als Nachmieter beworben hätten. Heute bekommen die Privaten haufenweise Post und Anrufe von Menschen, die sich juristisch von TV-Anwälten beraten lassen wollen oder nach der Super-Nanny für ihre Kinder verlangen.

Man kennt Diplom-Pädagoginnen, die für »Super-Nanny«-Formate angefragt wurden und BWL-Studentinnen, die von Redakteuren am Telefon zu einer öffentlichen Highspeed-Karriere bei *Big Boss* und *Hire or Fire* überredet werden sollten – so wie man selbst auch.

Während die einen unter dem Verkaufsargument »Das wahre Leben« munter an semifiktiven Dokuformaten oder an der Dramaturgie von Quiz-Shows feilen, genügt sich der Rest des Unterhaltungsfernsehens selbst, Fernsehen im Fernsehen sozusagen: Auf den Input aus der »realen Welt« vor den Studios kann dank der ausführlichen Beschäftigung inhouse getrost verzichtet werden.

> Heute sieht sich der Fernsehzuschauer überall, in der Werbung wie in der Seifenoper, eingeladen, zusammen mit den Fernseh-Programmmachern seine intellektuelle Überlegenheit über die Fernseh-Programmmacher zu feiern.
> **Jedediah Purdy**

Dafür hat das Fernsehen eine neue Bestnote in Selbstreferenzialität verdient. Oder, wie Lorenz Engel in *Über den Abfall* zum TV-Trash schreibt: »Das Fernsehen ist koprophag geworden, es verzehrt und verwertet systematisch seine eigenen Abfälle.«

Kurzum: Wer sich in der Pose des Publikums ironischer Reality-Shows, koprophager Zapping-Formate und Männerstammtischrunden und des rückwärtsströmenden TV-Parallel-universums nicht mehr gefällt, schaltet ab und sorgt mit einer umfangreichen DVD-Sammlung und einem Internetanschluss für Unterhaltung und Information.

Winston Holly Linie
Nach Kanzlerhündin Holly benannte Marke für Hunde-artikel

Politik heute: Nebenrollen zu vergeben

Democrazy, Mediokratie, Politainment

Wer im kulturellen Kapitalismus nach der Politik sucht, findet sie eingekesselt von der Logik medialer Inszenierung und den Marketingmethoden des Images.

Wo Parteien und Politiker denselben Prinzipien der Vermarktung unterliegen und den gleichen Gesetzen der Aufmerksamkeitsökonomie gehorchen, wie sie auch für Boy-Groups, Turnschuhe und TV-Formate gelten, haben wir es mit Politik »an sich« immer seltener zu tun.

Auf der einen Seite sitzen die Medienmacher, die mit Blick auf Angebot und Nachfrage auskundschaften, welche Themen sie ihren Lesern und Zuschauern als konsumierbar servieren können und so zu guter Letzt auch darüber bestimmen, welche politischen Themen es ins Licht der Öffentlichkeit schaffen und welche außen vor bleiben.

Während auf der anderen Seite der Medienmaschinerie die Spin-Doctors, PR-Profis, Imageberater und andere Spezialisten der Aufmerksamkeitsökonomie sitzen, die im Dienste der großen Parteien Politthemen und ihr Personal

Wenn man keine Themen hat, muss man eben was erfinden.
Gerhard Schröder zu Journalisten, *Gala*, November 2004

Es ist absehbar, dass die medialen Unterhaltungsimperative das öffentliche Leben dieser Republik in Zukunft noch stärker bestimmen und dafür sorgen, dass die Wahrnehmungswelt des Politischen ohne professionelles Politainment nicht mehr vorstellbar sein wird.
Politainment, **Andreas Dörner**

so verpacken, dass sie sich möglichst nahtlos in den Medienkreislauf einfädeln lassen. Wobei Guido Westerwelles Besuch im *Big Brother*-Container und Schröders Gastauftritt bei der Daily-Soap *Gute Zeiten, Schlechte Zeiten* nur die Eckpunkte des weiten Feldes der Vermischung von Politik, Vermarktung und Unterhaltung markieren.

Dabei »zeigt sich, dass diese Auswahlkriterien der Medien für das, was für sie an der Politik interessant und daher berichtenswert scheint, in einem extremen Spannungsverhältnis zu dem stehen, was das Charakteristische der Politik selbst ausmacht«, wie Thomas Meyer in *Mediokratie* schreibt.

Kurzum: Sichtbar wird das, was dazu taugt, als politische Geste medial inszeniert und vermarktet zu werden.

Dafür sprechen auch die populär gewordenen Vokabeln Politainment und Mediokratie als die Synthese von Politik und Unterhaltung sowie von Medien und Demokratie, die an die Stelle der Politik geschlichen sind.

Ein erfolgreiches Beispiel für gelungene Politainment-PR ist sicher auch das Foto des Sechs-Mann-Kickerturniers in einem Partykeller (Abbildung 5), das wir im Sommer 2004 im *Spiegel* bewundern durften. Wir sehen eine ebenso exklusive wie illustre Runde, deren Mitglieder aus Politik und Entertainment, wie es sich für einwandfreies Politainment gehört, für die Kamera zum gemeinsamen Spielchen gegeneinander antreten. (Laut Text zum Bild: »Thomas Gottschalk + Klaus Meine (Sänger der Scorpions) + Goetz von Fromberg + Karl Dall + Bundeskanzler Gerhard Schröder + Ministerpräsident Sigmar Gabriel spielen Tischfußball auf der Geburtstagsfeier von Schröders Freund v. Fromberg«.)

Auch wenn man beim Anblick dieser Politainmentrunde – die offensichtlich zur Steuerbesatzung des Schiffes zählt, auf dem wir fahren – laut rufen möchte »Lasst mich sofort an Land!«, muss man sich wohl oder übel damit anfreunden, dass heute allenfalls die Vermischung von Politik, Marketing und Unterhaltung dazu taugt, für Aufmerksamkeit zu sorgen – anders gesagt: Besser man sieht den Kanzler bei *Beckmann* als gar nicht.

Damit das nicht langweilt, wird mit der moralischen Keule analog zur politischen Couleur und der richtigen Dramaturgie dafür gesorgt, dass sich heute auf dem politischen Parkett mindestens so viele Täter, Opfer, Erlöser, schwarze Schafe, Moralisten, Bekehrte und Querulanten herumtreiben wie in jedem anständigen Tatort.

Oder, wie Walter van Rossum treffend bemerkt: »Wenn es am Sonntag 21.45 Uhr wird in Deutschland, dann beginnen bei der ARD die Geier der Apokalypse ihren Flug. Sabine Christiansen geht auf Sendung. Unerbittlich stellt sie Fragen, die in das Dunkel unserer Zukunft weisen. [...] Leitmotivisch geht es jeden Sonntag

> The Revolution will be televised.
> **Kurt Cobain**

Wenn es heute eine Diktatur gibt, wird es eine mediale und keine politische sein.
Umberto Eco

darum, Deutschland erst in Gefahr zu wiegen, um es anschließend zu retten.«

Der als bürgerfreundlich angepriesene Cocktail aus Image, Unterhaltung und Politik ist nicht erst seit *Sabine Christiansen* in den Blickpunkt geraten. Die Inszenierung von Macht, die Demonstration von Gewalt und die Geste der Gnade waren bereits in der Antike symbolische Handlungen für die Augen der Res Publica. Sprach man der Öffentlichkeit damals wie heute die Fähigkeit ab, zwischen dem, was zur Schau gestellt und dem, was hinter den Kulissen (ab)gesprochen wurde, unterscheiden zu können, fragt man sich heute, ob sich die Politik »hinter den Kulissen« und verschlossenen Türen tatsächlich großartig von dem unterscheidet, was uns vor den Kulissen geboten wird. Und manchmal scheint es so, als würden die politischen Akteure selbst glauben, dass Politik sich in dem erschöpft, was dazu taugt, vor den Kulissen inszeniert zu werden.

Die Als-ob-Politik, wie Thomas Meyer sie in *Mediokratie* beschreibt, verweist »zum Schein auf ein wirkliches Geschehen, das aber in der politischen Wirkungswelt gerade nicht stattfindet«. Als populäres Endzeitszenario gilt dabei Barry Levinsons Politsatire *Wag the Dog*, in der der amerikanische Präsident, um von seinem Sex-Skandal abzulenken, die PR-Maschinerie mit einem fiktiven Krieg füttert. Als symptomatisches TV-Format der Als-ob-Politik gilt auch die ursprünglich unter subversiven Vorzeichen angetretene Politshow *American Candiate* von R. J. Cutler: Eine Art Deutschland-sucht-den-Superstar für junge Polittalente.

Als Profi der den Gegner schwächenden Als-ob-Politik gilt wiederum der für seine diffamierende Progagandakampagne berühmte Bush-Berater Karl Rowell. Unter dem Etikett »Die ganze Wahrheit« zaubert er homosexuelle Neigungen, alkoholabhängige Gattinnen, uneheliche Kinder oder lästernde Ex-Vietnam-Kumpels aus dem Ärmel.

Politik heute: Ohnmächtig allmächtig

Wie nicht zu übersehen, ist Politik heute vor allem Wirtschafts- und Arbeitsmarktpolitik: Wobei der Begriff der Wirtschafts- und Arbeitsmarktpolitik ja immerhin noch vermuten lassen würde, dass die Politik hier der bestimmende und handelnde Part wäre und die Wirtschaft ihr bevorzugtes Einsatz- und Tätigkeitsgebiet. Das wird heute allerdings im großen Stil angezweifelt.

Beispiele, die diese Zweifel für manch einen zur Gewissheit werden lassen, begegnen uns jeden Tag aufs Neue. Eines von ihnen ist die »Moraldebatte« (*Spiegel*), die sich Anfang 2005 an dem Skandal um die Deutsche Bank entfacht hat. Zugegebenermaßen ein Beispiel, das es einem leicht macht, in dem die Rollen von Gut und Böse so klar verteilt sind wie in einem Kindermärchen.

Hauptakteur ist also der Finanzdienstleister mit dem Slogan »Leistung aus Leidenschaft« und der Deutschen Guggenheim im Erdgeschoss ihrer Berliner Residenz: Die Deutsche Bank beziehungsweise der Deutsche Bank-Chef Josef Ackermann, zu dessen Verdiensten es zählt, die Tauglichkeit des Victory-Zeichens als populäre Geste ruiniert zu haben.

Anfang des Jahres verkündete Ackermann zeitgleich ein kräftiges Wachstum und eine erhöhte Dividende für die Aktionäre für 2004 sowie die Entlassung mehrerer Tausend Mitarbeiter. In Zahlen: Der Nettogewinn, also der erwirtschaftete Überschuss, nach Steuer, hat um 87 Prozent auf 2,5 Milliarden zugelegt. 6 400 Vollzeitstellen werden gestrichen; 1 200 davon in Niedriglohnstandorte verschoben (im Deutsche Bank-Jargon: »Smart Sourcing«).

Das Echo der im Konsens vereinigten Parteien ließ nicht lange auf sich warten und hallte für Tage durch den medialen Raum. Für den SPD-Fraktionsvize Michael Müller »eine Schweinerei«, für seinen Parteikollegen Joachim ein moralisch wie

> Wir sind primär unseren Aktionären verpflichtet.
> **Josef Ackermann**

Wir (die Deutschen) sind nicht nur Bedenkenträger, sondern auch Heulsusen. Wir sind nicht bereit, das, was gut läuft, auch beim Namen zu nennen.

Norbert Walter, Chefvolkswirt der Deutschen Bank

volkswirtschaftlich fragwürdiger Kurs, für den Vorsitzenden des CDU-Arbeitnehmerflügels Gerald Weiß ein Zeichen, dass die Wirtschaftsethik verloren zu gehen scheint und für Edmund Stoiber eine »Geschmacklosigkeit«.

Der rheinland-pfälzische Ministerpräsident Kurt Beck sprach von »Unfähigkeit« und »zu Kostenfaktoren mit Ohren« herabgewürdigten Mitarbeitern. Er fragt: »Was für eine Sensibilität haben denn solche Menschen?« Grünen-Chef Reinhard Bütikofer sieht »einen verantwortungslosen Chef der Deutschen Bank, der so tut, als könnte er nur von der Gesellschaft und von der Politik fordern, als müsse er nicht auch ein guter Staatsbürger sein«, und die Vorsitzende der hessischen SPD Andrea Ypsilanti fordert die Kunden der Deutschen Bank gleich auf, zur Konkurrenz wechseln.

Die geballte, parteiübergreifende Angriffsfront schien die Deutsche Bank nicht sonderlich nachdenklich zu stimmen, denn Herr Ackermann verwehrte sich gegen die »vielfach auch unangemessenen Äußerungen«. Deutsche Bank-Aufsichtsratschef Rolf-Ernst Breuer ordnete die »geradezu esoterisch« übersteigerten Reaktionen gleich unter den Posten »Karneval« ein« und ließ wissen: »Ich wünschte mir manchmal, wir wären im Mittelmaß des öffentlichen Interesses.«

Kein Grund zur Sorge. Warum auch. Die Aktienkurse waren wie erwartet gestiegen (»Overweight!«), die Aktionäre zufrieden, Zeit, sie noch zufriedener zu machen und die bereits für 2004 versprochene Rendite von 15 Prozent einzufahren. Eigenkapitalrendite, nach Steuern.

Die Moral von der Geschichte bringt Wolfgang Jüttner, Vorsitzender der SPD Niedersachsen auf den Punkt: »Derartiges Unternehmensverhalten dokumentiert, was für kleine Brötchen die Politik mitunter backt.« Zu guter Letzt scheint es so, als stünde die Politik auf einem ähnlich verlorenen Posten wie der sich ungläubig die Augen reibende Bürger, der gerade das »Sichern von Arbeitsplätzen« mit 98 Prozent auf Platz 1 der an Unternehmen adressierten Wunschliste gewählt hat.

So steht sie da, die Politik, wütend, entsetzt und: handlungsunfähig. Zumindest lässt sie sich damit gern entschuldigen, wenn, wie hier, wirtschaftlich unpopuläre Entscheidungen gefällt werden. Von einem flächendeckenden Rückzug von Politik und Staat kann aber keine Rede sein.

Sicher, dort wo der Staat die angeblich so sensiblen ökonomischen Prozesse stört oder gar Gestaltungsmacht in diesem Bereich beansprucht, wird ihm Unfähigkeit attestiert oder er attestiert sie sich gleich selbst. Und ist fein raus.

Anders gesagt: Dass die Politik im Prinzip das Gleiche will wie die Ökonomie oder sich dem ökonomischen Willen unterordnen muss, ist die glanzvolle Auflösung des Widerspruchs zwischen staatlicher Allmacht und Ohnmacht.

Ganz anders sieht es da aus, wo der Staat mit seinen genuinen »polizeilichen« Mitteln der Kontrolle und Überwachung des (»gemeingefährlichen«) Bürgers tätig sein kann und darf. Hier ist er weiterhin mächtig – aufgrund neuer elektronischer Überwachungsmethoden vermutlich mächtiger denn je – und scheut sich nicht, sein Gewaltmonopol zu demonstrieren.

Trotzdem muss sich eine Politik, die sich als handlungsfähig erweist, wenn ein Hund ein Kind beißt (Lösung: Maulkörbe) oder wenn Einwanderer »aufgefischt« werden (Lösung: Abschiebehaft), aber achselzuckend daneben steht, wenn 6 500 Leute ihren Job verlieren oder Milliardengewinne am Fiskus vorbei ins Ausland geschoben werden, die Frage gefallen lassen,

> Die Firmen wieder loszuwerden, ist in Zeiten schwacher Börsen der schwierigste Part. Deshalb veräußern Private-Equity-Firmen ihre Schätze zunehmend an Wettbewerber. Sie reichen sie weiter wie einen Joint, aus dem jeder einen tiefen Zug nimmt, in der Hoffnung, dass er nie verglimmt.
>
> **Kapitalismus Brutal,** *Stern, 8/05*

> Wenn sie kein Brot haben, dann sollen sie halt Kuchen essen.
> **Marie-Antoinette**

welche Vorstellung von Politik dahinter steckt. Und auch, ob Politik heute noch der richtige Platz ist, um politisch zu sein – also um gesellschaftlich, sozial und wirtschaftlich Einfluss auszuüben. Oder ob es in einer neoliberalen kapitalistischen Gesellschaft nicht politischer ist, sich für ökonomische Zusammenhänge zu interessieren als für politische.

Gefühlte Politik: Willkommen in der Economy Class

Die mit der Imageideologie und der Medienlogik verkeilte Als-ob-Realität der Politik kollidiert jeden Tag aufs Neue sowohl mit sich selbst wie auch mit unserer persönlichen Version der politischen Wahrheit. Anders gesagt, die alltäglich gefühlte Temperatur und die von politischer Seite verkündete sind selten deckungsgleich.

Die Wirkung ist ungefähr die eines Thermometers, das im November die Temperaturen eines lauen Sommertages anzeigt: Man denkt, es ist kaputt, und achtet nicht mehr darauf.

Am Morgen lesen wir am Kiosk auf der bilderlosen Titelseite der *FAZ*, dass der Bundesrechnungshof Eichel vorwirft, auf dem Rücken zukünftiger Generationen zu wirtschaften und merken uns den Satz des Präsidenten der Behörde, Engels: »Wir muten unseren Kindern und Kindeskindern wirklich zu viel zu und fragen gar nicht mehr, wie denn diese die Belastung tragen sollen.« Ein paar Stunden später lauschen wir auf der Veranstaltung der Bundesregierung unter der Parole »Mehr Teamarbeit für Deutschland« den zuversichtlichen Beteuerungen von Wolfgang Clement und Klaus Wowereit zu Ausbildungsoffensive, Ich-AG und Agenda 2010, um uns in dem anschließenden Seminar darüber zu wundern, dass die hier versammelten, zur Selbstständigkeit und Ich-AG Entschlossenen ihre Gesichter hinter dem zuvor verteilten Info-Material verstecken, als der Fotograf (Auftrag: »optimistische Schnappschüsse«) hereinschneit.

Am Abend sehen wir in einer TV-Dokumentation über ein Pfandhaus, wie der Inhaber über die glänzend laufenden Geschäfte berichtet und Gerhard Schröder zu seinem besten Außendienstmitarbeiter erklärt, um bei der Fortsetzung nach der Werbepause dabei zuschauen zu dürfen, wie ein junger Kerl schweren Herzens seine Vespa für ein paar Hundert Euro in Zahlung gibt, um eine Ich-AG zu gründen. Ein paar Tage später erklärt Gerhard Schröder dem jungen Mann und uns dann endlich bei *Beckmann* (Sendung vom 22.11.04) wie es geht: »Wir müssen uns alle mal ein bisschen mehr anstrengen.«

Wer ihn nach einem solchen Tag nicht mehr als Repräsentanten des Volkes wahrnimmt, sondern als Menschen, der nach eigenen, kaum noch transparenten und nachvollziehbaren Kriterien entscheidet und Als-ob-Politik betreibt, dem kann man keinen Vorwurf machen. Der Eindruck, die politische Elite bewege sich in einem von ihr selbst erschaffenen, selbstreferenziellen System, das von der alltäglichen Realität (bzw. den Realitäten) weiträumig abgeriegelt ist und es sich somit leisten kann, auf einen gegenseitigen Austausch zu verzichten, erhält jedenfalls fortlaufend Bestätigung. Heraus kommt ein Gefühl, das einen schon als Kind beschlich: Irgendetwas ist im Argen, aber, noch ehe man etwas gesagt hätte, wird einem mit einem »Alles in bester Ordnung – das bildest du dir nur ein« beschwichtigend über den Kopf gestrichen. Was bleibt, ist sprachlose Wut, für die kein kompatibles Ventil mehr im Programm ist; und der, der versucht, sie an die Politik zu adressieren, bekommt sie mit dem Vermerk zurück: »Empfänger unbekannt verzogen.«

Ständig kollidieren Parallelgesellschaften und Subsysteme mit unserem Alltag und unseren Vorstellungen; jeden Morgen aufs Neue werden wir durch die Medien mit widersprüchlichen Wirtschafts- und Politwahrheiten konfrontiert. Um darüber nicht verrückt oder depressiv zu werden, haben wir Anpassungsübungen entwickelt, die ein wenig Struktur und Vergnügen in das Dickicht bringen: Als routinierte, schizophrene Persönlichkeiten lavieren wir mit unseren multiplen Identitäten (Wer bin ich und wenn ja wie viele?) durch das »Sowohl-als-auch«, halten uns das »Eigentlich«-Türchen offen und agieren selbstbewusst im »So-tun-als-ob« – ein Tryptichon an Verhaltensmustern, die der kulturelle Kapitalismus erst höflich fördert und dann energisch fordert und die nachfolgend beleuchtet werden sollen.

3. KAPITEL

»Jeder Mensch erfindet sich früher oder später eine Geschichte, die er für sein Leben hält.«

Max Frisch

Wer bin Ich und wenn ja wie viele?

Das Ich als Collage

Wie erläutert, beziehen sich alle referenziellen, in der Gegenwart zu beobachtenden Phänomene auf einen neuen Kapitalismus, ein verflochtenes Image-Medien-Dickicht aus Wirtschaft, Kultur und Politik. Damit sind auch die Vorzeichen, unter denen heute die vermeintlich freie Wahl der Möglichkeiten steht, komplett andere. Längst hat sich die Frage »Wer bin ich?« unter verschärften Bedingungen zu »Wer bin ich und wenn ja wie viele?« gewandelt.

Das Spiel mit multiplen Identitäten, kulturellen Accessoires und einem collagenhaften Sowohl-als-auch-Lebenswandel wird zum Motor eines kulturellen Kapitalismus, dessen Marken, Vermarktungskonzepte und Werbebotschaften uns Zugang zu anderen Welten und Identitäten anbie-

> Wir sind alle gespaltene Persönlichkeiten. Die Einheit des Menschen ist ein reiner Mythos.
> **André Téchiné**

> Nichts beschäftigt uns so sehr wie unser Selbstbild im Spiegel des anderen Bewusstseins.
> **Georg Franck**

ten. Dabei folgt die meist als Privatveranstaltung gebuchte Vermarktung und Inszenierung des Ich der gleichen Logik wie der, die wir von Marken, Medien oder der Politik kennen: Die gekonnteste Darstellung nutzt nichts, wenn keiner etwas davon mitbekommt. Ob privat oder öffentlich, Aufmerksamkeit wird eine der begehrtesten und meist umkämpften Ressourcen und erlebt in der »Ökonomie der Aufmerksamkeit«, so Georg Franck, »einen historisch beispiellosen Aufschwung«.

Um etwas über den Kontostand der eigenen Person in der Aufmerksamkeitsökonomie zu erfahren, ist es nicht unüblich, seinen Namen in der Suchmaschine einzugeben (Stichwort: Google-Onanie) und die Anzahl der dort aufgelisteten Hits zu studieren.

Allerdings reicht ein einwandfreies, googlebares Image allein nicht aus. Wer etwas vom begehrten Kuchen Aufmerksamkeit abbekommen will, braucht zudem Pro-Thesen, die als sichtbare Zeichen und symbolische Ausrufezeichen die eigene Persönlichkeit ergänzen und möglichst vorteilhaft unterstreichen.

Für die erfolgreiche Inszenierung und Vermarktung des zur Marke avancierten Ich steht ein reichhaltiger Zeichenfundus, ein sich ständig erneuerndes Sortiment an Gesten, Dingen, Verhaltensweisen, Markenpersönlichkeiten und Logos zur Auswahl – ein regelrechtes Samplesurium an »kulturellen Accessoires«.

> Der Typ war um die Dreißig, hatte eine Stirnglatze und im Nacken zusammengebundenes Haar; er trug eine Adidas-Jogginghose, ein Prada-T-Shirt und ausgetretene Nikes, kurz gesagt: er hatte das Aussehen eines Konsumverhaltensoziologen.
> **Michel Houellebecq**

Und so greifen wir, um unser Ich erfolgreich auf dem Markt der Möglichkeiten zu platzieren, auf Zeichen und Symbole zurück, von denen wir hoffen, dass sie uns die so bitter benötigte Individualität verleihen. Mit dem anders-, besser-, schneller- und cooler-Sein allein ist es jedoch nicht getan, denn nebenbei hat man noch – am besten mit einer Geste der Lässigkeit vorgetragen – einen paradoxen Spagat zwischen Konformität und Individualität zu bewältigen: Man will dazu gehören und gleichzeitig anders sein, und so gehen die einen als konforme Individualisten durchs Leben, während die anderen der Rolle des individuellen Konformisten den Vorzug geben. Wie immer, wenn es sich um Abgrenzung und Dazugehörigkeit dreht, ist auch die Marke zur Stelle. Die Auswahl der Zeichen erfolgt mit großer Sorgfalt, der einmal bestehende eigene Zeichensatz wird immer wieder geprüft und ergänzt, verworfen und neu geordnet. Es gilt mit allen Mitteln den Fauxpas zu vermeiden, dass die Zeichen in den Augen des favorisierten Publikums als etwas anderes gelesen werden als das, was beabsichtigt war. Kein einfaches Unterfangen, bei der Unmenge der gewünschten Aussagen, die man, möglichst noch alle zur gleichen Zeit, über sich treffen will.

Nur-noch-ein-einziges-Mal-bei-dem-Hübschen-Trendigen-dem-schmerzfrei-Gleitenden-dem-Kontaktschaffenden-und-Fitforfunkompatiblen-dem-Allmächtigen-und-ewig-Geneideten-mitmachen-nur-noch-einmal-dann-hab-ichs-geschafft-dann-bin-ich-up-to-date.
The Cocka Hola Company
Matias Faldbakken

Wie immer die Wahl auch ausfällt und zu welchen individuell-konformen Symbolen man zu guter Letzt greift, zu jedem Symbol und Zeichen gibt es einen Katalog mit nicht enden wollenden Variationen der immer gleichen Frage, ob das gewählte Zeichen auch als Aussage der eigenen Persönlichkeit taugt: Wirken Zöpfe bei Frauen jenseits der 30 jugendlich oder lächerlich? Taugt die Kombination von Turnschuhen zum Anzug, wie sie TV-Moderatoren heute zu tragen pflegen, als Symbol des Saloppen? Und ist der Retro-Kinderwagen ein Beweis des ästhetischen Fingerspitzengefühls der Eltern? Ist Puma neben Nike und Adidas ein würdiger Dritter im Bunde? Kann man an einem Acryl-Fernfahrer-Cape noch einen Trend-Insi-

Wer wollen Sie in den nächsten 24 Stunden sein?
Aus einer Anzeigenkampagne für den Schweizer Uhrenhersteller Patek Philippe

Das ganze Gehampel wurde mit einer theatralischen und selbstbewussten Besessenheit durchgezogen, die an Parodie grenzte; wir spielten Manhattan in den Fünfzigern.
Julie Burchill

der erkennen, wenn es zur gleichen Zeit in der In-&-Out-Liste der *Bild*-Zeitung auftaucht? Wie immer die Antworten darauf auch ausfallen mögen: Zu beachten ist, was man sich bereits als angehender Hobby-Semiotikexperte in Landschulheimen oder Großraumdiscos hinter die Ohren geschrieben hat:

1. Knapp daneben ist auch vorbei.
2. Gut gemeint bedeutet nicht selten das Gegenteil.
3. Der Teufel steckt im Detail.

Blockbuster Ich – Zu Gast im eigenen Film

Auswahl, Einsatz und Anprobe der »richtigen« Zeichen genügen für die perfekte Inszenierung noch lange nicht. Denn darüber, ob die mühsam ausgewählten Marken, Gesten oder Dinge tatsächlich zum Zeichen der gewünschten Aussagen taugen, entscheiden immer noch die anderen. Die Welt wird, wie Goffman gezeigt hat, zur Bühne, »einer ziemlich komplizierten Bühne sogar«, mit Publikum, Haupt-, Neben- und Laiendarstellern und Statisten, mit Zuschauerraum, Kulisse, Drehbuch und dem Zeichensortiment als Requisiten- und Kostümfundus, aus dem sich jeder das herauspickt, von dem er glaubt, dass es die gewünschte Rolle, für die man sich entschieden hat, möglichst präzise darstellt. Das sich hier auftuende Spiegelkabinett aus Sein und Schein, aus realer Fiktion und fiktionaler Realität sowie der Umstand, Objekt in den Augen anderer zu sein und damit der Zwang, sich auf der Bühne zu inszenieren, ist mal Segen und mal Fluch, meistens Pflicht und selten Kür.

Beim Blockbuster »Ich« wird der dröge Alltag zum Film: Ob dicht hintereinander geschnittene Sequenzen, schonungslose

Nahaufnahmen oder weite Totalen: Man gibt seine Rolle für die anderen zum Besten, die anderen wiederum für einen selbst und jeder hat dann als Publikum, Drehbuchautor, Darsteller und Produzent alle Hände voll zu tun. So ergibt sich um einen herum eine nicht enden wollende Reihe von Aufführungen: Lang geprobte, aufwändige Inszenierungen, Low-Budget-Produktionen, spontane Happenings, experimentelle Performances, gewolltes und ungewolltes Improvisationstheater, detailgetreue Hollywoodevergreen-Remakes, nicht enden wollende Dramen, theorielastige Epiloge und lang angekündigte Premieren – und immer wieder unerwartete Programmänderungen.

Ist man – ob in der U-Bahn oder bei der Taufe des Neffen – Publikum einer außergewöhnlich gelungenen Vorstellung geworden, ist es heute nicht unüblich, die überzeugende Darstellung mit dem Prädikat »Großes Kino« auszuzeichnen , während dem Missfallen über eine schlechte Aufführung seit jeher mit »Ich glaube, ich bin im falschen Film« Ausdruck verliehen wird. »Aber«, wie Milan Kundera schreibt, »so geht es im Leben: Man meint, man spiele seine Rolle in einem bestimmten Spiel und ahnt nicht, dass inzwischen auf der Bühne unbemerkt der Dekor ausgewechselt worden ist und man unvermutet in einem anderen Stück mitspielt.«

Die bequeme Rolle des Publikums, in der man sich wie im »echten« Kino mit einer Tüte Popcorn in der Hand gemütlich zurücklehnen kann und wartet, was einem so geboten wird, ist zwar gefragt, wird aber nicht oft vergeben. Gute Chancen, eine Rolle als Publikum zu erhaschen, hat man eher bei spontanen, öffentlichen Vorführungen wie sie sich in hin und wieder in Einkaufspassagen, der Schlange im Supermarkt oder an Straßenkreuzungen ereignen. Der Großteil der Vorstellungen, die sich auf dem Programm befinden (das zeigt meist schon ein kurzer Blick in den eigenen Terminkalender) sind halböffentlich oder das, was man unter Privatvorführungen versteht. Damit gilt: Geschlossene Ge-

> Sich immer wieder neu erfinden. Am besten jedes Jahr einmal. Glauben Sie mir: Das hilft.
> **Douglas Coupland**

The truth is never far behind.
Madonna

sellschaft, nur für geladenene Gäste. Und als geladener Gast, so will es die Regie, muss man seine Rolle als Publikum brav draußen an der Garderobe abgeben, es herrscht Bühnenpflicht, und alle müssen rauf. Da man in den seltensten Fällen vorab ausführlich darüber informiert wurde, welche Rolle einem hier zukommt und nebenbei sein »Blockbuster-Ich« auch noch irgendwo auf der Bühne unterkriegen muss, ist Improvisation gefragt. Gut, wenn man sich hier in einer Serie oder Fortsetzung, wie es die meisten aller »Privatvorführungen« sind, befindet, Besetzung und Bühnenbild vertraut sind und man sich selbst getrost zum Standardensemble zählen kann, das sich gemeinhin aus Cliquen, Freunden, Familien oder Kollegenkreisen rekrutiert. Auch was die Handlung betrifft, ist nicht allzu viel zu befürchten: Das Strickmuster ist das anderer erfolgreicher Serien wie *Raumschiff Enterprise* oder *Six Feet Under* – die Variation des Immer-wieder-selben. Was allerdings nicht heißt, dass sich keine Unklarheiten und Streitigkeiten über Drehbuch, Besetzungen oder Programm ergeben würden.

Nichtsdestotrotz sind der Aufwand und die Strapazen der schauspielerischen Leistungen einer privaten Vorführung nicht mit denen zu vergleichen, die bei einer halböffentlichen Veranstaltung – wie sie Geburtstagsfeiern, private Abendessen, Club-Premieren oder Ausstellungseröffnungen zu sein pflegen – auf einen zukommen. Hier wird vorab nur in Ausnahmefällen verraten, wer die Gäste auf der Bühne sind und wer im Zuschauerraum zu finden ist. Das gängige Motto wiederum ist meist bekannt und lautet: Sehen und gesehen werden, wobei es nicht immer man selbst ist, der darüber entscheidet, welcher der beiden Gruppen man sich denn nun anschließt. Immer wieder gibt es jene, die ungefragt die Publikumstribüne stürmen, sich durch Zwischenrufe aus dem Publikum zu Wort melden, und die, die verdattert und ohne Text etwas hilflos im Scheinwerferlicht stehen und sich fragen, wie sie aus der Nummer wieder herauskommen.

Auch man selbst mag an den Details und dem Drehbuch des

»Blockbuster-Ich« noch so lange gefeilt haben und Monate für die Auswahl von Requisite, Kostümen und Kulisse zubringen, es ist und bleibt graue Theorie. Ob Top oder Flop zeigt sich erst in der Aufführung. Und auch hier gilt: Das Publikum ist anspruchsvoll und verwöhnt, die Konkurrenz groß. Jeder ist auf der Suche nach Zuschauern und Darstellern für die Inszenierung seiner Version von der Wahrheit. Ob »Die große Liebe«, »Der Gefeuerte, »Der Erfolgreiche«, »Die perfekte Party« oder »Grillen für Insider«, alles im Programm, oft sogar zu gleichen Zeit am gleichen Ort mit den gleichen Schauspielern. Wer hier noch ein Engagement zu vergeben hat und volle Zuschauerränge will, sollte die Werbetrommel rühren, einen gelungenen Auftritt hinlegen und einen interessanten Plot liefern.

Und auch wenn keiner kommt, Bühne und Tribüne leer bleiben, ändert das nicht viel. Denn zumindest auf einen Gast in der ersten Reihe ist Verlass: Man selbst. Ob frenetisch applaudierend oder mit nörgelnden Zwischenrufen nervend, aber immer da.

Das Ich als Zitat

Variationen in der Rolle »Ich« sind in Kostüm und Requisite durchaus erwünscht. Wird die ästhetische Überarbeitung versäumt, passiert schnell das, was man auch von auch von »echten« Seriendarstellern kennt. Im besten Fall wird man Kult und steigt damit auf in die erste Liga der »authentischen Persönlichkeit« (»Ein Original!«). Oder aber, was weitaus häufiger der Fall ist, man endet als seine eigene Karikatur. Wobei die Übergänge zwischen beidem zunehmend fließend sind. Der Slogan, den es zu befolgen gilt, um sich eines Tages nicht in Gestalt seiner eigenen

> Wenn das Ergebnis dieser radikalen Autonomie, die heute jeder anstrebt, ein Identitätsverlust ist, nach dem man endlich man selbst ist, aber nicht mehr weiß, was man ist, dann scheint mir der Preis, den wir dafür zahlen, sehr hoch.
> **Jean Baudrillard**

> Our Problem is confusion, not ignorance.
> **Karl Weick/Nobert Bolz**

Karikatur zu begegnen, scheint auch gefunden und lautet: Erfinde (d)ich selbst.

Die dazugehörige, wenn man es so nennen mag, kulturelle Taktik fordert dazu auf, in immer wieder neue Identitäten zu schlüpfen, diese an- und auszuprobieren wie Kleidungstücke, die man keinen Tag länger trägt als bis zu dem, an dem man das Gefühl hat, aus ihnen herausgewachsen zu sein. Die Version des Ich gilt hier nur bis auf weiteres, sie erhebt keinen Anspruch auf Gültigkeit, sampelt Versatzstücke und ironische Anspielungen. Das vermeintlich Gewachsene und Unverstellte wird ersetzt durch das Zitat und der Anspruch auf Authentizität durch Geltung der Oberfläche: Das Ich als Geschmacksmuster und Selbstproduktion statt Selbstfindung getreu der Devise »Copy and paste«.

Unangefochtene Anführerin des »Express yourself – bediene dich aus dem Fundus an Typen-Schablonen und Klischees« ist immer noch und schon wieder Madonna. Ihre letzte Tour trug konsequenterweise den Namen »Reinvention-Tour«, und *Icon* ist der Titel des vierteljährlich erscheinenden Magazins ihres größten offiziellen amerikanischen Fan-Clubs.

Als Experte des »Erfinde-dich-selbst« begegnet uns auch Adam in Sadie Smiths Roman *Der Autogrammhändler*, »der jeden Sommer von einer schlecht passenden ›Identität‹ zur nächsten getaumelt ist; der Hippiephasen durchgemacht hat, Grunge, Kaffeehausgangster, Back to the Roots (»Black is Beautiful«, Repatriierung, Rastafurismus), Anglophili, Amerikanisierung, Afros, glatt gezogen, rastalockig, kahl geschoren, weite Jeans, knallenge Jeans, weiße Mädchen, schwarze Mädchen. Wobei sich einzig die interessante Frage stellt: ›Wie ist er von da nach hier gekommen?‹«

Trotz erstklassiger Fachfrauen und Fachmänner des Erfinde-dich-selbst und des Spiels mit überhitzten Zeichen – und der noch viel größeren Zahl sympathischer Dilettanten und Dilettantinnen, werden immer wieder die Stimmen derer laut, die »wieder falsche Echtheit statt echter Falschheit« (Diedrich Diederichsen) fordern.

Es sind die Stimmen all der Authentizitätsfreaks, die nichts davon hören wollen, dass gerade die authentische Pose mit ihrem humorlosen Alleingültigkeitsanspruch unter all den gebrochenen, verfeinerten, verfremdeten oder überspitzten Ich-Zitaten langsam zur Karikatur verkommt.

Wie schwierig es hingegen tatsächlich ist, sich nicht zu erfinden und nicht mit der Art und Weise, wie man sich kleidet, keine Aussagen über seine Identität zu treffen und »symbolfreie« Zeichen ohne Botschaft aufzutreiben, zeigt uns wiederum Cayce Pollard, die Heldin aus dem Roman *Mustererkennung*:

> »Dorotheas Outfit will, bei aller scheinbaren Schlichtheit, immer noch mehrerlei auf einmal sagen, und das mindestens in drei Sprachen.«

Da Cayce zu lange den »Reaktorkernen der Mode« ausgesetzt war, hat sich »das Spektrum dessen, was sie tragen kann und will, gnadenlos eingeschränkt«. Sie sucht nach den neutralen Symbolen mit semiotischem Nullwert und verfolgt einen konsequenten Minimalismus. Cayce trägt »Cayce-Pollard-Units«, CPUs, unauffällige Kleidungsstücke, penibel befreit von Markenlabels, denen so der Mund verboten wurde und die im Idealfall »nichts« sagen. »Sie verträgt nur Sachen, die in jedem beliebigen Jahr zwischen 1954 und 2000 unkommentiert durchgegangen wären. Sie ist eine designfreie Zone, eine Ein-Frau-Verweigerungsbewegung«, so ihr Erfinder William Gibson.

> Es gilt, eine Welt freier Entscheidungen zu schaffen, eine Welt, in der Erscheinungen sich endlich wieder in Beziehungen setzen können, die frei sind von fibelhafter serviler Causalität und bornierter, zeigefingernder Consecutio.
> **Sigmar Polke**

Sowohl-als-auch: Das Ende der Ausschließlichkeit

Das An- und Ausprobieren unterschiedlicher Identitäten ist mehr als ein

> Option Paralysis: Die Neigung sich bei unbegrenzter Auswahl für nichts entscheiden zu können.
> *Generation X,*
> **Douglas Coupland**

nettes ästhetisches Experiment oder harmloser Zeitvertreib. Es zeigt sich als kluge Anpassungsübung auf sich verändernde gesellschaftliche Verhältnisse sowie das Ausagieren der Widersprüche, die der Kapitalismus tagtäglich zu uns durchreicht. Das Spiel mit Images, Marken und inszenierten Identitäten und die Kommunikation durch Zeichen und Symbole ist eine kulturelle Taktik: Eine Anpassungsübung in einer Kultur, in der sich Fiktion und Realität vermischen, die Flexibilität und den Wandel zur Tugend erklärt.

Eine Kultur, in der das Authentische zu einer Pose unter vielen wird, Erwachsensein sich in seiner kindischen Sex-and-Drugs-and-Rock'n'Roll-Geste gefällt, Erfolg zur marketinggeschürten Jeder-kann-wenn-er-nur-will-Phantasie wird und Politik als Entertainmentformat im Plauderton daherkommt – und denjenigen, die mit diesen Anpassungsübungen begonnen haben, ist das durchaus bewusst. Das wiederum kann nur einen Weg zulassen: Das Leben im paradoxen Modus des Sowohl-als-auch.

Bei einem Leben im Sowohl-als-auch wird Gegensätzliches zusammengedacht, Widersprüchliches ausgehalten und der Gleichzeitigkeit von Ungleichzeitigem Rechnung getragen. Wer im Sowohl-als-auch-Modus durchs Leben schreitet, balanciert im taumelnden Gang über den schmalen Pfad der Möglichkeiten. Nicht gerade eine leichte Übung.

Ob der Bobo, der Bourgeois und Bohemien in sich vereint, der Glokalismus, der lokale Bezüge und globales Denken fordert, Doku-Soaps, die mit echten Laienschauspielern fiktive Wirklichkeiten liefern oder *Big Brothers* öffentliche Intimität – das Sowohl-als-auch ist zu der tragenden Wand geworden, die heute da steht, wo einmal die Lücke klaffte, die kollektive Muster und gesellschaftlich festgeschriebene Identitäten hinterlassen haben.

Statt einem kollektiven Lebensentwurf oder seinem ebenfalls kollektiven Gegenentwurf zu folgen, befinden wir uns heute im

Dazwischen, im »Übergang zwischen unterschiedlichen Lebensformen« (Ulrich Beck), deren verschwommene Ränder wir immer wieder mit Zeichen zu markieren versuchen. Der treibende Motor ist nicht mehr die Ausschließlichkeit eines »So-und-nicht-anders-Seins«, sondern die Möglichkeit des »Immer-wieder-anders-Seins«. Ganz gleich, wofür man sich im Supermarkt der Möglichkeiten von Marmelade, Turnschuhen, Lebensstilen, Freunden, Zahnpasten oder Berufen entscheidet: Das Ende der Ausschließlichkeit, der einmal getroffenen Wahl für oder wider einen bestimmten Weg, sei es Lebensstil, Partner, Stadt oder Lieblingssong ist vorbei. Die Rückkehr zu kategorischen Entscheidungen, die über Jahre ihre Wirksamkeit behalten, ist ausgeschlossen, da sie auf einem alten, überholten System, dessen Haltbarkeitsdatum abgelaufen ist, beruhen und heute nicht mehr gültig sind. Dabei gilt jede gefasste Entscheidung nur »bis auf weiteres«.

Mit Entstehen der Multi-Optionsgesellschaft wurde auch der Multiple-Choice-Modus des Sowohl-als-auch eingeführt – Mehrfachnennungen möglich und durchaus gewünscht. Man hat die Qual der Wahl, die »Tyrannei der Möglichkeiten« (Hannah Arendt) gehört mit zum Programm, Kneifen gilt nicht, Eigenleistung ist nicht länger Kür, sondern Pflicht. Denn eine plurale Kultur bringt es mit sich, dass alles, die eigene Identität und der eigene Lebensstil bis ins Kleingedruckte hinein entscheidbar sind, wobei die Frage »Was will ich eigentlich?« zu denjenigen zählt, die am häufigsten gestellt und immer neu beantwortet werden. Heraus kommt eine »Kultur des Entscheidens«: Club oder Couch? Mac oder PC? Mobilität oder Miete? Hingehen oder Fernsehen? Single oder Zweisamkeit? Privat oder öffentlich? Taxi oder U-Bahn? Bioladen oder Supermarkt? Ausschalten oder umschalten? E-Mail oder Anruf? Hamburg oder Heidelberg? Karriere oder ausschlafen? Privat

> Es soll keiner kommen und sagen, dass wir es uns zu leicht machen. Im Gegenteil. Wir halten uns zurück, weil alles so schwer zu entscheiden ist.
>
> *Das Wissen der 35-Jährigen,*
> **Volker Marquardt**

> Der Augenblick der Entscheidung ist ein Wahnsinn.
> **Søren Kierkegaard**

oder geschäftlich? Ambulant oder stationär? Becks oder Heineken? Krankengymnastik oder ein neues Paar Schuhe? Zahnersatz oder Kurzurlaub? Festanstellung oder Freiberufler? Koreanisch oder gut bürgerlich?

Bis auf weiteres: Wer hat noch nicht? Wer will noch mal?

Der Zugriff auf das gut arrangierte Sortiment an Lebensstilen und Identitäten erlaubt, sich Fragen mehrmals zu stellen und, im Zweifel, diese immer wieder neu zu beantworten. An der Stelle einstiger, längst außer Kraft getretener Zuschreibungen und Anleitungen, die uns klipp und klar sagen, wer und wie wir sein müssen, stehen heute variable Entwürfe ohne Allgemeingültigkeitsanspruch, aus denen wir uns bedienen können, ohne uns durch sie vereinnahmen zu lassen. Ganz im Gegenteil: Das Spiel mit Identitäten und Inszenierungen macht es möglich, sich für etwas zu entscheiden, ohne sich »voll und ganz« damit identifizieren zu müssen. Es erlaubt und fordert dazu auf, sich »andere« Identitäten und Meinungen auszuleihen und sich so Einlass zu unterschiedlichen Ebenen und Bereichen zu verschaffen.

Die Sowohl-als-auch-Identität eröffnet uns die Möglichkeit, das, was wir tun und wer wir sind, unter dem Gesichtspunkt des Vorläufigen zu betrachten, es mit einem Fragezeichen zu versehen oder in Anführungsstriche zu setzen.

Um diesen Spagat im Sowohl-als-auch zu bewältigen, ist es erforderlich, seine Rollen gut zu kennen und die Oberflächenwirkung immer wieder zu testen. Dabei ist es nicht zwingend notwendig, alle gewählten Rollen und Oberflächen bis zur Perfektion durchzuexerzieren. Es reicht aus, sich einzelner Versatzstücke und Einzeiler zu bedienen. Es geht einzig darum, auch diese Rolle einmal im Repertoire gehabt zu haben.

So ist es nicht unüblich, zwei und manchmal sogar mehrere

Lebensmodelle und Identitäten parallel zu verfolgen. Das, was der Bauer früher Drei-Felderwirtschaft nannte, kommt hier zu neuen Ehren: Während man auf dem einem Feld sät, beackert man das andere und erntet auf dem dritten.

Wir sind es gewohnt, in jeder Situation nicht das Endgültige, sondern das Vorläufige als nächste Stufe zu einer weiteren Begebenheit zu erkennen. Im Kopf präsent ist stets das »Sowohl-als-auch«, das Abwägen zwischen potenziell eintreffenden Möglichkeiten.

»Der Kopf ist rund, damit das Denken die Richtung wechseln kann«, philosophiert Francis Picabia heute auf Postkarten in Fußgängerzonen. Mittlerweile wechselt das Denken nicht nur die Richtung, es überholt sich noch gleichzeitig und sieht sich dabei zu. Man reflektiert Noch-nicht-Entschiedenes und kategorisiert es mit den Augen des imaginären Kritikers noch vor der Premiere. Denn was der kulturelle Kapitalismus verlangt, ist nicht mehr nur ein chamäleonartiger Wechsel zwischen den Lebensstilen oder zwischen dem, was urtümlich Arbeit bedeutet, und dem, was Spaß verspricht, sondern ein komplexes Zusammenspiel des Empfindens und Entscheidens und der eigenen Beobachtung und Reflexion über Empfundenes und Entschiedenes – noch ehe es überhaupt empfunden und entschieden wurde.

> Man nehme [...] einen gut verdienenden, halbkreativ arbeitenden Selbstständigen, alt genug, um erfolgreich zu sein, jung genug, um sich auch etwas anderes vorstellen zu können, und schicke ihn in der Zeit zwischen Anfang Mai und Mitte Juni oder zwischen Anfang September und Mitte Oktober nach Kreta. Wenn er zurückkommt, wird er verkünden: Dort könnte ich leben!
>
> **Joachim Koch**

Was das Internet für den Computer, das ist das Sowohl-als-auch für unsere Entscheidungsfindung. Wir folgen nicht länger einer linearen Struktur, sondern holen Bruchstücke versatzstückartig und nach eigenem Erfahrungshintergrund an die Oberfläche. Das macht es für jeden Nutzer nötig, ein eigenes gedanklich-strukturelles System zu entwickeln, anhand dessen er die ge-

> Haben wir etwa behauptet, wir wollen Freiheit, Mobilität und Veränderung? 'tschuldigung, aber könnten wir statt dessen auch Kontinuität, Gemeinschaft und Tradition bekommen?
> **Julie Burchill**

wonnenen Informationen vergleichen, einordnen, verwerfen, nutzen und kategorisieren kann. Die hypermediale Netzwelt, deren Struktur in einen dreidimensionalen Raum verweist, hat ihre eigenen Gesetzmäßigkeiten – vor allem ist sie der Gleichzeitigkeit ihrer Präsenz von Ungleichzeitigem, beispielsweise dem Einspeisen und Löschen, Verweisen und Negieren bestimmter Informationen, unterworfen. Am treffendsten lässt sich dieses Phänomen mit dem Prinzip des »Rhizoms«, das Gilles Deleuze und Felix Guattari bereits 1977 aufgestellt haben, vergleichen. Das der Botanik entlehnte Kommunikationsmodell gleicht nicht einer hierarchischen, baumartigen Struktur, sondern verflicht sich vielmehr wie ein Wurzelsystem (Rhizom) ohne Hauptwurzel und somit, auf die Kommunikation bezogen, ohne erkennbare Kausalkette aus einem Gefüge immer neuer Ebenen. Kurz gesagt: das Rhizom verursacht Kopfzerbrechen und verlangt beinahe Unmögliches.

Wenn-schon-denn-schon

So sehr sich der Prozess der Entscheidungsfindung für die eine einzige unter all den Möglichkeiten auch hinziehen mag, hat man sich nach langem Hin und Her einmal »voll und ganz« für oder gegen etwas entschieden, wird das gängige Motto des Sowohl-als-auch schnell ausrangiert und durch ein Wenn-schon-denn-schon ersetzt.

Nun geht es darum, die getroffene Entscheidung mit aller Konsequenz zu verteidigen und es nicht an Entschlossenheit fehlen zu lassen. Was folgt, ist die Inszenierung und Umsetzung des einmal gefassten Entschlusses – und zwar fern ab all der Wenn und Aber und Für und Wider, die man während des vorgegangenen Hin und

Hers noch säuberlich miteinander verrechnete – und die einem den letzen Nerv raubten. Denn Zweifel kann man nun, da die Entscheidung einmal gefällt ist, am allerwenigsten gebrauchen. Die perfekte Umsetzung wird zur nachgereichten Legitimierung, zur Rechtfertigung und Beglaubigung der einmal getroffenen Entscheidung. Hier, in der Sowohl-als-auch-Nische des Wenn-schon-denn-schon zeigt sich auf einmal wieder – die Ausschließlichkeit des So-tun-und-nicht-anders.

Das Prinzip Wenn-schon-denn-schon funktioniert im Kleinen wie im Großen: Hat man sich einmal entschlossen, auszugehen, wird man nicht nach ein, zwei Bieren die Segel streichen, sondern mit dem Vollrausch liebäugeln. Hat man sich dazu entschieden zu heiraten, wird man auf der Suche nach dem passenden Ort für das Spektakel Nachmittage zubringen oder, umgekehrt, alles Menschenmögliche dafür tun, um der anstehenden Situation möglichst den Anschein einer gelassenen »Ist-halt-so-passiert«-Geste zu verleihen. Außer Wenn-schon-denn-schon-Trinkgelagen und Wenn-schon-denn-schon-Hochzeiten finden wir Wenn-schon-denn-schon-Reisen (»Ich muss mal wieder raus hier«) Wenn-schon-denn-schon-Shopping-Touren (»Nehmen Sie auch Kreditkarten?«), den Wenn-schon-denn-schon-Arbeitsmarathon (»Ich kann jetzt nicht!«), Wenn-schon-denn-schon-Wohnungseinrichtungen (»Sind das die Original-Türgriffe?«), Wenn-schon-denn-schon-Hobbys (»Fußball ist kein Spiel!«), Wenn-schon-denn-schon-Paare (»Montags ist unser Kino-Tag«) und Wenn-schon-denn-schon-Trennungen (»Können Sie bitte das Türschloss auswechseln«).

Ob aus dem »Home-Office« ein Kinderzimmer, aus dem bornierten Kerl ein Freund, aus der selbstständigen Arbeitslosigkeit eine staatlich legitimierte Ich-AG wird, ob ein zweiter Bildungsweg her soll oder ein iPod, ob Freunde in die Wüste geschickt werden, das Weihnachtsfest im Schoße der Eltern gefeiert

> Ich bin inzwischen ausschließlich auf meine Intuition angewiesen, denn ich bin absolut überfordert damit, rational zu entscheiden, was wichtig und was nebensächlich ist.
> **Thom Yorke, Radiohead**

Overboarding: das Überkompensieren von Zukunftsängsten, indem man sich Hals über Kopf auf einen Job oder einen Lebensstil stürzt, der ganz augenscheinlich nichts mit früheren Interessen im Leben zu tun hat.

Generation X,
Douglas Coupland

werden soll – wichtig ist letztlich nur noch eins, das »Wenn-schon-denn-schon« als Intensitätsmesser und Grad der Legitimation. Mit dem Mittelmaß ist dem »Sowohl-als-auch« jetzt nicht mehr beizukommen. Verlangt wird der ganze Einsatz, um schlussendlich über die Zeitspanne, die die Entscheidungsfindung zuvor abverlangt hat, und die hinter sich gelassenen ausgeschlagen Möglichkeiten aus vollem Überschwang zu triumphieren, wie uns auch die Rede von »der besten Entscheidung« oder »dem schönsten Tag« glauben machen soll.

Im absoluten Ausschließlichkeitsmodus des »Wenn-schon-denn-schon« zeigt sich, zumindest für eine kurze Zeit, der letzte Rest eines Authentizitätswillens. In der fragmentarischen Aneinanderreihung von Zitaten und Anspielungen und der Nutzung von symbolischen Versatzstücken lauert die Desillusionierung und damit der Rückfall in alte, anderen Wertesystemen verhaftete und dem industriellen Kapitalismus zugeschriebene Verhaltensmuster, wie es sich in der Suche nach dem »Dahinter« der Dinge und dem »authentischen« Sein zeigt. Vom Sowohl-als-auch nimmt man sich nur das »Sowohl«, um es dann zum »Jawohl« (»Jetzt erst recht«) umzumodeln, das »Als-auch« muss draußen bleiben. So zeigt sich der Jetzt-erst-recht-Modus des Wenn-schon-denn-schon als Verfechter des »So-und-nicht-anders-Seins« und damit als der Versuch, rasch die Unsicherheit gegen Gewissheit zu tauschen, noch ehe die Nebenwirkungen die Ursachen überholen. Wie aus einem Strudel taucht der Kopf plötzlich in einer vordergründig klaren und strukturierten Welt auf, will alle Versatzstücke, alle sich überlagernden Wesenszüge wie Handlungsstränge abschütteln und muss doch erkennen, dass selbst die Geste des authentischen So-und-nicht-anders-Seins nichts weiter ist, als ein Puzzleteilchen im Sowohl-als-auch.

Sowohl-als-auch: Der bourgeoise Bohemien

Sucht man nach einem Typus, der das konsequente Sowohl-als-auch zum roten Faden seines Lebens erklärt, findet man den bourgeoisen Bohemien (Rufname: »Bobo«). Als das lebendige Sample aus dem bourgeoisen Gewinnstreben des Kapitalismus und den Werten seiner Gegenkultur, der Boheme, ist er, schlicht gesagt, die Reinkarnation aus Hippie und Yuppie in einer Person.

Wetterte Theodore Roszak 1969 noch in *Making of a Counter Culture:* »Die Bourgeoisie ist von Gier besessen, ihr Sexualleben ist abgeschmackt, prüde, ihre familiären Strukturen denaturiert, ihre sklavische Konformität in Kleidung und Aufputz ist entwürdigend, ihre Händlerseele und ihre Lebensroutine sind unerträglich«, so hat der bourgeoise Bohemien diesen Widerspruch längst achselzuckend aus dem Weg geräumt.

Zu Popularität gelangte der Bobo durch David Brooks 2000 erschienenes Buch *Bobos in Paradise*, in dem er feststellte, dass es einfach nicht mehr möglich war, einen »Espresso-süchtigen Künstler und einen Cappuccino-liebenden Banker« auseinander zu halten. Das, so muss man sagen, sieht fünf Jahre später allerdings etwas anders aus: Der Bobo von heute ist eher als Besitzer eines exklusiven, aber finanziell eher unrentablen Plattenladens anzutreffen, anstatt der erfolgreiche Betreiber einer High-End-Latte-macchiato-Kette zu sein, als der er einmal skizziert wurde.

Der boboistische Grundwiderspruch zeigt sich am deutlichsten in der vom Bobo verfochtenen Symbiose von Kreativität und Kapital: Im großen Traum des Bobo, oder, wenn man so will, in der boboistischen Ideologie geht die persönliche Selbstverwirklichung mit einem gut gefüllten Konto Hand in Hand. Man bastelt emsig an seiner beruflichen Karriere, hält Geld »an sich« aber für nicht erstrebenswert. Im optimalen Fall sind die Eingänge auf dem eigenen Konto nicht mehr als eine angenehme Nebenwirkung der eigenen

> Ich möchte leben wie ein armer Mann mit sehr viel Geld.
>
> **Pablo Picasso**

Bohemian Manifesto
A Field Guide to Living
on the Edge
Buchtitel

Kreativität. Mit seinem unnachgiebigen Glauben daran, Kreativität eins zu eins in Kapital verwandeln zu können, wie andere vor ihm Wasser in Wein, qualifiziert sich der Bobo als denkbar dankbare Arbeitskraft und kommt dem kulturellen Kapitalismus, der ihn hervorgebracht hat, gerade recht.

Als Produzent und Zulieferer des kulturellen Kapitalismus, der Kreativität und Ideen als Produktionsmittel braucht, wird der Bobo zum Gewindeteil des Motors eines die Verquickung von Kultur und Kapital vorantreibenden ökonomischen Systems, das seine Ideen, seine ästhetisches Gespür gut gebrauchen kann. Geduldig und brav sendet, analysiert, kreiert und verschlüsselt der Bobo im Auftrag der Industrie Botschaften – zumindest solange man ihm verspricht, dass ein kultureller Mehrwert für das eigene berufliche Selbstverständnis dabei herausspringt.

Das hört sich soweit nicht schlecht an, käme nicht erschwerend hinzu, dass das Verhältnis von Kreativität und Kapital in den letzten Jahren gewaltig außer Kontrolle geraten ist – zugunsten des Kapitals: Trat der Prototyp des Bobos noch in Zeiten des Börsenhypes auf den Plan und wurde als die Elite des Informationszeitalters und des neuen Establishments gefeiert, ist er fünf Jahre später erstaunlich oft eher als kreativer Tagelöhner und kostengünstiger Handlanger des kapitalistischen Systems zu beobachten. Anders gesagt: Das neue konsum- und kulturellgeprägte »Extrem-Bobo-Ich« befindet sich auf einer ständigen Gratwanderung: Eigentlich nah am Gipfel (»Zwar viel Arbeit, aber wirklich ein ganz tolles Projekt«), immer jedoch auch kurz vor dem Absturz (»Mein Kunde müsste eigentlich jeden Tag überweisen«). Und so ist es dann auch kein Zufall, dass die steigende Popularität der aktuellen Version »Bobo« Hand in Hand mit der sich verschlechternden Wirtschaftslage geht. Damit ist der Bobo mit seinem ihn bezeichnenden bohemen Kontostand (»Soll, nicht Haben«) dann auch eher an den Rändern der Gesellschaft zu suchen – da diese

Ränder aber derzeit beachtlich wachsen, aber nichtsdestotrotz auf dem besten Wege, sich als einmal exklusive Randgruppe einen festen Platz im gesellschaftlichen »Mainstream« zu sichern.

Gleichzeitig kann man in aller Ruhe anschauen, mit welcher Wucht das Bohemehafte derzeit als ästhetisches Phänomen und sich selbst genügendes Zeichen an die Oberfläche schwappt. Ob Boheme-Chic, die Boheme-Fibel, Boheme-Fotostrecken, Boheme-Lifestyle, Boheme-Wohnungseinrichtungen, Boheme-Songtitel, Boheme-Stil-Ikonen oder Ebay-Produktlisten (Suchbegriff: BOHO) – es ist für alles gesorgt. Man muss nur zugreifen.

Gründe, die den bourgeoisen Bohemien als Rollenmodel und Identitätsschablone so sexy und gefragt machen, gibt es gleich mehrere: Scheinbar weit weg von den wirtschaftlichen Zwängen des Systems, der Oberfläche und Inszenierung verspricht das Role-Model des Bobos Freigeist, Eigensinn, kokettiert mit dem Charme des autonomen Authentischen und ungekünstelten Unkäuflichen und erlaubt zudem noch, Fragen nach Erfolg und Erwachsensein auf morgen zu vertagen.

Die Übergänge zwischen dem »unfreiwilligen« bourgeoisen Boheme – umringt von Soll-Kontostand, Selbstausbeutung, Arbeitslosigkeit und seinem ihn langsam verlassenden Glauben, der Kurzschluss von Kreativität und Kapital werde die Sache schon richten – und dem, der nach der aktuellen Boheme-Schablone agiert, sind fließend. Wie immer, wenn etwas als besonders sexy gilt und die nabelschnurähnliche Kausalkette zwischen Ursache und Wirkung vor langer Zeit säuberlich durchschnitten wurde, kommt das So-tun-als-ob ins Spiel – was die Aufführung meist erst überhaupt interessant werden lässt –, besonders wenn wie hier um die Pose des Authentischen gewetteifert wird.

> Die Leute erfinden sich ihre unsicheren und schlecht bezahlten Arbeitsplätze selber und entwickeln, darauf zugeschnitten, einen eigenen Lebensstil, der sie mit ihresgleichen verbindet. Seit dem 19. Jahrhundert nennt man dies Milieu Boheme.
>
> **Michael Rutschky**

Dass die Bobo-Identität sich nun

> Boheme Juwels
> **Füllfederhalter von Montblanc (1 230 Euro)**

schon seit einigen Jahren großer Beliebtheit erfreut, hat einige, weit verbreitete, wenig originelle, oft männliche, oft bornierte Exemplare des humorlosen, ambitionierten Trittbrettfahrers hervorgebracht, bei deren Blockbuster-Ich »Aus dem Leben eines bourgeoisen Bohemien« man in den letzen Jahren oft genug unfreiwillig im Publikum saß. Man ist versucht, diese Vorführung mit folgenden Personen in der Hauptrolle langsam aus dem Programm zu verabschieden:

1. Der Wireless-Lan-Exhibitionist (»Seht her, ich arbeite«).
2. Der Fit-for-Feuilleton-Flaneur (»Wer schrieb was, wann, wo?«).
3. Der größenwahnsinnige Projektemacher (»Gibt kaum Geld, kommt aber ganz groß raus, versprochen«).
4. Der Adam-Green- und Franz-Ferdinand-Fetischist (»Ich wäre so gern ein cooler Hund«).
5. Der Visitenkarten-Minimalist (»Ich schreib' noch schnell meine Mobilnummer dazu«).
6. Der Visitenkarten-Fetischist (»Lass uns Karten tauschen«).
7. Der Teilzeitjugendliche-Sneaker-zum-Anzug-Träger (»Alles eine Frage der Einstellung«).
8. Der souveräne Kultur-Moderator (»Nach welchen Kriterien sammelt Ihr Unternehmen?«).
9. Der privilegierte Stiftungsposten-Inhaber (»Kultureller Kapitalismus – interessante Theorie«).
10. Der gesponserte Kulturrebell (»Wer mich bezahlt, ist nicht die Frage!«).

Vielmehr ist diese Identitätsschablone eine ziemlich notwendige Reaktion und nicht ganz dumme Anpassungsübung auf die schräge Wirtschaftslage und veränderte Arbeitsmarktpolitik, mit der wir es zu tun haben. Anders gesagt: Der Bobo 05 verdankt seine Entstehung eher wirtschaftlichen Zwängen als einem ästhetischen Bedürfnis.

Privileged Poor: Wir führen Buch und erleiden Verluste

Da die ursprüngliche Version des Bobo mit dem Börsencrash an Glanz verloren hat, ist auch die Suche nach neuen griffigen Definitionsetiketten längst in vollem Gang.

Es muss ein Name her, auf den er zukünftig hören soll und der sich zur Marke etablieren kann. Das ihm einmal zugedachte Label »Overeducated and Underpaid« trifft es zunächst nicht schlecht, erinnert jedoch auf den ersten Blick zu sehr an einen schlecht bezahlten Angestellten, als der der Bobo zwar auch, aber insgesamt eher selten vorkommt. Die zeitgleich ausgerufene »Generation Arbeitslos« trifft es ebenfalls nicht ganz, da sie allein den Arbeitslosen zur Hauptfigur erklärt, obwohl die aktuelle Version des Bobo überwiegend als Freiberufler und damit – zumindest offiziell und statistisch – eher selten als Arbeitsloser auftaucht. Hinter Begriffsformeln wie »akademisches Proletariat« und »akademische Tagelöhner« vermutet man hingegen eher die populäre Figur des Taxi fahrenden Geisteswissenschaftlers aus vergangenen Tagen. »Medienproletariat« scheint wiederum zu spezifisch, und bei der Vokabel »Projektmacher« ist jetzt schon abzusehen, dass es sich um eine zeitgemäß-beschönigende Think-Pink-Begrifflichkeit handelt, um die spezifische Selbstausbeutung zu kaschieren, wie wir sie vor allem in den Vorzeige-und Prestigeprojekten finden, die mit der Verquickung von Kultur und Kapitalismus kokettieren.

Als einigermaßen treffend zeigt sich das Label »Privileged Poor«, das Diedrich Diederichsen in *Sexbeat* vor ziemlich genau 20 Jahren ins Spiel brachte. »The privileged poor«, das war Anfang der Achtziger die erste offizielle Nachfolgegeneration der Hippie-nahen Bohme der sechziger Jahre. Wie der Name unschwer erkennen lässt, ist es das Sowohl-als-auch, das sie kennzeichnet: Sie sind arm, aber, »im Gegensatz zu allen anderen Armen sind sie gut in-

Boheme
Albumtitel von Annett Louisan

TIREDs: Thirtysomething Independent Radical Educated Dropouts
The Fish Can Sing/London

formiert«, also privilegiert. Heißt, sie besitzen Zugang zu Informationen, Wissen und unterschiedlichen kulturellen wie gesellschaftlichen Arenen. War ihre Armut noch Zeichen eines »existenzialistischen Aufbegehrens«, um den Mechanismen der Ausbeutung zu entfliehen, lässt sich der boheme Soll-Kontostand der Privileged Poor heute, also 20 Jahre später, eher durch einen Mangel an Gelegenheiten – also an Arbeitsangeboten – erklären.

Die aktuelle Version des »Privileged Poor« ist die unmittelbare Antwort auf die sich verändernden Maßgaben des kapitalistischen Systems, in dem er agiert. Die »Privileged Poor«, so wie wir sie heute sehen, bilden engmaschige solidarische Netzwerke, in denen sich ein gut florierender Tauschhandel mit Informationen und Wissen, Fertigkeiten, Können und Kontakten herausgebildet hat – in denen Geld (noch) nicht das letzte Wort hat. Ihre derzeitige Vermehrung »verdanken« sie dem Abschied von den Privilegien des Wohlfahrtsstaates und einer Arbeitnehmergesellschaft (»Wohlstand für alle!«), wie sie für die Bundesrepublik typisch gewesen ist. Die aktuelle Version der Privileged Poor ist schon eine ganze Weile im Anmarsch und hat sich schon »in den unübersichtlichen Zonen zwischen Beschäftigung und Nichtbeschäftigung bewegt, als andere noch die Arbeitnehmergesellschaft beschworen«, so Heinz Bude, und er ergänzt: »Daher stammt ihre besondere Sensibilität für die Wahrnehmung des wachsenden Missverhältnisses zwischen sozialen Rechten und individuellen Optionen.«

Die Jobs, in denen der Privileged Poor, wenn er arbeitet, auftaucht, liegen so gut wie immer nahe der immateriellen Hochöfen des kulturellen Kapitalismus. Zwei aktuelle Abkömmlinge dieser Privileged Poor finden wir dann auch in verfeinerter Form in Malcolm Gladwells Marketingbibel *Tipping Point*. Da wäre zunächst der Vermittler als »Spezialist für Menschen«. Der Vermittler ist der Umschlagplatz für Informationen aller Art, seine Stärke sind seine schwachen Bindungen, er kennt viele Leute ein bisschen, wenige richtig, hat überall einen Fuß in der Tür und Zugang zu unterschiedlichen Nischen, Kulturen und Szenen. Er ist der »soziale Klebstoff« sonst geschlossener Kommunikationskreise, die stille Post des 21. Jahrhunderts. Sein Pendant ist der Kenner als »Spezialist für Informationen«. Kenner sind News-Junkies, Markenfetischisten, Kulturmessies und professionelle Hobbyisten. Sie sammeln und speichern unablässig Informationen und transferieren sie in Wissen. Der Kenner ist der Wissensmakler des 21. Jahrhunderts, eine sich selbstständig aktualisierende Datenbank auf zwei Beinen.

Hat Diederichsen vor 20 Jahren noch bedauert, dass sich die Privileged Poor damals nicht in »die Situation schöner, echter Ausbeutung begeben« und ihr intelligentes, avantgardistisches und »ungeheuer gefährliches Potenzial« nicht dazu nutzen, um das System von innen unter Druck zu setzen, gibt es zumindest heute keinen Anlass mehr zur Beschwerde. Die Privileged Poor sitzen im System und stellen ihre Arbeitskraft brav – je nach Selbstdefinition – als Tagelöhner, Projektarbeiter oder Kulturproduzent zur Verfügung. Dass genau in dieser Situation das Widerstandspotenzial liegen könnte, das System von Innen auszuhöhlen und unter Druck zu setzen, sehen auch Michael Hardt und Antonio Negri in *Empire*. Nach ihnen verfügt der, der einer affektiven, also auf Gefühle, Werte und Interessen bezogenen Arbeit nachgeht, damit über ein Instrument der Macht: »Wenn man nun sagt, das Kapital inkorporiere die affektive Arbeit und verleihe ihr ein stärkeres Gewicht, wenn man weiter sagt, sie stelle vom kapitalistischen Standpunkt aus eine der Formen von Arbeit dar, die in der Wertschöpfung eine Spitzenstellung einnehmen – so bedeutet das nicht, dass diese derart vom Kapital kontaminierte Arbeitsform nicht länger für ein antikapitalistisches Projekt von Nutzen sein könnte.

> Wir sind immer oben und wenn wir unten sind, ist unten oben.
> **René Weller/Surrogat**

Entweder es wird ein Welthit
Und wir verdienen da'n Haufen Geld mit
Oder uns fällt ein Stein vom Herz
Unser Scheiß ist kein Kommerz.
»Welthits«, Fettes Brot

Im Gegenteil, vorausgesetzt, die affektive Arbeit ist tatsächlich eines der stärksten Glieder innerhalb der Kette der kapitalistischen Postmodernisierung, so ist ihr Potenzial für Subversion und autonome Konstitution umso größer.«

Das Prinzip Eigentlich: Leben im realen Konjunktiv

Warum eigentlich alles ganz anders ist

Auf der Suche nach einem Begriff, der sich als Basiszutat des Wortschatzes der gleichen Beliebtheit erfreut wie Pesto und Parmesan für die Küche und für Selbstauskünfte ebenso unersetzlich scheint wie Schuhe und Armbanduhren fürs Outfit, stößt man schnell auf das Wörtchen »eigentlich«.

Man entdeckt es in Gesprächen bei anderen, in Romanen oder Glossen, in Soap-Operas oder in Polit- und Boulevard-Talk-Runden – und vor allem immer wieder bei sich selbst: »Eigentlich geht es uns ja gut« – »Eigentlich wollte ich noch mal ein Jahr ins Ausland« – »Eigentlich sind wir dafür zu alt« – »Eigentlich bin ich ja Mediziner« – »Eigentlich darf man nicht mehr dahingehen« – »Eigentlich wollte ich bald Kinder« – »Eigentlich sind die Schuhe ja viel zu teuer« – »Eigentlich ist es eine Frechheit« – »Eigentlich wollte ich ja nie nach München« – »Eigentlich bin ich im Gym angemeldet« – »Eigentlich kann man das nicht mehr kaufen« – »Eigentlich komme ich ja aus der Pfalz« – »Eigentlich bin ich unterbezahlt« – »Eigentlich wollte ich Weihnachten in Marrakesch feiern« – »Eigentlich wollte ich ja nur ein, zwei Bier trinken« – »Eigentlich ist es ganz einfach« – »Eigentlich bin ich Pazifist« – »Eigentlich gucke ich nie Fernsehen«. Wir finden »eigentlich«

in der Unterzeile des Magazins *Neon* (»Eigentlich sollten wir erwachsen werden«) und zu guter Letzt im kollektiven Glaubensbekenntnis westlicher Gesellschaften: »Eigentlich könnte alles auch anders sein.«

»Eigentlich« gilt als schwer zu greifender, schwammiger Begriff, ein relatives Wort, und damit auf jeden Fall ein guter Kumpel vom »irgendwie«, das, wie das »eigentlich« auch, seinen Sinn erst durch das bekommt, auf das es verweist und sich bezieht. Etwas anders sieht es bei dem »Eigentlichen« aus. Es bezeichnet schlicht, wie etwas unter geregelten Umständen, also im »Normalfall«, sein müsste. Es markiert die Regel, nicht die Ausnahme. Heute, wo Widersprüche an der Tagesordnung und Ausnahmen die Regel sind, Realität und Fiktion geschickt die Rollen tauschen und Oberflächen und Effekte mehr Substanz liefern als der wahre Kern der Dinge, wird auch das Eigentliche immer rarer. Was bleibt ist sein kleiner Kompagnon, das »eigentlich«, das sich vom Eigentlichen seine Nähe zur Normalität geborgt hat. »Eigentlich« verweist auf unser ursprüngliches Motiv und damit auf das, wie es »eigentlich« sein müsste, wenn es nicht so gelaufen wäre, wie es gelaufen ist – also mit Widersprüchen, Kursänderungen, unbeabsichtigten Nebenfolgen und durcheinander geratenen Ursachen und Wirkungen.

»Eigentlich« ist der grell blinkende Neonpfeil, der auf verbuddelte Pläne, Möglichkeiten oder Angewohnheiten verweist, die so auf den ersten Blick nicht sichtbar sind. Als kleine Fußnote liefert es den Querverweis und Link zum Eigentlichen, ohne jedoch den ganzen Blick auf es freizugeben und es präzise benennen zu müssen. Als das »real Existierende« hinter der Oberfläche zeigt es sich als installiertes Parallelsystem des Eigentlichen im Hintergrund, ein Schatten der Oberfläche. Die Diskrepanz zwischen Tatsache und Eigentlichem mag als Gradmesser für das Prinzip Eigentlich fungieren: Je höher, je weiter weg das Eigentliche sich von der Gegenwart befindet, desto

> Niemals kann der Grund dem ähneln, was er begründet.
> **Gilles Deleuze**

Überall klaffen Lücken zwischen dem, was ist, und dem, was sein könnte.
Die Multitoptionsgesellschaft

geringer die Chance, es ans Tageslicht zu bringen, wäre da nicht das zu Hilfe eilende »eigentlich«.

Einmal ausgesprochen, folgt jedoch in den wenigsten Fällen die konkrete Tat als Ablösung tatsächlicher Zustände, vielmehr wird die Parallelwelt oft herbeizitiert, in der die offensichtlichen Verhältnisse auf dem Kopf stehen: Eigentlich sind wir nämlich alle äußerst unterhaltsame, geistreiche, kritische und aktive Zeitgenossen, mit vielen Interessen und jeder Menge Ambitionen. Beispielsweise machen wir eigentlich so gut wie alle Sport. Es gibt Yogamatten, ganzjährige Fitnessstudiomitgliedschaften, High-End-Joggingschuhe, High-Tech-Off-Road-Fahrräder und geleaste Golf-Equipments – wäre da nicht dieser permanente Mangel an Gelegenheiten.

Damit verweist »eigentlich« vor allem darauf, wie wir wirklich wären, wenn wir die Gelegenheit dazu bekämen, so zu sein und das zu tun, wie wir es uns vorgenommen haben, wenn es nicht all diese Dinge und Pflichten – kurzum: unser eigenes Leben – gäbe, die uns ständig daran hindern und davon abhalten.

»Eigentlich« ist so etwas wie die Fußnote zum »Sowohl-als-auch«. Wird »eigentlich« ins Spiel gebracht, ist es so, als würde per Knopfdruck eine Art virtueller Speicher hochgefahren. Im Eigentlich-Modus hat man die Möglichkeit, gleichzeitig Programme zu öffnen oder Anwendungen durchzuführen und bisher nicht verfügbare Handlungen als real verfügbare, jederzeit abrufbare Optionen erscheinen zu lassen. »Eigentlich« ist genau genommen ein realer Konjunktiv, der, wenn auch nicht alles, so doch vieles möglich erscheinen lässt. Der virtuelle Eigentlich-Speicher wird je nach Bedarf eingeschaltet, denn die »eigentlichen« Motive, Absichten und Pflichten wurden ja nicht vergessen, sie sind durchaus präsent und allenfalls ein wenig in den Hintergrund geraten. »Eigentlich« ist also der Kniff, mit dem das bereits ad acta Gelegte, die nicht genutzte Option als Ahnung einer »immer noch änderbaren« Gegenwart bewahrt wird.

Droge »Eigentlich« – von Selbstbetrug und Beschwichtigung

Das »Eigentlich« wird zum Puffer und Stoßdämpfer zwischen Selbst und der Realität. Es verweist auf das, was man auch für wichtig halten würde, realisieren sollte und machen könnte. Über kurz oder lang wird Ödön von Horvaths Ausspruch »Ich bin ja eigentlich ganz anders, ich komme nur so selten dazu« zur Leitdevise.

Ich kann in der öden Stadt, in einer öden Wohnsiedlung, mit einem öden Freund wohnen und einem öden Job nachgehen. Aber das heißt gar nichts. Sobald ich den virtuellen Speicher aktiviere und den realen Konjunktiv ins Spiel bringe, sieht die Sache schon wieder ganz anders aus: Dann habe ich eigentlich immer schon gewusst, dass das hier eigentlich nichts für mich ist und kann mir eigentlich auch sehr gut vorstellen, morgen zu gehen. Ich kann kaum Nachrichten schauen, nicht zur Wahl gehen und keine Tageszeitung lesen, mich aber eigentlich für einen hochpolitischen Menschen halten, dessen zarte politische Seele die medialen Horrormeldungen und die zur Wahl gestellten politischen Personen bloß nicht verträgt. Umgekehrt gibt es Singles, die eigentlich in festen Händen sind, und erfolgreiche Projektarbeiter, die eigentlich vom monatlichen Taschengeld ihrer Eltern leben. Es ist auch nicht unüblich, in einem Callcenter Bestellungen entgegenzunehmen (inbound), bei der Post Briefe zu sortieren oder in einem Club hinter der Bar Drinks über die Theke zu schieben, aber »eigentlich« Autor oder Regisseurin zu sein.

Im Eigentlichen schaffen wir uns einen Sortiermodus, der Wichtiges von Unwichtigem unterscheidet und der Selbstbeschwichtigung dient. »Eigentlich« ist der Anker zwischen allen Persönlichkeitsstrukturen und Mittler zwischen den unterschiedlichen Rollen, die im Sowohl-als-auch fein säuberlich kategorisiert werden. »Eigentlich« ist

> Nicht nur die Welt des Seienden und Tatsächlichen, sondern auch die Welt des Scheinenden und Möglichen ist zur Realität geworden.
> **Joachim Koch**

> Die Ausbeutung der Ursachen durch die Wirkungen und überhaupt die ganze Klasseneinteilung der Erscheinungen in Ursachen und Wirkung muss abgeschafft werden.
> **Sigmar Polke**

immer auch ein nicht eingelöstes Versprechen, das, dem Sowohl-als-auch ähnlich, an seinen maximalen Möglichkeiten und dem Mangel an Gelegenheiten krankt. Im Eigentlichen werden die nicht chronologischen Sprünge und brüchigen Alternativen als Gegenentwurf in eine lineare, also kategorisierte Form gebracht.

»Eigentlich« ist das Auffangbecken für die von der Gegenwart aussortierten Möglichkeiten, in dem diese herumschwimmen, abtauchen und je nach Notwendigkeit wieder an die Oberfläche gelangen. Als Parkplatz für temporäre Planwelten erlaubt es einem, sich selbst als Nonkonformist mit Hang zum Exzessiven zu sehen, auch wenn man sich nun seit gut zehn Jahren jeden Morgen um halb neun auf den Weg zu Arbeit macht und es Silvester gewesen sein muss, als man das letzte Mal auch weit nach Mitternacht noch munter war. Ebenso gestattet »eigentlich« einem, auch trotz langjähriger Partnerschaft und einem eklatanten Mangel an anderweitigen Avancen, die Überzeugung zu bewahren, jederzeit problemlos Liebschaften beginnen zu können, wenn man nur wollen würde.

Besonders beliebt ist das Prinzip Eigentlich auf dem weiten Feld der heutigen Definitionsversuche und Selbstauskünfte rund um das Erwachsensein. Das Prinzip Eigentlich reiht sich in das Schema des negierten Erwachsenenbegriffs ein, in dem nicht nach festen Mustern, sondern nach frei variablen Codes agiert wird. Grundsätzlich lässt sich sagen, dass der Eigentlich-Modus mit zunehmendem Alter durchaus an Beliebtheit gewinnt, denn er schafft es, Möglichkeiten, Identitäten und Eigenschaften verfügbar zu halten, die, wie uns Claudius Seidl (um die Drei-Mann-*FAZ*-Clique für Generation, Altwerden und Jungbleiben hiermit vollständig zu machen) in *Schöne junge Welt* mehr unfreiwillig als freiwillig zeigt, sonst schon längst hätte aussortiert werden müssen. Aber auch der Eigentlich-Modus hat seine begrenzte Laufzeit, selbst wenn diese schon erheblich verlängert wurde. Nehmen wir beispielsweise einen Barkeeper, der »eigentlich« Regisseur ist und legen wir sein Alter auf 32 fest, dann erscheint uns die Konsequenz und Vehemenz der doppelten Lebensführung folgerichtig. Setzen wir das Alter um einiges nach oben, nehmen wir beispielsweise die magische 40, dann gerät der Satz »eigentlich bin ich Regisseur« aus dem Munde des Barkeepers bei genauerer Betrachtung der monatlichen Gehaltseingänge, der Registrierung im staatlichen Renten-, Krankenkassen- und Sozialsystem zur Farce. Das Eigentliche ist dem leicht Suspekten gewichen, übrig bleibt der Freak, der an vertanen Ideen und vergangenen Idealen festhält. Eine Gruppe, von der sich vermuten lässt, dass sie in den kommenden Jahren einiges an Zulauf bekommen wird und von der man nur hoffen kann, dass sich ein paar Freiwillige finden werden, die mit einer gekonnten Kampagne dafür sorgen, dass sich die momentan nicht sonderlich überzeugenden Imagewerte des Freaks bis dahin verbessern.

Der Eigentlich-Job

Im Hier und Jetzt beziehungsweise im bürokratischen System des Realen hat das Prinzip »eigentlich« noch keinen Eingang gefunden. Es listet nur die auf, von denen es Zahlungseingänge auf seinem Konto verzeichnen kann und die auf der Steuererklärung geführt sind. Es fragt nicht nach den Tätigkeiten, die wir »eigentlich« machen.

Ein fataler Irrtum des Systems. Denn das »eigentlich« ist längst das bestimmende Prinzip der neuen Arbeitswelt geworden. Was zählt, ist nicht so sehr der Job, mit dem derzeit die Miete bezahlt wird, sondern das langfristige

> In einer pluralen, dem Prinzip des Relativismus gehorchenden Welt interessiert nur »warum« jemand etwas sagt und nicht, »was« er sagt.
> **Slavoj Žižek**

> Die von den Unternehmern, Politikern und Wirtschaftsverbänden so gern propagierte »selbstbestimmte Arbeit«, heute im Namen der Ich-AG gefordert, führt in vielen Fällen zur Entwertung und Selbstausbeutung der eigenen Arbeitskraft. Die Arbeit selbst wird dabei zum eigentlichen Lohn und Investment.
> **Alexander Meschig**

»eigentliche« Motiv, das die grobe Richtung weist. Vom Geld, so die sich durchsetzende Überzeugung, lässt man sich nicht vorschreiben, wer man beruflich ist.

Wo sich Armutspassagen mit anspruchslosen Überbrückungsjobs und niedrig dotieren McJobs abwechseln, die allein aus dem Grund angenommen wurden, die laufenden Kosten abzudecken, werden die wenigen »interessanten« Projekte zum passgenauen Puzzleteil, zum raren Indiz der »eigentlichen« beruflichen Identität und umso begehrter. So wie es auch der Begriff Cappuccino-Working, den wir treffender Weise im *Wörterbuch der New Economy* finden, beschreibt: Die zur Existenzsicherung angenommenen Jobs sind der bittere, öde schwarze Kaffee, die interessanten Projekte das »süße Sahnehäubchen« – und damit das, was man »eigentlich« macht und machen will. Dabei gilt, je interessanter und vielversprechender das Projekt für die »eigentliche« berufliche Identität, umso größer das Engagement und die Bereitschaft, finanzielle Abstriche zu machen: Heraus kommt Selbstausbeutung in ihrer reinsten Form. Da sich aber niemand gern als unterbezahlter Tagelöhner sieht, nur weil er gerade an einem fabelhaften Projekt mitarbeitet, ist heute gern und häufig von »Projektarbeit« die Rede.

Der *Projektemacher*, so Helmut Höge und Markus Krajewski in ihrem gleichnamigen Buch, ist längst ein »postmodernes Massenphänomen«. Ihre Anziehungskraft verdankt die Arbeit an einem Projekt ihrer Zwitterstellung zwischen Kommerz und Kreativität, oder genauer, so Felix Klopotek in seiner kleinen Analyse des Phänomens: »Das Projekt ist der Weg von der Erfindung zum Geschäftemachen.« Der Projektemacher zeigt sich als eine Mischung aus Daniel Düsentrieb und Dagobert Duck. Das Projekt packt den Selbstständigen an seiner empfindsamsten Stelle, indem es ihm Geld als Nebeneffekt der eigenen Kreativität in Aussicht stellt und nicht als Mittel zum Zweck. Ansonsten hat das Projekt meist nicht viel zu bieten. Im Vergleich zu den Arbeitsbedingungen, wie sie für Projekte typisch sind, wirken der High-End-Fordismus oder Manchesterkapitalismus wie eine vergnügliche Sonntagsnachmittagskaffeefahrt und die Arbeitnehmergesellschaft wie ein altmodisches Märchen. Wer einmal zugesagt hat, kommt nicht mehr raus und sollte damit rechnen, gleich mehrere, sonst sorgsam voneinander getrennte Jobs gleichzeitig zu erledigen. Krankmachen gilt nicht, Fernbleiben auch nicht. Ein Großteil dieser Projekte bewegt sich, sonst würden sie nicht so hoch im Kurs stehen, auf dem Feld der Kultur und sie sind am Ende als kulturelle Produkte in Form von Ausstellungen, Symposien oder Aufführungen zu besichtigen. Dass eine Großzahl der interessanten Projekte kulturelle Kritik an den bestehenden durchkapitalisierten ökonomischen Verhältnissen übt, bringt ein weiteres Paradox mit sich, das Mark Terkessidis in der *taz* beschreibt: »Es geht um spezifische Formen von spektakulären Veranstaltungen, in denen [...] eine kulturelle Kritik des Neoliberalismus suggeriert wird, die aber letztendlich eine Proliferation der neoliberalen Verhältnisse betreiben.« Wie unschwer zu erkennen ist, hat der kulturelle Kapitalismus das Eigentlich-System und die es unterstützende, erschwerte Suche nach kulturellen, kritischen und anspruchsvollen beruflichen Aufgaben und »Projekten« als ideellen Mehrwert erkannt und weiß den Bedarf für sich zu nutzen und zu instrumentalisieren.

Die Realität der unter dem Konstrukt der »Kreativen« (selbstständig arbeitenden Medienschaffenden, Multimedia-, Sound- und Grafik-Designer) zusammengefassten Produktionsverhältnisse wird in diesem optimistischen Diskurs ausgeblendet beziehungsweise idealisiert.
Marion von Osten

> Ich kenne das Leben, ich bin im Kino gewesen.
> **Fehlfarben**

Ironie – Eigentlich nicht ernst gemeint

Das schleichende Gefühl, das eigene Leben nicht mehr als unverwechselbar, sondern als Kopie wahrzunehmen, gehört zu den ausgemachten Nebenwirkungen eines Lebens im realen Konjunktiv des »eigentlich«.

Wir haben zu viele Kinofilme, Werbespots und Marktforschungsstudien, Trendreports, Dokudramen, Szenestadtführer und Mode-Hotspots gesehen, um das, was wir tun und wie wir uns geben, kurzum unser eigenes Leben, für authentisch zu halten. Und das umso mehr, je schneller und vollständiger unser Repertoire an emotionalen Ausdrücken, Ansichten und Verhaltensmustern vermarktet wird:

Wir stehen an Stränden, die wir vorher in Urlaubsprospekten gesehen haben und vor Kunstwerken, die wir von Postkarten kennen. Und wer auf seinem Handy einmal die Liste der vorgefertigten Kurznachrichten durchgegangen ist, findet als erste Instantnachricht »ich liebe dich«.

So erweist sich das ambitionierte Projekt des individualisierten Lebens unter ganz persönlichen und privaten Vorzeichen immer öfter als sein genaues Gegenteil und das »Blockbuster-Ich« allenfalls als mehr oder minder gelungenes Remake aus bereits Gewesenem. Die Urheberrechte und Copyrights von dem, was wir sagen und was wir tun, liegen nicht bei uns, unsere Gedanken sind Kopien, unsere Gesten sind Zitate – wobei sich die Frage stellt, was überhaupt noch so persönlich und so intim ist, dass es nur uns gehört, und ob nicht, während wir es tun, denken und sagen, in der Wohnung nebenan gerade eine ähnliche Szene für ein anderes »Blockbuster-Ich« abgedreht wird.

Um über den doppelten Boden des Eigentlich-Systems einigermaßen gekonnt hinwegschlendern zu können, hat sich eine ironische Sichtweise auf die Welt eingebürgert, die Attitüde der Ironie zur Hauptzutat eines Lebens zwischen Zitat und Remake erklärt. Eine ironische Sichtweise auf die Welt setzt das, was wir tun, sagen und glauben in dicke Anführungszeichen. Das Ironische »eigentlich habe ich es ganz anders gemeint« als Komplizin des »eigentlich« erlaubt uns, zwischen Bekenntnis und Verweigerung, Distanz und Nähe, Zuspruch und Ablehnung, Ernsthaftigkeit und Lächerlichkeit zu switchen und gestattet es uns zudem, gut gelaunt durch die Welt zu spazieren und sich trotz alledem nicht allzu viele Hoffnungen und Illusionen über ihren Zustand zu machen.

Die Flucht ins Ironische bietet einem immer noch einen anderen Standpunkt an, von dem aus man das, was man zuvor gesagt oder getan hat, unter umgekehrten Vorzeichen auf den Kopf stellen kann. Und zeigt sich damit, so Purdy, als »das Bedürfnis unsere Hoffnungen nicht auf etwas zu stützen, das andere inszeniert haben«.

Denn was ironisch gemeint ist, dafür kann man nicht in Haftung genommen werden.

Ironie ist die klassische »Message in der Message«, sie kokettiert mit dem Uneindeutigen, macht skeptisch, aber nicht frustriert, vorsichtig, aber nicht ängstlich, witzig, aber nicht zynisch und erlaubt Distanz, obwohl wir mittendrin sind. Sie macht unempfänglich für große Ideen und skeptisch gegenüber Überzeugungen, selbstlosen Engagements und bedingungsloser Zustimmung. Ironie hilft, durch die inszenierten Oberflächen zu navigieren, in der das Reale und die Fiktion immer wieder die Seiten tauschen. Und macht sich lustig über den Wunsch nach dem Wahren und Wahrhaftigen dahinter. Anders gesagt: Der wahre Ironiker ist immun gegenüber Enttäuschungen.

Dabei ist unter den Vorzeichen der Ironie so gut wie alles erlaubt, denn das was man konsumiert, tut oder sagt, ist eigentlich immer ganz anders gemeint.

> Noch bevor wir unsere Gefühle ausdrücken, manchmal sogar, bevor wir sie empfinden, haben wir den Verdacht, dass sie irgendwie banal sind, sogar jene, die wir für die intimsten halten.
> **Jedediah Purdy**

> Die letzte Hürde ist unsere unausrottbare Ironie, die uns mit Zweifeln an der Gültigkeit unserer bedingten Wahrheiten erfüllt.
> *Der letzte Schrei,* **Alex Shakar**

Der ironische Verweis auf das »eigentlich« eignet sich damit hervorragend als Entschuldigung und nimmt auch so gut wie jeder Art von Kritik den Wind aus den Segeln: Nehmen wir einen Couch-Potato mit einem beachtlichen Konsum an boulevardesken TV-Junk-Food-Formaten. Wir sehen zwar einen jungen Mann auf dem Sofa vor dem Fernseher, aber das trifft den Kern der Sache nicht, denn »eigentlich« geht es hier um etwas ganz anderes. »Eigentlich« kommt es nicht darauf an »was« er schaut, sondern »wie« er schaut, nämlich aus einer distanzierten ironischen Perspektive. »Eigentlich« ist er durchaus schockiert über das, was er dort sehen muss – und über all die anderen Zuschauer, die sich »tatsächlich« und nicht »eigentlich« als Ein-Mann-Kulturindustrie-Gruppe vor dem Fernseher platziert haben oder als selbst ernannter Nam June Paik ihre Non-Stop-Clip-Tapete samplen.

Anscheinend haben sich in den letzen Jahren so viele ironische Zuschauer mit gehisster »Eigentlich-nicht-ernst-gemeint«-Flagge vor dem Fernseher platziert, dass es sich lohnt, eigens für sie gleich eine ganze Palette von ironischen TV-Formaten aus dem Boden zu stampfen. Hier sitzt er nun, der pflegeleichte, anspruchslose Lieblingszuschauer der Programmchefs, die dessen Eigentlich-Parole, »The-Show-I-love-to-hate«, gleich im großen Stil zum simplen Strickmuster ihrer TV-Trash-Formate gemacht haben.

> Unsere Gewitztheit, was Wörter, Tonlagen oder Gesten angeht, mündet in einer ausgeprägten Bewusstheit für Selbstdarstellung und Inszenierung. Unsere Raffinesse gibt der alten Frage »Was meint sie damit?« eine neue Zuspitzung. Nur die Antwort kann man selten für bare Münze nehmen.
> **Jedediah Purdy**

Die subtile Note der Ironie, die das Ganze einmal hatte, ist allerdings dahin – spätestens seit Stefan Effenbergs Antwort, »Hitlers Tagebücher«, auf die Frage nach seinem Lieblingsbuch (»Das hat mich dann doch interessiert.«) als

Ironie zu verkaufen versuchte, dürfte klar sein, dass Ironie einiges ihrer subtilen Doppeldeutigkeit eingebüsst hat und immer öfter als plumpes Ersatzrad ausgepackt wird, wenn es darum geht, irgendeinen Karren aus dem Dreck zu ziehen.

Man kann viel Spaß haben, wenn man das Fernsehen als eigenes Kunstmedium nimmt, dass man sich selber zusammenstellt – durch Zappen.
Harald Schmidt

Statt in subversiven Anführungsstrichen wird Ironie heute vorzugsweise mit überdimensionalem Zaunpfahl serviert (»Ey, kapierst du nicht, war voll ironisch gemeint!«). Und so ist die ironische Haltung des Eigentlich-nicht-ernst-gemeint unter dem Schlagwort »ironischer Konsum« längst in den Marketingbibeln und Trendreports der Marketingberater und Zielgruppenexperten angekommen, wo wir sie penibel beschrieben und säuberlich bebildert unter der Rubrik »Trash« finden. Die erklärenden Worte dazu liefern Denzel+Partner – »Beratungsunternehmen für ganzheitliches Marketing, Management und Verkaufen«: »Der Konsument von morgen wird sich an den Maßstab, dass alles erlaubt ist, was gefällt, gewöhnen, solange es nur mit dem Mittel der Ironie überzeichnet ist.«

TV-Macher und Werbestrategien wissen um die ironisch gebrochenen Spielregeln. Sie sind vollauf damit beschäftigt, sich selber zu persiflieren, es dem Zuschauer und Konsumenten gleich zu tun und sich selbst dabei zu gefallen, wie sie die eine oder andere ironische Pointe zum Besten geben.

Ein nicht enden wollender Spaß zieht sich durch die Kultur der Ironie – ein Spaß nicht auf Kosten aller, sondern auf Kosten der Idee, dass irgendjemand den ganzen Betrieb wirklich ernst nehmen könnte.
Jedediah Purdy

Absichtlich verkehrter Gebrauch: Eigentlich anders gemeint

Der »eigentlich-nicht-ernst-gemeinte« Gebrauch zeigt sich als eine Variante der vielen Möglichkeiten des »absichtlich verkehrten Gebrauchs« (Diedrich

> Die großen Firmen wie Nike oder DaimlerChrysler haben das Monopol auf Coolness und können nette Spielchen spielen – sie nehmen sich selber auf die Schippe und laden den Verbraucher ein mitzulachen. Am Ende steht »ironischer« Konsum.
> **Kalle Lasn**

Diederichsen), des Eigentlich-ganz-anders-Gemeinten. Beim absichtlich verkehrten Gebrauch zählt einzig und allein das Wie – und nicht Was man tut, anzieht, sagt, anschaut, behauptet. Es wird zum Statement, weil man es nicht stumpf, sondern unter bestimmten Vorzeichen tut. Anders gesagt: Wie und in welchen Kontexten etwas eingesetzt, gesagt oder geschaut wird, entscheidet sich nach Tagesverfassung und aktuell favorisiertem Identitätsprofil – und nicht wie es sich mancher Markenmacher, TV-Programmplaner und Markenstratege einmal in Brainstormings auf seinem Flip-Chart ausgemalt und auf der imaginären Gebrauchsanweisung gewünscht hat.

Angefangen hat alles mit den schwindenden Mitgliedszahlen in der begehrten Gruppe des einschätzbaren, passiven Konsumenten, bei dem mit etwas Glück recht genau vorherzusagen war, zu welchen Dingen, Angeboten und Marken er greifen wird. Jede Menge Neuzugänge kann hingegen die stetig wachsende Gruppe der aktiven, widerspenstigen Konsumenten verbuchen, bei der es nicht nur schwieriger vorauszusagen ist, zu welchen Angeboten sie greifen wird, sondern man auch nie wirklich weiß, ob und wie sie die Botschaften und Images der Marken gebraucht.

So sind dann auch die uns angebotenen seriell produzierten »industriell gefertigten« Marken- und Erlebnisbilder nicht mehr die passgenauen Puzzlestückchen und gebrauchsfertigen Blaupausen für die Bastelei an wechselnden Identitäten und Lebensstilen des »Blockbuster-Ich«, sondern bestenfalls das Rohmaterial, die formbare Knetmasse.

> The New Trash brands offer inverted commas big enough to live, love and laugh within.
> **Nick Compton**

Die Schablone, mit der man Muster aus dieser Masse heraussticht ist selbstgebastelt. Dabei kann die Marke plötzlich in einen anderen Zusammenhang gebracht werden oder in anderen Kontexten auftauchen und dort karikiert werden. Entscheidend ist, was in welcher Vielfalt aus dem Sortiment des »Image-Shop Ich« nach vorne geholt wird und sich daraus folgend in Gesten und Handlungen niederschlägt.

> Denn immerhin hat der Empfänger ja beim Empfang der Botschaft noch einen Rest von Freiheit, nämlich sie anders zu lesen.
> **Umberto Eco**

Da das, was man letztlich an Möglichkeiten und Werten in dem einem dargebotenen Markenangebot für sich erkennt, im Sekundentakt variieren kann, rückt dies den Konsumenten in den Mittelpunkt und damit auch die Frage, warum und wann und vor allem wie wer welche Dinge, Marken und kommerziellen Angebote nutzt. Und wie um Himmels willen man eine Marke positionieren muss, damit sie einen Platz als Requisite im Alltagsuniversum und Blockbuster-Ich bekommt und so das überlebenswichtige Image der Marke lebendig hält. Anders gesagt: Aus der zweispurigen Straße von Angebot und Nachfrage, die Industrie und Konsument einmal verband, ist längst ein mehrspuriger Verteiler mit vielschichtigen, wechselseitigen Querverbindungen geworden.

Der Konsument, Leser, Besucher oder Zuschauer ist schon lange nicht mehr das hilflose, konsumierfreudige Objekt und letzte Glied am Ende der Kette, das in den Händen der Konsum- und Kulturindustrie zum formbaren Klümpchen Wachs zerschmilzt und als armselige Marionette nach ihrer Nase tanzt. Er ist vielmehr aktiver Produzent. Dabei gilt: Es ist immer auch eine andere Lesart möglich, als die von Absender und Hersteller gewünscht-beabsichtigte. Ob Markenimages, werbetechnisch inszenierte Lebensstile, TV-Formate, saisonale Fashion-Hypes oder gefallsüchtige Firmenmagazine – sie sind nicht mehr das konsumierfertige Endprodukt. Im besten Fall liefern sie den Rohstoff, mit dem eigene Be-

> Um wirklich in zu sein, musst Du die Regeln auf eine bestimmte Weise brechen; wenn Du nur in bist, bist Du out.
> **Slavoj Žižek**

> Consumers can emancipate themselves from marketer-imposed codes by alternating their sign-value to signify opposition to the etablishment values
> **Douglas B. Holt**

deutungen und Botschaften hergestellt und verbreitet werden. In der Rolle des emanzipierten Zuschauers und Konsumenten, den sich Umberto Eco vor über 40 Jahren gewünscht hat, entscheidet er selbst über Gebrauch und Interpretation.

Kurzum: Aus dem Konsumenten ist ein Semiotikproduzent geworden, wobei er selbst sein bester Kritiker ist. Die von den Marken angebotenen Möglichkeiten und Werte sind keine festgeschriebenen Zeichen und Symbole, sondern offene Codes, die ständig verändert, dechiffriert und in andere Kontexte übertragen werden. Franz Liebl spricht von einem »kreativen Missbrauch« und »widerspenstigen Praktiken« als »eine gängige Strategie der Verwender, um mit den Widrigkeiten des Alltags und der Einfallslosigkeit der Hersteller umzugehen«.

Dabei ist es nicht so, das der absichtlich verkehrte Gebrauch die bewusste Zweckentfremdung und das subversive Zitieren von Codes in neuen Zusammenhängen in einer ordentlich verriegelten Black Box vor sich geht. Die populären Muster und beliebtesten Taktiken sind heute ausführlich beschrieben und mit eigenem Namen versehen verfügbar. Grund genug, einen Blick auf einige der gängigen Taktiken und die für sie reservierten Namen zu werfen.

Von ästhetischen Strichcodes und semiotisch codierten Vorhängeschlössern

> Wer sich ums Hip-Sein strebend bemüht, ist bereits vom Tode geküsst.
> **Stella McCartney**

Als eine ästhetische Glanzleistung des Eigentlich-ganz-anders-gemeint zeigt sich *Camp*, das als Begriff durch Susan Sontags Essay »Notes on Camp« (1964) zu Popularität gelangte. Für Susan Sontag ist Camp die konsequent ästhetische Erfahrung der Welt, also eine Sichtweise auf die Welt unter dem alleinigen Gesichtspunkt des Stils: »Es stellt den Sieg des ›Stils‹ über den ›Inhalt‹ dar, des ›Ästhetischen‹ über das ›Moralische‹, der Ironie über die Tragödie.«

> Postmodernism implies the closing of the gap between critic (leader of taste) and audience (follower), artist (professional) and audience (amateur).
>
> *Cross the Border. Close the Gap,*
> **Leslie A. Fiedler**

Camp ist extravagant statt durchschnittlich, frivol statt ernst, es bevorzugt die Inszenierung, statt sich um Authentizität zu bemühen, zieht das Übertriebene dem Natürlichen vor und gibt sich unengagiert und immer unpolitisch. Camp entsteht aus der Liebe zum Übertriebenen (»too much«), Unnatürlichen und Übergeschnappten, »zum »Alles-ist-was-es-nicht-ist«, dessen doppeldeutiger Sinn sich nur dem erschließt, der in der Lage ist, ihn zu erkennen und zu entschlüsseln. Oder wie Susan Sontag schreibt: »Camp in Personen oder Sachen wahrnehmen, heißt die Existenz als das Spielen einer Rolle zu begreifen.« Für alle anderen bleibt Camp unsichtbar. Sontag spricht von Camp als »eine Art Geheimcode«, ein Erkennungszeichen »kleiner urbaner Gruppen« und von einem Stil, bei dem das Verhältnis von Wirkung und Absicht aus dem Gleichgewicht geraten ist. Was weiter bedeutet, dass genau der, der sich angestrengt darum bemüht, »campy« zu sein, schlechte Chancen hat, es tatsächlich zu sein. Als gekonnter Balanceakt zwischen Parodie und Selbstparodie verlangt echtes Camp nach Leidenschaft und Konsequenz, sonst ist er allenfalls dekorativ.

> In der Idee der Aneignung liegt also ein interessantes Spannungsverhältnis zwischen Vorgegebenem und Gestaltbarem, zwischen Übernahme und Schöpfung, zwischen Souveränität und Abhängigkeit des Subjekts.
>
> **Rahel Jaeggi**

Routiniert versieht Camp das, was es ergreift, mit riesigen unsichtbaren Anführungsstrichen. So ist ihm weder mit der üblichen Einteilung der ästhetischen Wertung in gut und schlecht beizukommen, noch lässt sich umge-

> Nur oberflächliche Menschen urteilen nicht nach dem äußeren Erscheinungsbild. Das Geheimnis der Welt ist das Sichtbare, nicht das Unsichtbare.
> **Oscar Wilde**

kehrt sagen, dass Camp das Gute zum Schlechten erklärt und das Schlechte zum Guten. Vielmehr liefert es eine ganze Palette an neuen semiotischen Beurteilungskriterien und ästhetischen Maßstäben.

Gute Chancen als »campy« zu gelten haben all jene Gesten, Dinge, Marken, Verhaltensweisen, Kleidungsstile oder auch komplette Selbstinszenierungen, die keinerlei aktuelle Brisanz aufweisen, also all jene Dinge, auf die wir uns aktuell nicht ernsthaft beziehen oder die wir moralisch und ethisch bewerten müssen. So sind die meisten Beispiele für Camp Dinge, die, so Susan Sontag, von einem »seriösen Standpunkt aus betrachtet, entweder minderwertige Kunst oder Kitsch sind«. Kurzum: Der Camp lebt von seiner gescheiterten Ernsthaftigkeit: Erst »unsere Fähigkeit, das Scheitern des Versuchs zu genießen, statt enttäuscht davon zu sein« lässt etwas campy werden und zeigt: »Was ursprünglich banal war, kann im Laufe der Zeit phantastisch werden.«

Ein Teil dessen, was heute als »campy« gilt, wurde fälschlicherweise unter der Kategorie »Trash« abgelegt und von anderen vorschnell unter der Rubrik »Bad Taste« geführt. Wobei das verbindende Element lautet: »Das ist so schlecht, dass es schon wieder gut ist«, was wiederum heißt, dass da, wo heute »Trash« draufsteht und früher »Bad Taste« , selten Camp drin ist. Wenn man so will, sind die skurrilen »Zomtec-Werbespots« für die »Minisalami« Bifi ebenso gewollter Trash und damit der Versuch eines skurrilen Camps wie der Kinofilm *Bad Taste* vom *Herr der Ringe*-Regisseur Peter Jackson.

> Der ganze Sinn des Camp liegt in der Entthronung des Ernstes. Camp ist spielerisch, anti-seriös. Genauer gesagt, Camp zeichnet sich durch eine neue, komplexere Beziehung zum »Ernsthaften« aus.
> **Susan Sontag**

Was zu guter Letzt Camp ist – als eine Weise des Erlebens und der Wahrnehmung der Welt unter bestimmten ästhetischen Vorzeichen –, ist hingegen schwer zu pauschalisieren und zeigt sich von Fall zu Fall. Gute Chancen, in ein paar Jahren als campy zu gelten, haben die gelungensten Exemplare des vor einigen Jahren als Diskursphänomen bekannt gewordenen Metrosexuellen, außerdem die schlechtest angezogenen Frauen, die jährlich von US-Modekritiker Richard Blackwell gelistet werden.

> Vielleicht aber kommt es beim Camp gar nicht so sehr auf den Gegensatz zwischen Wirkung und Absicht an, als vielmehr auf das fein ausgewogene Verhältnis von Parodie und Selbstparodie.
> **Susan Sontag**

Eine andere Taktik des absichtlich verkehrten Gebrauchs ist die durch die Situationistische Internationale populär gewordene kulturelle Taktik der Zweckentfremdung: das *Détournement*, das, ganz anders als das Camp, so gut wie immer mit politischen Vorzeichen versehen und damit so etwas wie eine semiotische Variante des Nichteinverstandenseins ist. Guy Debord und Gil J. Wolman sprechen vom Détournement als ein »mächtiges kulturelles Werkzeug«, das »frontal mit allen gesellschaftlichen und rechtlichen Konventionen zusammenstößt,« und fordern zum kreativen Plündern und Entstellen von festgeschriebenen Sinn- und Bedeutungszusammenhängen auf. Man kann das Détournement als die Urform des subversiven – eines geliehenen und falsch herum zurückgegebenen – Zitats sehen: Als eine »kulturelle Verfälschung«, die sich aus der Verschiebung von Oberflächen oder, wenn man so mag, ihrer dissidenten Verwendung ergibt.

Als ein aktuelles Beispiel des Détournement zeigt sich die absichtlich verkehrte Verwendung des Camouflage- bzw. Tarnmusters. War Camouflage in vergangenen Tagen vornehmlich auf Soldatenkleidung und allerhand anderem militärischen Equipment zu finden, wildert es heute vorzugsweise auf dem Terrain der jugendkulturnahen Fashion-Industrie und hat sich hier in den letzten Jahren zu dem entwickelt, was man einen flächen-

> Camp ist Verherrlichung des Charakters.
> **Susan Sontag**

> Jeder Text setzt einen doppelten Modell-Leser (sozusagen einen naiven und einen »›gewitzten‹) voraus und konstruiert ihn. Der erste benutzt das Werk als eine semantische Maschine und ist ein Gefangener der Strategien des Autors, der ihn Stückchen für Stückchen an einer Reihe von vorhersehbaren Ereignissen und Erwartungen entlang führt. Der zweite wertet das Werk als ästhetisches Produkt, und er freut sich an den eingelagerten Strategien, die einen Modell-Leser der ersten Stufe erschaffen sollen.
> **Umberto Eco**

deckenden Trend nennen kann. Wobei die gut gemeinte Absicht dahinter – wir nehmen eine Oberfläche (Camouflage = militärisches Muster) als ursprüngliches Indiz von Militär, Krieg und Gewalt und verschieben sie in einen anderen Kontext (Camouflage = semiotisches Anti-Kriegsstatement) – längst ins Abseits geraten ist und wir heute überall, und ob wir wollen oder nicht, die Gleichung Camouflage = modisches (textiles) Muster bewundern dürfen. Aber überlassen wir das Feld an dieser Stelle doch denen, die sich damit auskennen, in diesem Fall den Fachmännern für Fachfragen und anerkannten Comic-Soziologen Oliver Drewes und Volker Brinker vom Marketing von Carhartt, deren »kleine[r] Camoulogie und Camouletten-Typologie über die Every-Thing-Goes-Domestizierung« eines Fleckenmusters nichts mehr hinzuzufügen ist:

»In seiner Entwicklungsgeschichte hat das Camouflage schon für eine Menge herhalten müssen. Der Weg vom Schützengraben bis zur Standardjacke pazifistischer Vietnamveteranen liegt dabei ja noch nahe. Inzwischen gibt es jedoch wohl kaum noch Oberflächen, die sich nicht auch mal tarnen wollen.«

Fast macht es den Eindruck, dass Zeitgeistaccessoires wie Schminktäschchen, iPod, Sketchbooks und Handyrucksäckchen inzwischen daherkommen wie eine Zwergenguerilla im Kampf gegen die sonst so dominierende Jeansallmacht. Dabei ist die menschliche Bandbreite der Camouisten genauso mannigfaltig wie ihre Motivation, sich mit diesem eigenwilligen Fleckendesign zu schmücken. Camou bietet Gruppenzusammengehörigkeit und grenzt gleichzeitig ab. Es wird von Regierungen benutzt und von denen, die sie bekämpfen. Manche wollen schocken, die anderen nur ein bißchen posen. Warum ausgerechnet Camou sich langsam, aber sicher zu einem Begleiter unseres Alltagslebens gemausert hat, fragen sich führende Camouologen im In- und Ausland inzwischen selbst. Vielleicht sieht's ja einfach nur gut aus.

Ohne Anspruch auf Vollständigkeit die zehn häufigsten Camou tragenden Stereotypen – im Fachjargon Camouletten:

1. Der Soldat schätzt Mischwaldkompatibilität und wolffreies Laufen.
2. Marketingleiter bei Ikea.
3. Freiheitsliebende Großstadtindianer mit Berufswunsch Kurierfahrer.
4. Ausgemergelte gebräunte 50-jährige Disney-Vintage-T-Shirt tragende Modeeinkäufer mit Prada-Turnschuhen.
5. Harmlose kleine Hunde, die von Ihren hippen Besitzern dazu gezwungen werden.
6. Junge Wehrsportgruppenmitglieder aus Ostdeutschland.
7. Junge Berliner Thekenbedienungen.
8. Männliche Skatebettys.
9. Wasserwerferduschende Antifa Vegetarier.
10. Reaktionäre Fashionvictims.

Guerilla-Marketing: Werbung, die eigentlich keine sein will

> Es ist eine neue Art sozialer Sprache, eine Kommunikation, die die Kritik ihrer selbst enthält, eine Technik, die nicht mystifiziert werden kann, da sie schon von der Form her Entmystifizierung ist.
> **Greil Marcus**

Je subtiler der absichtlich verkehrte Gebrauch von Zeichen und Marken, umso subversiver die Verschlüsselung von Codes und je versteckter die Nischen, in denen man versucht, nicht vom Mainstream überrollt zu werden, umso sub-

> Werber werden in Zukunft mehr und mehr selbst die Medien und Entertainment-Formen bestimmen, in deren Raum sie werben. Sonst werden sie bald bedeutungslos sein. Dem Publikum ist es am Ende egal, woher es kommt, solange die Inhalte interessant sind.
> **Andrew Keller, Crispin & Bogusky**

versiver und subtiler auch die Werbe- und Marketingstrategien, die darauf antworten. Douglas Rushkoff spricht von der »Endzeit der Propaganda« und erklärt: »Jede Anstrengung unsererseits, zu einem selbst bestimmten Handeln zurückzufinden, stößt auf immer größere Anstrengungen dieses zu torpedieren.« Das semiotische Wettrüsten zwischen Marke und Konsumenten, Industrie und Verbraucher hat längst begonnen und hat uns auf einen Level katapultiert, den man bisher nicht kannte.

Richtig los ging es allerspätestens in den Neunzigern, als sich langsam herausstellte, dass die Rede vom zunehmend werberesistenten und marketingimmunen Konsumenten und Zuschauer mehr war als vorübergehendes Gerücht. Damit war man am »Beginn einer Phase angelangt, in der die Kunden so viel wissen, dass sie Wertschöpfungsketten, Angebote und Dienstleistungen durchschauen können«, so David Bosshart.

Langsam setzte sich die Einsicht durch, dass die auf »die Masse« losgelassenen Werbebotschaften und Imageinszenierungen gerade an denen, die den Ton angeben (Rufname wahlweise »Early Adapter«, »Alpha-Konsument« oder »Opinion Leader«) eigenartig spurlos vorübergehen. Und damit gerade an denen abprallen, die in der Lage sind, die Hebel für ein zeitgemäßes Image-Update bedienen und die nötige »Coolness« in das Image der Marke hineinkippen zu können.

Das neue offizielle Jagdrevier, um auch den zu erreichen, der die Werbepause im TV lieber nutzt, endlich schnell seine Mutter anzurufen und der Printanzeigen achselzuckend überblättert, war schnell gefunden: Die unmittelbare Alltagswelt der Verbraucher. Um die im Visier gesichtete, scheue »Beute« nicht zu verschrecken, entstand ein neues Sortiment an subtilen Werbeformen – jenseits von gebuchten Zeitungsseiten und reservierten TV- und Radiosekunden. Mittlerweile gibt es ein ganzes Sortiment an unterschiedlichen Begriffen, Buzz-Words, Theorien und Strategien, wobei die Definitionen meist ebenso schnell wechseln wie der aktuelle Hype. Man spricht von Ambient-Advertisierung, Integrierter Kommunikation, preist Below-the-Line oder auch Below-the-Radar als die größte Lösung der Werbeindustrie, verfrachtet alles außerhalb von Magazinseiten und TV-Sekunden in die Schublade Guerilla-Marketing oder prahlt damit herum, nun wahlweise mit Buzz-Marketing, Gonzo-, Viralem- oder Virus-Marketing die Werbewelt auf den Kopf stellen zu wollen.

Dahingestellt in welche Schublade man welche Strategie zu stecken hat, setzen die meisten ihrer Verfechter und Erfinder auf die Theorie des *Tipping Point*, wie sie Malcolm Gladwell in seinem gleichnamigen Buch beschrieben hat. Zugrunde liegt die These der Netzwerktheorie, die besagt, dass sich Ideen oder Produkte, ähnlich wie Epidemien, in dramatischer Schnelligkeit verbreiten, wenn sie einmal den Tipping Point als »den Moment der kritischen Masse, die Schwelle, den Hitzegrad, bei dem Wasser zu kochen beginnt« erreicht haben. Weitergegeben wird die infektiöse Botschaft von Konsument zu Konsument, man setzt auf Mund-zu-Mund-Propaganda. Die Nachrichten, entweder ganz klassisch von Angesicht zu Angesicht oder per E-Mail oder im Internet nach dem Dominoprinzip verbreitet, sollen den Kunden unmittelbar und direkt ansprechen und eines Tages bestenfalls als redaktioneller Beitrag in den Medien erscheinen – statt als überblätterte Anzeige und teuer bezahlter Spot im Nirwana zu verpuffen. Wichtig ist, dass der Botenstoff stimmt, und gute Transmitter sind bizarre Geschichten, absurde Bilder, gewagte Aussagen. Als eine der besten und exklusivsten Möglichkeiten

Unser Schritt, dem sanften Zwang noch einen Schritt voraus zu sein, bringt sie höchstens dazu, noch raffiniertere, weniger sichtbare und dabei aber gefährlichere Verführungstechniken zu entwickeln.
Douglas Rushkoff

> Der Geist des Punk schwebt immer noch über mir, und der sagt mir, lass dich nicht verarschen. Ich werde auch nicht in PUMA-Trainingsanzug und -Schuhen rumlaufen, nur weil PUMA jetzt Guerilla-Marketing betreibt und coole angesagte Underdogs damit ausstattet, und morgen alles wieder wegschmeißen, weil der Konkurrenz eine bessere Strategie eingefallen ist.
> **Frank Nowatzki**

des Product-Placements, das man sich überhaupt für eine Marke vorstellen kann, gilt dabei die »urbane Legende«, wie es die Geschichten von der Spinne in der Yucca-Palme oder die von dem geföhnten toten Nachbarshasen sind. Schafft es nun eine Marke, sich in einer solchen Legende – die sich gewöhnlich schneller verbreitetet als Grippeviren in der Grundschule – eine vorteilhaften Platz zu sichern, ist das so, als würde man eine gigantische, personalisierte Datenbank mit Viren kreuzen, die es schaffen, Markenimages in jedes noch so werberesistente Immunsystem einzuschleusen.

Ein solcher exklusiver Platz blieb bisher jedoch verwehrt. Überhaupt kommt bei all der Werbung, die eigentlich keine ist, ein Sammelsurium an Möglichkeiten und Taktiken heraus, voll von banalen Ideen, cleveren Kniffen, legendären Erfolgsgeschichten und missglückten Versuchen:

Es beginnt eher harmlos, zum Beispiel mit dem Einschleusen von Duschgelproben in Umkleidekabinen eines Fitnessstudios, »lustigen« AOL-Postkarten in Kneipen, den »Jägermeisterschaften« als Literaturevent, Werbeslogans auf Kopfstützen von Taxisitzen, Werbewurfsendungen, die, wenn man sie aus dem Briefkasten fischt, auf den ersten Blick wie handgeschriebene Postkarten aussehen oder dem Versuch, durch ironische PR-Aktionen – in dem man beispielsweise Ronald McDonald mit einer gut gefüllten KFC-Tüte auf eine Parkbank setzt – einen Media-Hype ins Rollen zu bringen.

Es kann aber auch heißen, dass man sich von einem Radiosender dazu einladen lässt, die Songs des neuen Albums von U2 zu hören, während man in der U2, diesmal die U-Bahnlinie, durch Hamburg fährt. Andere bezahlen ihr Promotionpersonal dafür,

als Karrieristen verkleidet (»Hier ist euer Business-Outfit, Handy und Aktenkoffer«) in der Münchner Innenstadt (Briefing: »wie Obdachlose«) in U-Bahnhöfen oder auf Parkbänken herumzulungern und dabei ein Pappschild mit einem Spruch wie »Alles zur Riester-Rente« inklusive der URL des Auftraggebers *(Süddeutsche Zeitung)* hochzuhalten (Abbildung 6)

Ganz vorne mit dabei ist das Branden, Besetzen und Re-Inszenieren von öffentlichen Räumen und Plätzen unter der Flagge der Marke. Statt plump Logos zu platzieren, hinterlässt man Hinweise wie einst Hänsel und Gretel Brotkrumen und versucht, die richtigen Leute auf den richtigen, behutsam gebrandeten Pfad zu locken. Immer ganz vorne mit dabei: Nike. Da gab es die auf Berliner Häuserwände und Laternen geklebten Plakate oder Sticker, die uns verieten wo der nächste Bolzplatz ist, den »Subground-Battle« im stillgelegten U-Bahnhof unter dem Reichstag oder die, diesmal im Auftrag der

> Consumers are like roaches. We spray them with marketing and a time it works. Then inevitably they develop an immunity, a resistance.
> **Jonathan Bond/Richard Kirshenbaum**

> The race is to grab the newest, coolest culture the fastet, before it becomes mass culture.
> **Douglas B. Holdt**

Konkurrenz von Adidas, mit großformatigen Aufklebern zu Basketballkörben erklärten Papierkörbe in Berliner Parks als »Einladung« zu Adidas-City-Games.

Was für die einen die Bolzplätze, U-Bahnschächte, Parks, Kneipen oder Fitnessstudios sind, ist für die anderen der virtuelle Raum: Entweder, eher in klassischem Outfit verpackt, mit den »Viralen Ads«, oft aufwändigen, gewagten Werbespots, die man nicht im Fernsehen sieht, so wie es BMW schon eine Zeit lang praktiziert, oder unter der Rubrik »lustiges Zeug«. Prominentestes Beispiel ist hier das in Pornoästhetik gehaltene Online-Spiel »subservient chicken«, in dem ein Mann im Hühnerkostüm »im Auftrag von Burger King« Befehle ausführt – und es damit anscheinend auf 46 Millionen Website-Hits in einer Woche gebracht hat. Anders als bei diesem Beispiel ist jedoch oft nicht klar, ob es sich überhaupt um Werbung handelt, und wenn ja, ob die vermutete Marke auch der Absender ist oder jemand anders. Großes Aufsehen erregte Anfang 2005 ein aus England stammender Spot, der unter dem Namen »Suicide-Bomber« im Internet seine Runden machte. Zu sehen war ein arabisch aussehender junger Mann (Briefing: Palästinensertuch und Sonnenbrille), der sich selbst, statt der avisierten Zielperson, in seinem Polo in die Luft sprengt – das Auto bleibt dabei unbeschädigt (Claim: »Small but tough«). Unterstützt durch die aufmerksam gewordene Presse, begann das große internationale Rätselraten: Volkswagen dementierte seine Beteiligung und drohte der ausfindig gemachten, für den Spot verantwortlichen Londoner Agentur, die das Erscheinen des Spots in der Öffentlichkeit für ein Versehen erklärte: »We wanted to show it to the Saatchis and BBDOs of this world.«

Ganz gleich ob im Internet oder im »wahren« Leben, besonders perfide sind die Aktionen, die sich gar nicht oder erst dann, wenn bereits genügend angebissen haben, als kommerzielle Werbestrategie zu erkennen geben. Das beginnt mit von vermeintlichen Privatpersonen in Internet-Foren und -Blogs eingeschmuggeltem Markenlob und endet bei aufwändig inszenierten Geschichten und subtil verpackten persönlichen Legenden, die den Markenmythos füttern sollen. Wie man den Blick auf eine Marke lenkt, obwohl eigentlich erst mal weit und breit nichts von Werbung zu sehen und zu hören ist, zeigt der bisher ziemlich beispiellose Versuch von Mini, sich in einer selbst gestrickten Urban Legend zu platzieren und damit die Einführung des Cooper-Cabrios auf dem US-Markt Ende letzten Jahres zu lancieren. Die durch Chats, Weblog, Augenzeugen, einen kleinen Roman, gefälschte Internetseiten und Fotomontagen angeheizte »urbane Legende« erzählte die reale Science-Fiction-Geschichte von metallenen, lebewesenähnlichen Robotern, die immer dann aus dem Nichts auftauchen, sobald sich ein Autounfall ankündigt, um in letzter Sekunde ins Lenkrad zu greifen. Wer nach dem Erfinder der Roboter fahndete, stieß auf einen Ingenieur (mit eigener Webseite), der, so will es die Legende, zufällig einmal zum Entwicklungsteam des Mini Cooper zählte. Die als phantastische Geschichte aus dem echten Leben getarnte Werbung brachte die wachsende rätselnde Fangemeinde auf immer neue Fährten. Zu erkennen gab sich Mini erst, als man die Marke dahinter vermutete.

Wie auch immer: Die Durchdringung des Alltags mit eingespeisten, absichtsvoll zufällig daherkommenden Botschaften ist auf dem Vormarsch. Die Devise bleibt die Gleiche: Je aufwändiger und gekonnter unser Ausweichmanöver, umso gekonnter und werbeferner die Marketingstrategien.

> Sonar, Radar und Nachsichtgeräte gestalten die Jagd lediglich wirkungsvoller und kompensieren die ebenfalls geschickter gewordenen Ausweichmanöver der Beute.
> **Douglas Rushkoff**

Dabei gilt: maßgeschneiderte Kommunikation auf Augenhöhe. Für jeden ist etwas dabei. Während die einen bei der letzten Fußballweltmeisterschaft auf Hauswände und U-Bahneingänge die im Auftrag von Nike aufgesprühten (Creative Briefing: Street-Art!)

> Cool is a set of dialects, not a language.
> **Malcolm Gladwell**

Gesichter von Luis Figo und Roberto Carlos neben dem »Skorpion« mit verstecktem Nike-»Swoosh« entdeckten, konnten sich andere ein paar Jahre zuvor, Johnny Walker sei Dank, mit der »Moorhuhnjagd« ihre öden Bürotage ein wenig annehmlicher gestalten.

Stylewars Episode I

Rings um den dringenden Wunsch herum, Marken in den direkten Erfahrungshorizont und die unmittelbare Lebens- und Alltagswelt der Konsumenten zu verankern, hat sich ein eigener Wirtschaftszweig herausgebildet, der sich einzig und allein mit der Beobachtung und Deutung von Oberflächenphänomen beschäftigt

In Deutschland finden wir ihn unter der Rubrik Trendforschung, wobei man hinzufügen muss, dass die Analyse und Erklärung von Trends in Deutschland, bis auf wenige Ausnahmen, bedauerlicherweise Trendveteranen jenseits der Fünfzig obliegt. Selbst dem sonst so klugen Wirtschaftsmagazin *brandeins* ist in seiner Märzausgabe 2005 niemand besserer als der Silver-Ager und Skateboard-Monopolist Titus Dittmann (»Wir brauchen keine Trendscouts, wir sind ein Teil der Szene«) eingefallen, den man zum Thema »Was ist cool?« fragen könne. Entweder hat sich die Riege der tonangebenden Trendexperten seit den Neunzigern, als der Trend im Trend war, nicht mehr erneuert, oder, wahrscheinlicher, man muss sich, um den Nachwuchs zu finden, mehr Mühe machen als nur »Trendexperte« bei Google einzugeben.

Auch wenn, und vielleicht gerade weil, der Begriff Trend selbst inzwischen reichlich unangenehm nach abgestandener Achtziger-Jahre-Anything-goes-Hysterie müffelt und damit selbst nicht mehr im Geringsten das trifft, was er bezeichnet, wird seine Existenz nach wie vor nicht in Frage gestellt. Ganz im Gegenteil. Für die meisten ist er ein alter, harmloser, oberflächlicher Bekannter – denn auch, wenn er immer wieder mal im neuen Outfit erscheint, begleitet er uns doch schon eine ganze Weile und begegnet uns auf Partys, in Restaurants, Wellness-Spas und bei H&M. Wir schätzen beizeiten ein Small-Talk-Schwätzchen mit ihm und lassen ihn gewähren, wohl wissend, dass er sich entweder ebenso schnell wieder vom Acker macht, wie er aufgetaucht ist und damit unter die Kategorie Hype fällt oder auf der nächsten Party schon als deformierter Mainstream vor der Tür steht. Das Rätselraten um seinen wahren Charakter ist das eigentlich Interessante am Trend. Ist er mehr als nur ein modischer Hype, ist er das Indiz, die Antwort und Essenz gesellschaftlicher, politischer, sozialer oder technologischer Entwicklungen im Outfit eines harmlosen Oberflächenphänomens und damit für den, der es zu lesen weiß, ein aufschlussreicher Seismograph. Als eigentlich-ganz-anders-gemeint ist der Trend eine Fußnote zum eigentlichen, ein Mikroabdruck, eine Spur sich ankündigender gesellschaftlicher Verschiebungen. Untersucht man das Profil des Abdrucks, ähnlich wie es Kriminalisten mit Schuhsohlenprofilen am Tatort zu tun pflegen, kann man in einer Art Indizienprozess den gesellschaftlichen Tathergang konstruieren. Allerdings mit dem Unterschied, dass der Tathergang hier, anders als bei kriminalistischen Indizienprozessen, in der Zukunft statt in der Vergangenheit liegt.

> Alles, so hat sie ihnen erklärt, kommt irgendwo her, und die Looks, die sich wie ein Lauffeuer verbreiten und oft auch am längsten halten, kommen nur selten vom Skizzenblock oder Computerbildschirm eines Designers.
>
> *Mustererkennung*, **William Gibson**

Das stetig zirkulierende Lifestyle-Fließband auf dem die Trends rotieren, sich gegenseitig ergänzen und auswechseln, um dann eines Tages entweder kleine ästhetische Nischen oder gesellschaftliche Ritzen zu besiedeln oder als flächendeckender

> Sie haben für alles Theorien, von Kinderspielen über Frühstückskost bis hin zu den Mustern auf Turnschuhsohlen.
> *Der letzte Schrei,* **Alex Shakar**

Mainstream zu wuchern beginnen, sichert gleich einer ganzen Schar von Erwerbstätigen ihr tägliches Einkommen. Hier wie da gilt es, die Zeichen der Zeit zu erkennen und geschwind zu beantworten. Als besonders beliebt gelten dabei »All-in-One-Antworten«, die in ein und derselben Logik zunächst plausibel darlegen, warum es überhaupt so weit kommen konnte (musste), um im nächsten Atemzug zu verkünden, warum und wie nun alles besser wird. Wobei, wenn solche Aussagen in den Deutungs- und Konferenzräumen von Industrie und Wirtschaft getroffen werden, »besser« seit jeher bedeutet, mehr Produktivität und Umsatz.

Ein ausgesuchtes Komitee an Trendstrategen und Spionen findet sich von Zeit und Zeit in den klimatisierten Besprechungszimmern jedes größeren Unternehmens ein – und das insbesondere dann, wenn die Kollegen aus der anderen Etage, die Analysten und Finanzexperten, kurz zuvor bei einem exklusiven Tête-à-Tête mit der Geschäftsleitung von rückläufigem Wachstum und Umsatzeinbrüchen berichteten. Die Fragen, auf die Kreative, Zeitgeistanalysten, Werbestrategen, Marktforscher oder Trendberater rasch Antworten aus dem Ärmel zu schütteln und in Chart-Präsentationen zu verwandeln haben, sind dabei die immer wieder gleichen: Was kommt? Was geht? Wonach verlangt der Konsument und was um Himmels willen müssen wir tun, damit genau unsere Produkte und Leistungen das versprechen, wonach dem Kunden derzeit der Sinn steht und die er trotzig verlangt?

Die Agenturen und Konzerne, denen dies zu aufwändig ist und die sich die Prozedur ersparen wollen, die herausgefilterten ästhetischen Muster erst auf »Mood-Charts« und Pappen präsentieren zu lassen, um sie dann, in dem darauf folgenden Briefing, mühsam den Kreativen beizubringen, wählen den kürzeren Weg, indem sie direkt diejenigen bezahlen, die täglich mit den Codes hantieren, sie geschickt adaptieren oder mit voranbringen – und damit im besten Fall in der Lage sind, einer Marke das Gütesiegel »cool« zu verleihen.

Ein Paradebeispiel für ein »Produkt«, das eine ganze Armada von offizieller Stelle anerkannter Geschmacksmuster auf zwei Beinen beschäftigt hat, ist das Magazin *Mini International*, das vom »Mini-Brandmanagement« von BMW herausgegeben wird – und damit zweifelsfrei als klassisches Beispiel des kulturellen Kapitalismus gilt. Die Seiten der Berlinausgabe, des vierteljährlich erscheinenden Hausmagazins (Zur Imagesteigerung! Und Kundenbindung!), sind allesamt verpackt in eine Lifestyle-Ästhetik und in Zeitgeistthemen, die keine Gelegenheit auslassen, aufgeregt mit den Händen zu rudern und laut zu rufen: »Wir sprechen eure Sprache! Schaut her, wir sind welche von euch!« Doch auch wenn hin und wieder Glückstreffer wie Levi's Flat-Eric dabei herauskommen – die Geschichte vom verblendeten Konsumenten als ein formbares Klümpchen der Industrie hat sich selbst überholt. Heißt in diesem Fall: Ein Kundenmagazin ist und bleibt ein Kundenmagazin, ganz gleich, wer hier eine gute »Performance« liefert und sich im Dienste des CRM (Customer Relationship Management) hat breitschlagen lassen.

Cool-Hunting-Heldinnen: Cayce und Ursula

Während man sich in Deutschland daran gewöhnt hat, Trends aus sicherer Distanz zu analysieren und zu verorten, wurde dieser Sicherheitsabstand andernorts mehr und mehr aufgegeben. Im Vor-Ort-und-mittendrin statt Nur-dabei sucht man die Nähe von »frühreifen« Konsumenten und

> Es muss so eine Art Tommy-Hilfiger-Ereignishorizont geben, jenseits dessen man einfach nicht mehr epigonaler, ursprungsferner, seelenloser sein kann. Und dabei hat sie den starken Verdacht, dass Hilfiger genau aus diesem Grunde schon so lange omnipräsent ist.
>
> *Mustererkennung,* **William Gibson**

> »Eine hat eine Unterhaltung mit mir angefangen. Sie war gut. Wir brauchten eine Weile, bis wir merkten, dass wir beide infohungrige Marktforscher waren, die sich gegenseitig anzapfen.«
> *Der letzte Schrei,* **Alex Shakar**

ihren ästhetischen Vorlieben und kulturellen Codes. Die im besten Falle mit einem feinjustierten semiotischen Radar ausgestatten Trendagenten firmieren unter dem Namen »Cool Hunter« und widmen sich als ausgesuchte Spione im Dienste der Industrie der Erkundung des Neuen. Ihr Auftrag ist es, sich ankündigende ästhetische Codes und Geschmacksmuster, die in der Luft liegen, frühzeitig, heißt, möglichst vor all den anderen, zu erkennen, damit diese dann in einem nächsten Schritt, ausführlich bebildert und beschrieben, an Produktentwickler, Marketingabteilungen oder Agenturen durchgereicht werden können, die sich davon wiederum den nötigen Vorsprung in Vermarktung und Produktion erhoffen. Im Fokus des ästhetischen Radars der Cool Hunter steht nicht die Masse, sondern der semiotische Abweichler und der ästhetisch Frühreife. Kurzum: Gesucht wird das Neue als die irritierende Kombination von Codes und damit von Dingen, Marken, Stilen oder Gewohnheiten.

Cool Hunter sind auch die Heldinnen Ursula van Urden und Cayce Pollard, die bereits als »Ein-Frau-Verweigerungsbewegung« einen kurzen Auftritt hatte. Ursula ist die Heldin des 2001 erschienenen Romans *Savage Girl* von Alex Shakar, der in Deutschland ein Jahr später unter dem Titel *Der letzte Schrei* veröffentlicht wurde, während Cayce die Hauptrolle in William Gibsons Roman *Pattern Recognition* spielt, der 2004 unter dem Titel *Mustererkennung* auf den Markt kam.

William Gibsons Heldin Cayce ist eine »hyperspezialisierte« Freiberuflerin, »eine leidenschaftliche Kurzzeit-Söldnerin, bar jeglicher Management-Skills«, die im Auftrag der Londoner Werbeagentur »Blue Ant« kuriosen, im Internet aufgetauchten Filmsequenzen – einer marketingtechnischen urbanen Legende – hinterherjagt und ihren Job folgendermaßen beschreibt: »Es geht um das Verhaltensmuster einer bestimmten Gruppe in Bezug auf bestimmte Dinge. Was ich mache, ist Mustererkennung. Ich versuche, ein Muster zu erkennen, ehe jemand anders es tut. [...] Dann wird es zum Produkt gemacht. Zu verkäuflichen Einheiten. Vermarktet.« Das Besondere an Cayce: Sie funktioniert als »ein hoch spezialisiertes menschliches Stück Lackmuspapier«, heißt: Sie reagiert hypersensibel und bisweilen allergisch auf semiotische Codes und damit auf Marken.

Ursula van Urden wiederum ist frischgebackener Trendscout auf dem alten Posten ihrer darüber schizophren gewordenen Schwester und heuert gemeinsam mit ihrem Kollegen Javier (einer »kulturellen Wünschelrute«) bei der New Yorker Agentur Tomorrow Ltd. an. Ihr Auftrag lautet: »Geh raus. Finde die Zukunft. Bring sie mir.« Die Philosophie dahinter ist folgende: »Schau dich doch um. Was glaubt du, wie vielen dieser Leute jemals das Erlebnis einer großen Leidenschaft, einer großer Liebe zuteil wird? Ein Produkt kann für dieses Nichterleben einspringen. Eine Oberfläche kann für die Tiefen einspringen, die sich den meisten Leuten nicht erschließen – darauf läuft doch alles hinaus. Oberflächen.«

Der Ablauf ist immer wieder der gleiche: Zunächst entziffern Ursula und Cayce kulturelle und ästhetische Muster und dekodieren Codes, indem sie aus kaum merkbaren Oberflächenveränderungen und semiotischen Details ästhetische und kulturelle Muster ableiten. Diese werden dann unter dem Oberbegriff »Trend« in die Sprache des Marketings übersetzt, also visualisiert, kommentiert und verortet und auf ihre kommerzielle Verwendung hin zugespitzt und portioniert. Kurzum: Ursula und Cayce dekodieren und dolmetschen semiotische Codes und Muster.

Als Fachfrauen sammeln sie Indizien des Eigentlich-ganz-anders-Gemeinten und setzen sie zu Mustern zusammen.

> Das Leben ahmt die Kunst nicht nach; es ahmt lediglich schlechtes Fernsehen nach.
> **Woody Allen**

Knietief im Dispo
Albumtitel der Fehlfarben

So-tun-als-ob: Der Schein trügt nie

Reality is the best Decoration

Die letzte Konsequenz des Eigentlich-Modus, mit dem wir das Sowohl-als-auch manövrieren, während die Nebenwirkungen die Ursachen überholen und mit den Paradoxien des kulturellen Kapitalismus jonglieren, kann nur lauten: So-tun-als-ob.

Statt wie die 68er in vergangenen Tagen »Seid realistisch, verlangt das Unmögliche« zu fordern, müsste die revolutionäre Parole, wenn es denn eine gäbe, heißen: »Seid unmöglich, verlangt das Realistische.« Denn die feste Größe des Realen ist beim Immer-wieder-anders-Sein im Eigentlich-könnte-alles-auch-anders-Sein längst durch die Variable des Als-ob ausgetauscht worden. Und so sind wir umgeben von als Als-ob-Unabhängigkeit, Als-ob-Karrieren, Als-ob-Gewitzheit, Als-ob-Rebellion, Als-ob-Gelassenheit, Als-ob-Selbstbewusstsein, Als-ob-Politik, Als-ob-Konformisten, Als-ob-Verliebtheit, Als-ob-Wohnzimmereinrichtungen, Als-ob-Intellektuellen, Als-ob-Solidarität und Als-ob-Kontoständen. Während das Sowohl-als-auch sich auf den Prozess der Entscheidung bezieht und das Prinzip Eigentlich wie ein Neonpfeil auf verborgene, ursprüngliche Motive verweist, liefert das Als-ob die Kategorie der Tat. Das Handeln im Als-ob-Modus macht es möglich etwas zu tun und jemand zu sein – ganz gleich ob man die Voraussetzungen erfüllt oder die Tatsachen gegen einen sprechen. Im Spiegelkabinett aus Schein als Sein gibt es uns die definitive Möglichkeit, die Wirklichkeit als die Oberfläche, die gelesen und gedeutet wird, zu gestalten. Die Devise lautet: Besser als-ob als nie.

Kinofilme, Werbespots, Leitartikel, Magazinseiten, Zeitgenossen, Urlaubsprospekte oder Modestrecken liefern Werte- und Verhaltensmuster, Sinn- und Erlebnisangebote, die man mit einem Als-ob in Überzeugungen einbaut und mit den Lebensstilen verrechnet.

Die originalen Bausätze, so wie sie das unmittelbare Erlebnis und authentische Ich fordern, sind vorproduzierten Instantvorstellungen gewichen: »Wir kennen alles, bevor wir es sehen, weil wir schon alles gesehen haben«, so Jedediah Purdy. Es ist wie bei der Geschichte von Hase und Igel, egal wie man es anstellt, das Remake des Als-ob ist immer schon da, bevor man es selbst erlebt, erfährt oder kennen lernt. Im Als-ob versucht man nicht länger, das Blockbuster-Ich als Independent-Movie zu vermarkten, sondern als gelungene Coverversion, voll mit geborgten Requisiten, Verhaltensweisen und Gesten und einem ausgetüftelten Product-Placement. So haben wir beispielsweise die weibliche Geste, sich mit Bettlaken die nackte Brust zu bedecken, anscheinend so oft in Kinofilmen und Werbespots gesehen, dass wir sie in unsere intimsten Situationen hinein kopieren, auch wenn es ziemlich unwahrscheinlich ist, dass uns, anders als Hollywoodschauspielerinnen oder Lätta- und Nivea-Models, rechtliche Auflagen und eine prüde gesellschaftliche Moral für die blanke Brust in unseren Schlafzimmern belangen werden.

True Truth about the nearly real (Ausstellungstitel)

Die im kulturellen Kapitalismus zirkulierenden, inszenierten Botschaften und Bilder als Schablonen und Storyboards, an denen man sich orientiert, sind geborgt. Wie mit den verfügbaren Schablonen und Storyboards gearbeitet wird, hat Eva Illouz in *Der Konsum der Romantik* anhand des Glaubens an die romantische Liebe – eine der größten kollektiven postmodernen Utopien – gezeigt, indem sie die wechselseitige Verstrickung von romantischer Liebe und kulturellem Kapitalismus filetiert hat. Basierend auf dem Ausspruch Rochefoucaulds, »Viele Menschen würden sich niemals verlieben, wenn sie nicht so viel davon gehört hät-

> Nothing's Going on but the Rent.
> **80er Jahre-Hit, Gwen Guthrie**

> Das individuelle Leben ist eine serialisierte kapitalistische Miniaturkrise, ein Desaster, das deinen Namen trägt.
> **Brian Massumi**

ten«, fächert Illouz auf, wie die in den Werbebildern, Produkten und Marken der Konsumkultur symbolisierten Vorstellungen und Bedürfnisse unser Bild von der romantischen Liebe verfärben und prägen. Dabei lautet ihre Frage, warum ein »bestimmtes kulturelles Gefühlsvokabular« populärer ist als ein anderes. Um es mit Illouz zu sagen: »Warum ist das Bild eines Paares, das Hand in Hand am Meer entlangspaziert verbreiteter als das Bild, das Mann und Frau gemeinsam vor dem Fernseher zeigt? Warum erinnern sich die meisten Menschen leichter an kurze und intensive Affären als an sich langsam entwickelnde Beziehungen?«

Die kulturelle Praktik des Als-ob und ihre Wechselwirkung in die politische Ökonomie und Populärkultur zeigt sich auch außerhalb »des Konsums der Romantik« jeden Tag in unterschiedlichen Facetten, wobei wir die folgenden zwei Fälle betrachten wollen: Als erstes werfen wir einen Blick auf die weit verbreitete Angewohnheit, einen Lebensstil zu kultivieren, den man sich, mit Blick auf die tatsächlichen finanziellen Verhältnisse, »eigentlich« nicht leisten kann, um uns dann die von Politikpropaganda und Markenwerbung kreierte hohle Geste des Als-ob-Unternehmerdaseins anzuschauen, mit dem die Selbstständigkeit heute als das unbeschwerte Einkommensideal des 21. Jahrhunderts angepriesen wird.

So-tun-als-ob: Der boheme Snob

Reden wir nicht lange drum herum: Die größte Gruppe der Schuldner in Deutschland ist die der 30 bis 40-Jährigen. Der Satz »Ihre Karte wurde eingezogen. Bitte wenden Sie sich an einen Kundenberater« dürfte den meisten ebenso oft begegnet sein wie Nikes »Just do it«. Immerhin beansprucht das Erlebnis einer eingezogenen EC- oder gesperrten Kreditkarte damit einen Platz in den mager gewordenen Top Ten der kollektiven Erfahrungen. Auch die Generationsetikettiermaschine hat darauf reagiert und zwei neue, griffige selbstklebende Labels – »Generation Minus« und »Generation Bankrott« – auf das Fließband gehievt.

Eine relativ schlüssige Erklärung dafür lieferte Wolfgang Farkas in der *Zeit*: »Ein moderner Bohemien richtet den Lebensstil nicht an der finanziellen Situation aus; sondern die Schuldenhöhe am Lebensstil.« Der Versuch, seinen Lebensstil auch dann zu wahren, wenn man nicht über die nötigen Mittel verfügte, wurde bereits beim Radar-Typus der fünfziger Jahre festgestellt. Heute können wir als logische Weiterführung das fortgeschrittene Stadium beobachten: Das, was wir verdienen und das, was wir denken, was wir uns verdient haben, marschiert munter auseinander. Offenbar leben wir über unsere Verhältnisse. Wobei es zunehmend interessanter würde, einmal zu erfahren, wie denn die Verhältnisse, die einem angemessen wären, aussehen müssten: Ein 35-Quadratmeterappartment, wahlweise in Gropiusstadt, Neu-Perlach oder Chorweiler? Hähnchenschenkel von Lidl statt vom Markt und Eier von Aldi statt aus dem Bio-Laden? Ein Handy mit Prepaid-Karte? Keine Tageszeitung über 50 Cent und nur noch Taschenbücher statt Hardcover? Nur Öffentlich-Rechtliches statt Kabelfernsehen und Discman statt iPod? Die Tate Modern nur aus dem Kulturführer kennen?

Dabei ist es nicht so, dass nicht der ein oder andere auf das ein oder andere verzichten würde. Wobei hier, Ironie des Schicksals, zweifelsfrei diejenigen im Vorteil sind, die der Ende der neunziger Jahre von Agenturen, Redaktionen, Start-Ups und Internetbuden angezettelten »Revolution der Wirtschaftswelt« ferngeblieben sind. Anders als die Economy-Revoluzzer, die sich in dem oft kostspieligen Le-

> Während ich dies schreibe, habe ich mein Bankkonto überzogen. Ich werde keine Zahlen nennen, aber wenn ich den Betrag aufschriebe, würden Sie ihn für eine Telefonsexnummer halten.
> **Julie Burchill**

> Sie würden mir nicht abnehmen, für welche hoffnungslosen Zwecke und Gestalten ich mein Geld verpulvert habe. Hätte mich doch jemand gebremst und einweisen lassen, bis ich mich ein bisschen abgekühlt hätte.
> **Julie Burchill**

bensstil eingerichtet haben, von dem sie etwas vorschnell annahmen, dass er ihren Verhältnissen entspricht, kennen die, die der Revolution ferngeblieben sind, den beruflichen Aufstieg meist nur aus Erzählungen und sind damit bisher nicht in die Verlegenheit gekommen, sich einen Lebensstil im Hochpreissegment zuzulegen. Hier gilt, was Juli Zeh schon vor ein paar Jahren im *Spiegel* (4.11.02) schrieb: »Der bevorstehenden Senkung des Lebensstandards erwidern wir achselzuckend: schon geschehen.«

Trotz der bisweilen durchaus charmanten materiellen Anspruchslosigkeit und einer gewissen Ignoranz gegenüber einem »Lifestyle« irgendwo zwischen *Vogue* und *Architectural Digest* gibt es, je nach individueller Vorliebe, Dinge, auf die einfach nicht verzichtet werden kann, wobei besonders die hoch im Kurs stehen, die zur »Grundausstattung« der Selbstinszenierung zählen und für den Plot des Blockbusters unverzichtbar scheinen. An Stelle dessen, was einem in Kindertagen an der Supermarktkasse auf Augenhöhe in Form von Süßigkeiten begegnete und von Point-of-Sale-Experten »Impuls-« und von Filialleitern »Quengelware« genannt wird, stehen heute Urlaubsreisen, Shampoo von Kiehl's, Fußball-Dauerkarten, Digitalkameras, das Premiere-Abo, Wohnungen mit Balkon und Badewanne, Spielkonsolen, Zeitungsabos, Marc-Jacobs-Schuhe, Taxifahrten, High-Tech-Gangschaltungen, High-End-Profi-Gasherde oder eines der letzten Exemplare der Clifton's-Serie von Tova Mozard. Anders formuliert: Es geht nicht ums Haben, es geht ums Sein. Nur weil der Kontostand weiter ins Soll rast, ist das noch lange kein Grund, seine ästhetischen Vorlieben oder kulturellen Accessoires und Gewohnheiten zu ändern. Wer seit 15 Jahren einmal im Jahr mit Freunden in den Urlaub fährt, den wird auch sein Kontostand und das Kopfschütteln seines

Bankberaters nicht davon abhalten; wer Sport hasst, wird darauf bestehen, die Atmosphäre eines Luxus-Fitnessstudios zu brauchen, um die physischen Strapazen für einigermaßen zumutbar zu halten. Und wer von jemandem, der sein Leben lang an einem Mac gearbeitet hat, verlangt, nun an einem PC (»Ist doch auch ein Computer. Und viel billiger!«) Platz zu nehmen, sollte sich auf eine Grundsatzdiskussion gefasst machen.

Wo man spart und wo nicht, ist demnach vor allem eine Frage der persönlichen Präferenz – und damit des Stils. Obwohl sich die Frage aufdrängt, wohin die etwas bizarre Kombination aus bourgeoisem Lebensstil und bohemem Kontostand wohl führen mag: Gehen einige von uns bald putzen, um ihre Putzfrau zu bezahlen, während die nächsten in den Restaurants, in denen sie abends mit ihren Freunden einzufallen pflegen, als Spülhilfen anheuern und wieder andere Ecken in die Klopapierrollen des »Four Seasons« falten, um sich irgendwann selbst ein Wochenende dort leisten zu können?

Wie auch immer, hinter der Als-ob-Fassade eines bourgeoisen Lebenswandels ist die Bohemisierung in vollem Gange und der Lebensstandard bisweilen ungewöhnlich unabhängig vom tatsächlichen Einkommen.

Vom schnöden Kapital allein lässt man sich die Verhältnisse nicht diktieren, zumindest seit sich die Frage danach, was man sich leisten kann oder nicht, nicht mehr allein mit Blick auf den Kontostand beantworten lässt.

> Die Aufnahme von Krediten gehört zu den normalen Handlungsweisen von privaten Haushalten in einer Marktwirtschaft. Bestimmte Lebenslagen machen das Eingehen von Kreditverpflichtungen erforderlich. Mündet jedoch Verschuldung in Überschuldung, bedeutet dies Armut.
>
> **Armutsbericht der Bundesregierung, März 2005**

Auf Kredit – Als-ob-Geld

Die geteilte Einsicht, dass der tatsächliche Kontostand relativ ist und »unter Null« auch weiterhin unter »unter

> Die Realität der unter dem Konstrukt der »Kreativen« (selbstständig arbeitenden Medienschaffenden, Multimedia-, Sound und Grafik-Designer) zusammengefassten Produktionsverhältnisse wird in diesen optimistischen Diskursen ausgeblendet beziehungsweise idealisiert. Gerade aber diese Mythisierung des mit einer spezifischen Arbeitsrationalität verkoppelten Images des Ausnahmesubjekts »artist« transformiert zum Stichwortgeber für den heutigen Arbeitsdiskurs schlechthin, wie man es an der Rhetorik der Hartz-Kommission in Deutschland ablesen kann, nach deren Vorstellungen Erwerbslose zu motivierten »Freelancern« werden sollen.
>
> *Norm der Abweichung,* **Marion von Osten**

Null« bleibt, egal ob es sich dabei um ein Minus von 200 oder eines von 20 000 Euro handelt, hat dem Dispositionskredit (Rufname: »Dispo«) einen festen Platz im alltäglichen Wortschatz gesichert.

Wie der amerikanische Gesellschaftswissenschaftler Daniel Bell in *Die kulturellen Widersprüche des Kapitalismus* gezeigt hat, ist die Idee der Ratenzahlung ein zentraler Motor der Konsumkultur: Zunächst hatte sie ein denkbar übles Image und war nicht mehr als ein ziemlich sicheres Indiz für einen schlechten finanziellen Stand. In Raten zu bezahlen, das war die Angelegenheit der ganz Armen, denen es nicht möglich war, größere Summen aufzutreiben oder ihre Monatsmiete auf einmal auf den Tisch zu legen. Für die Mittelschicht war Ratenzahlung nichts anderes als eine Form des Schuldenmachens – und Schuldenmachen vertrug sich denkbar schlecht mit der protestantischen Ethik und schickte sich nicht. Wer etwas kaufen wollte, sollte dafür sparen und wenn es dann immer noch nicht langte, dann verbot sich der Kauf von selbst, so die schlichte, einleuchtende Devise. Doch auf eine solche Ethik war keine florierende Konsumgesellschaft zu bauen, und so wandte man, wie Bell weiter zeigt, den klugen Kniff an, das Wort »Schulden« tunlichst zu vermeiden und an seiner Stelle gern und häufig das Wort »Kredit« zu verwenden, und Banken begannen mit der Möglichkeit, das Konto überziehen zu können, zu kokettieren: der Dispokredit war geboren. Der Privatkredit als frisierter Motor der Konsumge-

Ein Wochenende im Park Hyatt Paris: € 1.100
(in einem französischen Seidenpyjama über Paris blicken: unbezahlbar)
Akzeptiert von Hotels in Paris bis hin zu Bungalows in Bangkok. MasterCard gibt Ihnen das gute Gefühl, zu Hause zu sein, wo auch immer Sie hinreisen. Es gibt Dinge, die kann man nicht kaufen. Für alles andere gibt es MasterCard™.
MasterCard

> Existenzgründung und Ich-AG: Diese beiden Worte gehören seit einem Jahr fast untrennbar zusammen. Das neue arbeitsmarktpolitische Instrument der Ich-AG hat dem Wunsch vieler Menschen nach Selbstständigkeit einen Namen und einen kräftigen Schub gegeben.
> **Wolfgang Clement im Vorwort der Broschüre** *Ich AG und andere Kleingründungen*

sellschaft, der diese um ein paar Takte beschleunigen sollte, denn »ohne jene Revolution in der moralischen Einstellung, ohne die Idee der Ratenzahlung wäre nichts von alledem möglich gewesen«, so Daniel Bell.

Heute ist die Kreditkarte das »eigentlich« der finanziellen Möglichkeiten. Egal, was der Kontostand tatsächlich anzeigt, eigentlich ist man so gut wie immer in der Lage zu bezahlen. Eine nicht ganz unwichtige Voraussetzung, um den Als-ob-Motor der Konsumgesellschaft nicht unnötig ins Stottern zu bringen.

Wer wissen möchte, wie es geht, dem zeigt es die Werbung.

Da sie sich, was diesen Punkt betrifft, besonders ins Zeug gelegt hat, entscheiden wir uns für eine Printanzeige der Mastercard (Abbildung 7) und ihrem in diesem Fall sehr treffenden Slogan: »Es gibt Dinge, die kann man nicht kaufen. Für alles andere gibt es Mastercard.« Wie unschwer zu erkennen ist, sitzt eine junge Frau in einem Schlafanzug (genauer: Seidenpyjama) auf dem Balkon des Park Hyatt Paris, vor ihr ein Schälchen Obstsalat mit Kiwis und Beeren und ein Kännchen Kaffee oder Tee (wahrscheinlich ist jedoch die Kombination von Tee und Obstsalat), wobei der übliche Aufschlag für den Roomservice sicher noch zusätzlich zu den veranschlagten 1 100 Euro berechnet werden müsste. Nicht ganz klar wird aus dem Preis, ob sie ein langes Wochenende von Freitag bis Sonntag für sich allein gebucht hat. Da aber sonst niemand zu sehen ist und auch keine zweite Tasse auf die Anwesenheit einer weiteren Person hindeutet, können wir davon ausgehen, dass sie allein ist.

Im Kleingedruckten am unteren Rand erfahren wir, dass es allerdings statt Paris genauso gut »ein Bungalow in Bangkok« hätte sein können, denn Eurocard »gibt Ihnen das Gefühl, zu Hause zu sein, wo immer sie hinreisen«. Das Zimmer wurde offensichtlich mit Mastercard bezahlt, aber das Park Hyatt Paris ist nicht so wichtig, denn im kulturellen Kapitalismus zählt, wie wir wissen, der Zugang, die kulturelle Erfahrung: Hier also nicht das Hotel, das Zimmer oder die Einrichtung, sondern der exklusive Blick über Paris. Zurück zur Dame im Seidenpyjama: Weil sie über Paris blickt statt zu uns, sehen wir nur eine Wange anstelle ihres Gesichts und den Hinterkopf einer gepflegt-legeren Wochenendmorgenfrisur. So wie sie dasitzt, in Seidenpyjama, mit Hochsteckfrisur und Obstsalat und einer ausgesprochenen Vorliebe für Paris, schätzen wir sie auf vielleicht 37 Jahre.

Womit wir bei der ersten Frage wären: Wie viele 37-Jährige sind heute in der Lage, 1 100 Euro für einen exklusiven Blick auf Paris locker zu machen? Sicher, es kann sich hier immer noch um ein High-Potential mit einem gut dotierten Beraterjob handeln. Doch das ist eher unwahrscheinlich. Zudem zahlen High-Potentials ihre Hotelrechnungen für gewöhnlich nicht selbst.

Allem Anschein nach haben wir hier das So-tun-als-ob eines stattlichen Kalibers vor uns. Es spricht einiges dafür, dass wir hier die Poor Privileged-Version des Bobo 05 in seiner werbetechnisch aufwändig inszenierten Rolle des bohemen Snob bestaunen können. Damit wäre die Zielgruppe eine andere. Und Mastercard wendet sich anscheinend an all jene, die zwar ein leeres Konto, aber immerhin noch eine funktionsfähige Kreditkarte ihr Eigen nennen, die ihnen das kurzzeitige Vergnügen erlaubt, »über ihre Verhältnisse« zu leben. Wahrscheinlich ist auch das Konto der jungen Dame am Limit, was sie, davon gehen wir aus, nicht daran hindern wird, gleich zum »Café de Flore« zu schlendern, um sich dort ein zweites Frühstück zu genehmigen. Und da die Inkubationszeit des finanziellen Desasters sich noch bis zur nächsten Monatsmiete ziehen wird, kann sich das uns hier angebotene Role-Model des bohemen Snobs im Als-ob-Modus noch in aller Ruhe ein schönes Wochenende in Paris machen.

Der Als-ob-Unternehmer: Powered by Sony Ericsson und Microsoft

Das Image des Als-ob-Unternehmers ist präsent wie kaum ein zweites. Als hätten sie sich irgendwann in einem klimatisierten Besprechungsraum die Hände gereicht und einen geheimen Pakt geschlossen, werden Politik und Wirtschaft nicht müde, das ebenso exotische wie erfolgreiche Leben, in das einen der Schritt in die Selbstständigkeit katapultiert, in den buntesten Farben auszumalen und im marktschreierischen Jargon zu verbreiten.

Auch die Arbeitsteilung scheint klar: Marken und Unternehmen liefern in Werbespots, Claims, Printanzeigen die Schablone für das erfolgreiche Unternehmerdasein, während sich die Politik in der Rolle des kollegialen Wegbereiters gefällt. Wie Selbstständigsein geht und was man dazu braucht, können wir in den Anzeigen von Microsoft (Abbildung 8) und Sony Ericsson lernen.

In der ersten Anzeige sehen wir eine junge Frau, bei der man sich allerhand Mühe gegeben hat, ihr ein auf den ersten Blick zu erkennendes, unkonventionelles Äußeres zu verleihen. Es ist zu befürchten, dass in einem der vorangegangenen Creativ-Briefings (mit C, nicht mit K) in Bezug auf das favorisierte Outfit der Darstellerin Wörter wie »studentisch«, »little bit grungy« oder »not too girly« und vielleicht sogar die Vokabel der »Urban Boheme« im Konferenzraum zu hören waren – wie das gemusterte Tuch im ungekämmten Haar und die Springerstiefel zeigen. Ort des Geschehens ist wieder Paris, diesmal allerdings nicht das Park Hyatt, sondern die Metrostation »Porte des Lilas«. Hier steht sie nun also und wartet auf ihre Bahn und tut das, was die meisten von uns tun, wenn sie in die Verlegenheit kommen, an U-Bahnhöfen herumzustehen und auf die Bahn zu warten: Sie träumt. Damit wir in diesem Fall, anders als sonst, auch erfahren wovon, haben sich die Kreativen im Dienste von Microsoft etwas einfallen lassen und ihren Tagtraum einfach in das Foto hineingezeichnet (Creativ-Briefing: Weiße Outline-Illustrationen): Zuschauer, die

wir sehen
ein Etikett mit Ihrem Logo.
Mit einer Idee fängt alles an. Kommen Leidenschaft, Kreativität und das Quäntchen Glück hinzu, wird ein echtes Geschäft daraus. Wir lassen uns vom Potenzial Ihrer Geschäftsidee inspirieren. So entwickeln wir Software, die Ihnen schon bei den ersten Gehversuchen hilft. Und später auch beim Sprung ins Rampenlicht.
www.microsoft.com/germany/potenzial
P.TE des LILAS
© 2004 Microsoft Corporation. Alle Rechte vorbehalten. Microsoft und „Ihr Potenzial. Unser Antrieb." sind entweder eingetragene Markenzeichen oder Markenzeichen der Microsoft Corporation in den USA oder anderen Ländern.
Ihr Potenzial. Unser Antrieb.
Microsoft

> Philippe »Phil« Mandeaus Ich-AG gehört sicher zu den schillernsten Ich-AGs in ganz Deutschland. Mit fantastischen Kostümen und aufwendigen Inszenierungen tritt Mandeau in seiner »Camouflage Roadshow« auf festlichen Veranstaltungen oder als – kaum übersehbarer – Produktwerber auf.
> *Ich-AG und andere Kleingründungen*

auf den U-Bahnbänken sitzen, ein Fotografenpaar und ein muttchenhaft gekleidetes Modell (Creativ-Briefing: genauere Erläuterung der ästhetischen Codes vergessen), das auf einem imaginären Catwalk über die Bahngleise spaziert. Kurzum, die junge Frau, von der wir jetzt mal annehmen, dass sie Modedesign studiert, träumt von dem, wovon man heute anscheinend zu träumen hat: Erfolg, selbstverständlich die berühmte, selbstständige und kreative Variante. Damit wissen auch wir, wenn wir das nächste Mal auf die Bahn warten und uns außer sexuellen oder suizidalen Phantasien so recht nichts einfallen will, wie der vorzeigbare Plot für Tagträume auszusehen hat. Microsoft sieht da allerdings, wie wir weiter lesen können, noch etwas mehr:

> »Wir sehen – ein Etikett mit Ihrem Logo.«
> »Mit einer Idee fängt alles an. Kommen Leidenschaft, Kreativität und das Quäntchen Glück dazu, wird ein echtes Geschäft daraus. Wir lassen uns von dem Potenzial ihrer Geschäftsidee inspirieren. So entwickeln wir Software, die ihnen bei den ersten Gehversuchen hilft. Und später auch beim Sprung ins Rampenlicht.«

Jetzt ist auch uns klar, warum wir so viele selbstständige Modedesignerinnen kennen, die trotz Engagement und brillanten Entwürfen bisher nicht mehr als ein Dasein am Existenzminimum zustande bekommen haben: Sie haben schlichtweg die falsche Software benutzt. Selbst schuld. Dabei könnte er so einfach sein, der »Sprung ins Rampenlicht« mit Microsoft, denn mit Microsoft könnten sie endlich ganz viele bunte Logos ausdrucken und sie wie wild auf Preisschilder, Kleider und Briefumschläge kleben. Da kommt der Erfolg von ganz alleine.

Die zweite Microsoft-Anzeige ist nach einem ähnlichen Muster gestrickt: Zwei junge, dynamisch gestikulierende Männer in Anzugjacken und ordentlich gekämmten Haaren in einer Industriehalle werden gezeigt, die mit einem Taschenrechner in der Hand die vor ihnen ausgebreiteten Pläne und Zeichnungen diskutieren, während im Hintergrund eine Frau, die ebenfalls in ein Jackett gesteckt wurde, brav ein paar Notizen macht. Die Lagerhalle wird, wie der skizzierte Tagtraum zeigt, aber schon bald nicht mehr Lagerhalle sein, sondern Ort des unternehmerischen Geschehens, obwohl das Gefährt, das letzten Endes dabei herauskommen soll, eine starke Ähnlichkeit zum C1-Zweirad von BMW aufweist. Aber für eine saubere Konkurrenzanalyse ist Microsoft ja auch nicht zuständig. Hatten wir es in der vorherigen Anzeige noch mit einem harmlosen Tagtraum zu tun, befinden wir uns hier bereits auf der nächsten Stufe. Auf der wird nun nicht mehr länger herumgeträumt, sondern nichts Geringeres als eine Vision in die Tat verwandelt. Und so sieht Microsoft dann diesmal anstatt eines Logos »neue Existenzen« und will im Kleingedruckten von uns wissen:

> »Haben Sie eine Vision? Welche Instrumente brauchen Sie, damit Ihre Vision real wird? Aus Fragen wie diesen schöpfen wir die Inspiration für unsere Software. Eine Software, die Vorstellungskraft in Innovationen verwandelt. Und das Neue dort entstehen lässt, wo es nur ein Visionär sehen kann.«

Wer also seine nur lose miteinander verknüpften Assoziationen und spontanen Ideen, die im »Eigentlich-Modus« in seinem Hirn herumschwirren, in innovative Visionen transferieren will, setzt sich das nächste Mal bitte zuallererst an den Computer, tippt diese in Microsoft ein und macht sich bereit, um die unternehmerische Dreifaltigkeit von Berühmtheit, Erfolg und Kreativität zu empfangen, so das hier in die Welt gesetzte Als-ob.

Weiter handelt Microsoft, wie es sich für eine anständige Marke des kulturellen Kapitalismus gehört, nur vordergründig mit Software, tatsächlich wird jedoch Vorstellungskraft in Visionen verwandelt. In diese Richtung zielt auch der über dem Microsoft-Schriftzug platzierte Claim »Ihr Potenzial. Unser Antrieb.«, bei dem es sich, wie uns der ergänzende Hinweis am Rande verrät, um ein eingetragenes Markenzeichen von Microsoft handelt. Hier ist es also, das »Potenzial« der jungen, kreativen, in die Selbstständigkeit Strebenden, das der kulturelle Kapitalismus für seinen hochtourigen »Antrieb« braucht.

Als letzte Werbung im Bunde finden wir die Printanzeige für das Handy P910i von Sony Ericsson, das uns, wie auf dem Display zu lesen, als eine Art mobiles Büro im Jackentaschenformat verkauft werden soll: »Egal wo Sie sind – Ihr Büro ist immer dabei!« So hängt der Mann, dessen Hand wir sehen, »relaxed« auf dem Bootssteg einer weichgezeichneten Fantasylandschaft in Pastelltönen herum (wobei die Idee, zwei der Stegpfosten das Aussehen von Bürostuhlrückenlehnen zu geben, in einem der vorangegangenen Meetings offenbar für witzig gehalten wurde) und zeigt uns und all den anderen, die es noch nicht mitbekommen haben, wie es geht, das Arbeiten im 21. Jahrhundert. Leider erfahren wir nichts darüber, welche wichtigen Verhandlungen und Projektabschlüsse der junge Mann in der Fantasy-Einhorn-Welt gerade mit Hilfe des »MP3 Music-Player« oder des »MPEG4 Video-Player« oder der eingebauten »Foto-Videokamera« vorantreibt. Aber das zählt nur am Rande. Hauptsache ist, dass der, der heute noch arbeitslos ist, weiß, was er morgen zu tun hat, um zur Ich-AG-Celebrity zu werden. Und auch Bürohengste und Freiberufler sollten ruhig noch einmal genau hinschauen und es sich dann ein für alle Mal hinter die Ohren schreiben: Anwesenheit war gestern. Willkommen im Zeitalter der »Omnipräsenz«. Aber Sony Ericsson verspricht natürlich mehr als den Abschied vom stationären Arbeitsplatz und den Verkaufsschlager »Office-to-go«:

> »Haben sie sich auch schon gewünscht an zwei Orten gleichzeitig zu sein? Mit unserem P910i ist das ganz einfach. Sie haben ihr Büro praktisch immer dabei.«

Die kulturelle Leistung des P910i führt uns zur nächsten Stufe der vollkommenen Mobilität, es geht um nichts Geringeres als die Entmaterialisierung des Körpers. Jetzt können wir uns beruhigt zurücklehnen, denn wir wissen: Dank Microsoft werden sich unsere bisher nutzlos an U-Bahnstationen vergeudeten Tagträume vom unternehmerischen Aufstieg bald in vielen bunten Logos und einer innovativen Vision niederschlagen. Und dank Sony Ericsson werden wir unsere besten Geschäfte und entscheidenden Gespräche zukünftig in idyllischen Landschaften abwickeln – und wenn wir gerade nicht über Bootsstege schlendern, werden wir mit dem P910i in der Hand auf Blumenwiesen ein paar 1-Euro-Kräfte einstellen oder auf Strohballen vor Sonnenuntergängen sitzen und per SMS ein paar Aktien abstoßen.

4. Kapitel

»Whether we're listening to music, travelling abroad or looking for love, politics is always there, whether we chose to acknowledge it or not.«

i-D Magazin

Politischsein heute: Jenseits der Politik

Die Macht der Marke als Ikone der Populärkultur und der Ideologie des Images zeigt sich bei genauerem Hinsehen längst nicht als das allgegenwärtige und totale System, das manch einer auf den ersten Blick zu erkennen glaubt. Umgekehrt: Es mehren sich die Anzeichen, dass wir es mit einem System zu tun haben, das sich als ziemlich anfällig und wenig robust erweist – und das in letzter Zeit gehörig ins Wanken geraten ist. Die ständige Präsenz der Marken und des Marketings zeigt sich immer mehr als schlecht gemachte, zunehmend abgenutzte Kulisse, die ungefähr den gleichen Effekt hat wie die neonbeleuchtete Sperrholz-Fassade von Küstenstraßen südeuropäischer, im Eiltempo hochgezogener Touristenhochburgen, die in den Reisekatalogen als weiße »Traumstrände« angepriesen werden.

Dass der Hype um Image und Werbewelten auf dem absteigenden Ast und langfristig nicht mehr haltbar ist, lässt sich an vielen unterschiedlichen Ecken beobachten. Wo die Stewardessen der größten amerikanischen Billigfluglinie »Jet Blue« in Prada-Kostümen Passagiere abfertigen, Gäste eines Hamburger Hochpreisrestaurant auf der aus dem Boden gestampften »Elbmeile« ihr Glas Wasser aus geriffelten Ikea-Gläsern für 49 Cent das Stück serviert bekommen und Billigfliegen den Status eines Menschenrechts erreicht hat (Bossart), Schnäppchenjäger durch Biosupermärkte tingeln, internationale A-Promis in Vintage-Kleidern über den roten Teppich schlendern, Adlige mit ihrem mickrigen Kontostand kokettieren, das Ikea-Regal Billy weniger kostet als noch vor zehn Jahren und man beim Prada-Flagshipstore in New York nachschauen kann, was das gewünschte Nobelstück bei Ebay kostet, beginnen die Gegensätze von teuer und billig, Original und Kopie, Marke und No-Name ihr Terrain zu verlassen und sich munter zu unterwandern und auszutauschen.

Wer nach Gründen Ausschau hält, warum die glanzvolle Ära der Marken und Werbung sich jetzt langsam in der Rolle eines »Hasbeen« einrichten, sollte es mal mit Shopping versuchen. Längst ist es nicht mehr das sorglose Vergnügen, das es einmal war. Ob der Aufdruck »Born to shop« auf dem Notizbuch der Londoner Traditionsmarke Smythson oder das von der Künstlerin Barbara Kruger komprimierte Lebensmotto »I shop therefore I am« – der ungestörte Konsumrausch, dem sich diese beiden »Claims« widmen, hat in den letzen Jahren einige Risse und Kratzer bekommen. Wer bei seinem Einkaufsbummel und Shopping-Trip nicht aufpasst, wo er lang läuft, findet sich heute schnell in gespenstisch erscheinenden Einkaufpassagen und Shopping-Malls wieder und erblickt statt dekorierter Schaufenster und geschäftiger Konsumentenmassen verwaiste Ladenflächen. An den Glasfronten, kämpfen die aktuellen Pächter mit »Alles muss raus«-Plakaten oder handgeschriebenen neonfarbenen Rabattprozentzahlen den wenig

> Die Werbung lockt nicht mehr, sie drängt sich auf, sie redet in unser Leben hinein, laut und dreist und pausenlos.
> **Benjamin Henrichs**

Da sehe ich den nächsten Trend: Dinge, die geradeaus sagen, das ist mein Produkt, das ist lecker und Wiedersehen – ohne die ganze Werbewelt, die austauschbar ist.
Stephan F. Rebbe

einladenden Kampf ums Überleben. Kurzum, in manchen Einkauf-Malls und Fußgängerpassagen ist es heute einfacher, ein Ladenlokal zu mieten, als einen Pullover zu kaufen.

Aldi, Jamba! und Ferrero: Konsum? Werbung? Image?

Als unternehmensgewordener Widerpart des imageversessenen Brandings und »Lifestyle«-Shoppings zeigt sich Aldi, das laut der Studie *Reader's Digest European Trusted Brands* 2004 zum vertrauenswürdigsten Handelsunternehmen gewählt wurde und zum siebtgrößten Textilhändler in Deutschland aufgestiegen ist. Aber auch die, die sich nur schweren Herzens von der mühsam aufgebauten Markenweltkulisse lösen können und deren Stil nicht mit einem Outfit von Aldi zu vereinbaren ist, müssen nicht leer ausgehen. Sie dürfen, mit etwas Glück, beim Konkurrenten Plus nach Ralph Lauren-Hemden für 50 Prozent unter dem Verkaufpreis wühlen. Doch anders als Plus ist Aldi das viel zitierte Lieblingskind und das ausgemachte Zugpferd des »Age of Cheap« der Preisstürze, Rabattschlachten und Schnäppchenparadise, für das laut David Bossart gilt: »Es hat immer weniger Sozialprestige ‚überteuerte Ware zu kaufen.« Anders gesagt: Aus cheap wird chic. Sparsamkeit, Knausrigkeit oder Geiz sind nicht mehr die lästige Pflicht der Bemitleidenswerten, die es sich mit Blick auf ihren Kontostand nicht leisten können, etwas anderes als den Preis zur Grundlage ihrer Entscheidung für ein Shampoo, eine Urlaubsreise zu machen, sondern Kür und Tugend, oder wie Bosshart schreibt »Die ›neue Bescheidenheit‹ nobilitiert Knausrigkeit.«

Dabei ist der Triumph des Billigen und Günstigen mehr als das rezessionsbedingte, saisonale Problem, das sich in einer erfolgreich

»angekurbelten« Wirtschaftslage rasch wieder verabschieden wird, als das es verkauft wird, sondern hat sich längst, so glaubt Bosshart, »in allen Poren des gesellschaftlichen Lebens eingenistet«. Die miese Wirtschaftslage ist nicht mehr als der Katalysator eines Prozesses, den der auf- und abgeklärte Konsument, der aus einer Vielfalt von Produkten, Marken und Dienstleistungen auswählen kann, unaufhaltsam mit anschiebt – und dabei dem Motto folgt: Wenn ich mehr bezahle, dann brauche ich gute Gründe. Das heißt: Wo Werbewelten und Slogans und Marketingstrategien immer austauschbarer werden, entscheidet der Preis.

Eine ähnliche Beliebtheit wie Aldi für die Lebensmittelbranche dürfte der Klingeltonabo-Dealer mit Knebelverträgen und Ausrufezeichen im Namen »Jamba!« für die Werbeindustrie genießen. Das Unternehmen mit 350 Mitarbeitern, das sein Geld mit dem etwas bizarren Geschäft der Klingelton- und Display-Logos für Handys verdient, hat sich mit fast 80 Millionen Euro Werbeausgaben den achten Platz in der Top Ten der meistwerbenden Unternehmen gesichert – noch vor Danone (Platz 9) und McDonald's (Platz 10). Während Unternehmen wie Jamba! gleich vollkommen auf imagegenerierende Werbewelten verzichten und sich mit »Schick-eine-SMS-an«-Befehlen begnügen, tischen andere, davon unbeeindruckt, eine Überdosis an Image triefenden Werbewelten auf, als wäre die Zeit irgendwann in den achtziger Jahren stehen geblieben – und eignen sich damit ebenso dazu, der These von der Ideologie des Images den Boden unter den Füßen wegzuziehen. Als Prachtexemplar und lebendiger Beweis, wie löchrig und lachhaft die Ideologie des Images bisweilen daherkommt, finden wir Ferrero, wobei sich das Unternehmen in der Top Ten der Werbebudgets immerhin sechs Plätze vor Jamba! auf dem zweiten Platz hält.

> Branding is over. Die nächste Generation will keine Marken.
> **Dov Charney, American Apparel**

Besonders erfreulich ist es, dass das Paralleluniversum der werbetreibenden Image-Industrie jetzt dem

> Große gesellschaftliche Kräfteverschiebungen, das sind immer Prozesse, die Zeit gebraucht haben. Da muss man sich nur die Frauenbewegung oder die Anti-Atom-Bewegung ansehen.
> **Sven Giegold**

Universum der Fernsehmacher in die Quere kommt. Der sich selbst persiflierende TV-Trash wird zum Dorn im Auge der Großkonzerne, deren Werbegelder die in Privatsendern beheimateten Trash-Formate überhaupt erst möglich machten. Die Unternehmen sind es offenbar leid, ihre Schokoriegel-, Tütensuppen- und Shampoo-Werbewelten eingepfercht zwischen dumpfen Reality-Formaten, Schönheits-OPs und schmerzfreien Prominenten wieder zu finden. Wie wir im *Spiegel* vom 29. November 2004 lesen müssen, »bekommt die Debatte um Trash-TV und Niveauverlust damit erstmals ökonomische Relevanz für Deutschlands Privatfernsehen«. Als Vorreiter der sich ankündigenden Kollision dürfte das raue Ende der werbestrategischen Liaison zwischen Dieter Bohlen und Müllermilch gelten, nachdem Bohlen der *Bild*-Zeitung erklärt hatte, dass Buttermilch nur von 50-jährigen Biolatschenträgerinnen gekauft werde. Auf der Fachtagung des OWM (Organisation Werbungtreibender im Markenverband) machten sich Ende letzten Jahres dann andere ebenfalls Luft, neben Beiersdorf- und Unilever-Abgeordneten auch Herbert Korell, Werbeleiter von Ferrero: »Der Erste zieht in den Dschungel, der Zweite auf die Insel, der Dritte auf die Alm.« Dass das nicht das richtige Umfeld für die längste Praline der Welt, »Küsschen« verteilende Heranwachsende und eines nie zu Ende gehenden Sommers ist, liegt auf der Hand.

Kurzum: Die Paralleluniversen des Konsums, des Images, und die von ihnen propagierten Versionen von Realität beginnen langsam morsch und morbide zu werden. Wobei gilt: Je größer ihr Totalitätsanspruch, umso größer auch das Unbehagen ihnen gegenüber. Der Grund dafür liegt auf der Hand: Das plurale Leben, in dem die individuelle Sicht der Dinge und die Prämisse der freien Wahl auf den ersten Plätzen rangieren, verträgt sich auf Dauer denkbar schlecht mit dem Totalitätsanspruchs der konsumbefeuernden Image-Ideologie, die in immer mehr Bereiche vordringt und ihnen ihre Regeln und Muster aufdrückt.

Stichwahl im Supermarkt: Politik mit dem Einkaufskorb.

Was sich andeutet, ist der Beginn eines Abschieds vom Marken-Hype der Achtziger und Neunziger. Nicht von heute auf morgen, sondern Schritt für Schritt, denn laut Daniel Bell » müssen wir auch begreifen, dass der soziale Wandel viel langsamer vonstatten geht und der Prozess viel komplexer ist, als uns die apokalyptische, religiöse oder revolutionäre Version glauben machen will.« Nichtsdestotrotz mehren sich heute die populären Taktiken, Kniffe und Strategien des Konsumentenungehorsams, der seine freie Wahl gegenüber den übermächtigen Zwängen der Image-Ideologie verteidigt. Was sich hier zeigt, ist die Macht der direkten Einflussnahme des zahlenden Konsumenten, wobei manche bereits eine »Consumer Democracy«, zu gut deutsch Konsumenten- und Marktdemokratie heraufziehen sehen, in der der konsumierende Bürger den politischen ablöst und die Wahl am Supermarktregal, an der Käsetheke oder am Restauranttisch an die Stelle tritt, an der zuvor der Gang zur Wahlurne und die Entscheidung für eine politische Partei standen.

Hier finden wir sie wieder, die in die Jahre gekommene Parole »Das Private ist politisch« und somit das, was Ulrich Beck einmal das »Anders-machen-im-Kleinen« nannte. Drehte sich die Mikropolitik des Privaten in ihrer Glanzzeit, vor drei oder vier Jahrzehnten, noch darum, wer mit wem schläft und wer den Müll runter und die Kinder in die Schule bringt und mit welchem Tempolimit zukünftig durch die eigene Wohnsiedlung gefahren wird, wird heute das Private vor allem immer dann politisch, sobald wir konsumieren. Statt Hausarbeit, Sexualleben und Tempolimit zur Plattform po-

> Die Kunden entscheiden mit, wie etwa in Asien Spielzeug hergestellt wird.
> **Renate Künast**

> Die Erfolge der Antiglobalisierungsbewegung haben zu einer Verstärkung des Gefühls geführt, dass politische Partizipation möglich ist, dass man Einfluss üben kann.
> **Saskia Sassen**

litischen Handelns zu erklären, scheint es sich nun darum zu drehen, wer was wo von wem von welcher Marke und zu welchem Preis kauft. Als aktive Konsumenten sind wir zugleich immer auch konsumierende Aktivisten, die sich aus einem gut bestückten Freizeitparksortiment und Supermarkt das herauspicken, was ihrer »politischen Gesinnung« nahe kommt.

Seit die Machenschaften der Marken(firmen) ebenso einfach nachzuschlagen sind wie ihre Postanschriften oder Werbeslogans, wird es immer schwieriger, guten Gewissens zu behaupten, nichts davon gewusst haben. Wem die Herkunft bestimmter Kleidungsstücke fragwürdig erscheint, kann sie in den Regalen von Gap und Levi's liegen lassen oder darauf achten, Procter&Gamble nicht zu unterstützen – das *Schwarzbuch der Markenfirmen* und *No Logo!* haben eine Anleitung gegeben und Einblicke in die Verflechtungen internationaler Großkonzerne geliefert. Wer seine Interessen und E-Mail-Adresse nicht auf Fragebogen in Parfümerien, Autowerkstätten und Restaurants angeben und seine Pflege-, Anzieh- und Essgewohnheiten nicht in den Registrierkassen von dm und Plus auftauchen sehen will, kann sein Abendbrot beim türkischen, albanischen oder koreanischen Lebensmittelhändler um die Ecke, seine Frühstückseier auf dem Biomarkt (»Wegen des Flairs«) oder im Biosupermarkt (»Bei zweimaligem Einkauf 5 Prozent Rabatt«) und fast so gut wie alles andere, was man zum Leben braucht, auf Flohmärkten, in Secondhandshops und Plattenläden kaufen.

Wer nach mehr verlangt, kann sein Outfit bei dem unbekannten Modelabel bezahlen und damit in dessen Zukunft investieren statt in die von H&M und seine T-Shirts bei American Apparel (»Sweatshop free«) anprobieren, als Schuhe die »Blackspot Sneakers« (»Sweatshop Free + No Logo«) bei Adbusters ordern, sich eine von Vollzugsanstaltsbewohnern produzierte Jeans bei »Häftling« (»Die erste Marke für authentische Jailwear«) bestellen, sein

Shampoo wahlweise bei Body Shop (»Keine Tierversuche«) oder bei Lush (»Keine Tierversuche und kaum Konservierungsstoffe«) bezahlen oder bei der Aktion »Wer Eis will, muss bluten!« für einen halben Liter gespendetes Blut einen halben Liter Ben & Jerry-Eis abgreifen. Und auch am Wochenende, wenn die Geschäfte schließen, muss der Konsumaktivist nicht pausieren. Es wird sich sicher die eine oder andere Charity-Party in einer Großraumdisco finden lassen, wo wir dann zusammen mit Peace-Top-(Dolce & Gabbana) und »Dior-statt-War«-T-Shirt-Trägern und mit gutem Gewissen bis ins Morgengrauen abfeiern können. Der Vollrausch ist in dem Fall politisch korrekt, schließlich unterstützen wir mit jedem geleerten Glas Alkohol ein afrikanisches Hilfsprojekt. Falls uns nicht nach Ausgehen ist, auch nicht weiter schlimm. Wir können ja immer noch rasch ein paar Freunde einladen, sollten dann aber auch die eine oder andere Flasche Krombacher leeren und so, wie Herr Jauch uns persönlich versprochen hat, aber nie erklären konnte, mit jeder Bierkiste einen Quadratkilometer Regenwald retten.

Damit es ein großer Spaß wird, können wir unsere Körper aus gegebenem Anlass in »Saufen für den Regenwald«-T-Shirts stecken. Das war im Sommer 2004. Inzwischen ist das Projekt zu Ende und Krombacher hat dem World Wildlife Fund (WWF) eine halbe Million Euro überwiesen – was exakt der Summe entspricht, die Anfang 2005 Mainz 05 für Hanno Balitsch von Bayer Leverkusen rausrücken musste, und weniger als 1 Prozent von dem ist, was einmal für Zinedine Zidane auf den Tisch gelegt wurde.

> Scheinbar leben wir in einer Welt, in der man mehr mit seiner Kaufkraft als mit seiner politischen Stimme bewegen kann. Wenn also die Kraft der Konsumenten die Welt verändern kann und visuelle Kommunikation das Verhalten der Konsumenten beeinflussen kann, was macht dann die Designwelt zur Zeit?
> **Eva Wisten**

Soziale Verantwortung als Image-Styling

Wie unschwer zu erkennen ist: Die einmal gezogene Trennung zwischen

> Soziale Bewegungen, Subkulturen, künstlerische und politische Avantgarden, aber auch vielfältige Mikropolitiken des Alltags demonstrieren, dass die Apparate der Macht den Eigensinn der Subjekte nicht vollständig absorbieren können.
> **Marion von Osten**

politischem Bürger und Konsumenten scheint hinfällig. Umgekehrt: Der Konsument ist der politische Bürger schlechthin, und der Konsum ist der direkte Seismograph des politisch sensibilisierten Bürgers. Denn nirgendwo ist seine tagtägliche Einflussnahme heute so groß wie beim Konsum. Das haben auch die Unternehmen kapiert und ihre Lektion gelernt. Zehn Jahre nach Brent Spar und Greenpeace versus Shell, nach den Bestsellern *No Logo!* und *Schwarzbuch der Markenfirmen* weiß man, das Image ist zerbrechlich wie Porzellan. Wer nicht will, dass aus Konsumenten trampelnde Elefanten werden, muss auf der Hut sein. Die Antwort in Unternehmenskreisen und Imagebroschüren lautet »Corporate Social Responsibility«: »die Bekenntnis der Privatwirtschaft zu sozial und ökologisch verantwortungsvoller Unternehmensführung«, – nicht aus Nächstenliebe oder moralischen Gewissensbissen, sondern aus ökonomischem Kalkül.

Anders gesagt: Im kulturellen Kapitalismus wird der »gesellschaftliche Zusatznutzen« zum Mehrwert und damit zum Verkaufsargument des 21. Jahrhunderts. Das hört sich zunächst gar nicht mal so übel an, nach »wir« statt »ich« und nach Moral und Ökonomie wie voller Glück gefunden zu haben, Hand in Hand vorbeimarschieren. Im schlimmsten Fall aber bleibt es bei den leeren Worthülsen und plakativen Slogans, und auch wenn den Worten Taten folgen, wird es manchmal schlimmer statt besser. Klaus Werner, Autor des neu aufgelegten *Schwarzbuchs der Markenfirmen* zeigt dies im Interview mit der *taz* vom 27.8.2003 am Beispiel eines thailändischen Sweatshops. Von einer in der dritten Welt hochgezogenen »Fabrik«, in der Adidas und Nike ihre Schuhe zusammenschustern lassen, wurde bekannt, so Werner, »wie sich die Selbstverpflichtungen der Unternehmen konkret auswirken. Um die Schutzbestimmungen ihrer transnationalen Auftraggeber zu erfüllen, brachte die thailändische Firma zum Beispiel Feuerlöscher an. Die Kosten dafür wurden den Arbeiterinnen vom Lohn abgezogen, weil Adidas und Nike nicht bereit waren, mehr zu zahlen.«

Als jemand, der das bisherige Image-ist-alles Produktions- und Markensystem leid war, zeigt sich der heute 36-jährige Dov Charney, der in Los Angeles »American Apparel« gründete und das Unternehmen in vier Jahren zur größten T-Shirt-Fabrik der USA gemacht hat. American Apparel ist heute ein eigenes Label mit eigenen Shops, auch mit Filialen in Berlin, Köln und Frankfurt. Das Besondere: Die T-Shirts entstehen in der ersten Welt – statt, wie für Bekleidungsunternehmen typisch, nur die Marketingapparate als das Hirn und Herz der Marke in der westlichen Welt anzusiedeln und die Produktion in Schwellenländer zu verlagern. Charney produziert ausschließlich in den USA und zahlt seinen rund 1 500 Arbeitern in Downtown L.A. einen Lohn von 12,50 US-Dollar, obwohl der gesetzliche Mindestlohn in den USA bei knapp 7 US-Dollar liegt. Als Charney seine Firma startete, war es ihm selbst reichlich egal, wo produziert wurde, oder, wie er in einem Interview mit der *de:bug* im Frühjahr 2004 bekennt: »Über die Arbeiter machte ich mir nicht zu viele Gedanken. Mir ging es erstmal um meinen eigenen Arsch.« Das hat sich offensichtlich geändert. Heute ist American Apparel eine der wenigen Bekleidungshersteller (ja, ja, Trigema ...), die ohne Fabriken in Asien oder Lateinamerika auskommen. Doch nicht Political Correctness ist das Verkaufsargument, sondern Style, denn auf den legen die meisten mehr Wert als auf ihr gutes Gewissen – oder wie Charney sagt: »Sozial bewusst einkaufende Konsumenten sind ein viel zu kleiner Teil des Marktes.«

Seit 1992 nimmt Chiquita freiwillig am »Better Banana Project« der Rainforest Alliance teil. Dieses Programm zertifiziert Farmen, die umweltfreundliche und sozial verantwortliche landwirtschaftliche Anbaumethoden in den Tropenregionen anwenden.
Unternehmensdarstellung Chiquita

»El Pulpo« (Die Krake)
Lateinamerikanische Bezeichnung für Chiquita

Auch wenn sich das zunächst nicht schlecht anhören mag, scheint es vielleicht doch ein wenig voreilig, euphorisch die Konsumentendemokratie zu beschwören. Politische Interessen an Konzerne zu delegieren und den freien Markt zur neuen politischen Sphäre zu erklären, mag alles in allem doch einigermaßen naiv sein. Schon allein aus dem schlichten Grund, daß bei privatwirtschaftlichen Unternehmen nun einmal ganz offiziell und seit jeher einzig und allein der Umsatz zählt.

Das ist weder neu noch verwerflich, sondern Mechanismus und Ziel des kapitalistischen Systems. Öffentlich bekannt gewordene Kinderarbeit und Umweltsünden sind die Steinchen im Getriebe des Marken- und Unternehmensimages – und der Konsument ist derjenige, der sie wirft. Aber mehr als hin und wieder ein paar Steinchen ins rotierende System zu schnipsen, ist nicht drin. Fundierte Kritik beispielsweise oder ein grundsätzliches Infragestellen des kapitalistischen Systems sind weder erwünscht noch machbar. Denn das neue politische Hobby Konsum ist nicht nur eine seltsam harmlose Form der Mitbestimmung, sondern auch eine sehr begrenzte. Anders gesagt: Der Konsumaktivismus ist nicht mehr als eine politische Randsportart unter der Flagge »Unser Kapitalismus soll schöner werden«. Die in diesem Zusammenhang immer wieder gefeierte Konsumentendemokratie mit ihrem mündigen Konsumenten, der heute da steht, wo einmal der mündige *Bürger* postiert war, hat ihre Widerstandsplattform auf den Konsum gebaut. Als konsumabhängige und prokapitalistische Politbewegung taugt sie allenfalls für kleine Korrekturen am Rande. Wer mehr will als Lippenstifte ohne Tierversuche, keine von Kinderhänden zusammengeflickten Turnschuhe und Eier von freilaufenden Hühnern, ist hier schlecht aufgehoben. Radikaler Widerstand und fundamentale Kritik sind nicht gewünscht und wirtschafts- oder gesellschaftspolitische Fragestellungen, die sich nicht in konsumierbaren Produkten oder Dienstleistungen niederschlagen, bleiben per se außen vor. Für welches Produkt soll sich derjenige entscheiden, der eine höhere Besteuerung der oberen Einkommensklasse fordert? Zu welchem Produkt derjenige greifen, der für eine größere Unterstützung von Alleinerziehenden einsteht und der sich gegen Studiengebühren sowie das aktuelle Rentensystem zur Wehr setzen will? Sicherlich, man kann gegen Konsum wettern, auch gegen die Macht der Medien und das Denken in Images, sollte sich dann aber darüber klar sein, das man mit dieser Form der Kritik einem ähnlichen Muster folgt wie schon auf dem Pausenhof in der Grundschule: Lieber den Kleinen aus der ersten Klasse ein Beinchen stellen, als mit zusammengenommenem Mut endlich mal den Großen aus der vierten Klasse ins Gesicht spucken. Aber wo lassen sich neue Mittel und Wege der Einflussnahme finden? Wie kann wem ins Gesicht gespuckt werden? Und von wo aus sollte man zielen?

Kooperativer Kapitalismus: Der Widerspruch als Widerspruch

Auch wenn das System der Medien und die Ideologie des Images als Motor des kulturellen Kapitalismus heute ein wenig ins Stottern geraten sind, ändert das nichts daran, dass ihre Mechanismen sich in unser Leben und Denken eingenistet haben. Es bleibt wie gehabt und damit bei dem, was bereits Karl Marx und Rosa Luxemburg erkannten: Es gibt kein »Außerhalb« mehr, auf das man sich zurückziehen und von dem aus man zuschlagen könnte. Ganz im Gegenteil: Bereits durch die bloße Teilnahme bestätigt jeder ungefragt die herrschenden gesellschaftlichen Zustände und erfüllt damit das, was die Frankfurter Schule »kooperativen Kapitalismus« nannte.

> Kein transnationales Unternehmen kann es sich mehr leisten, dass seine Geschäftstätigkeit massiven Widerstand der Öffentlichkeit hervorruft. Proteste gegen Umweltverschmutzung, Kinderarbeit, Lohndumping oder fehlende Arbeitsschutzregeln haben dies deutlich gemacht.
> **Bundesministerium für wirtschaftliche Zusammenarbeit und Entwicklung**

Den besten Return-on-Investment kriegen Sie in Äthiopien:
»Menschen für Menschen« beweist seit 1981 mit der Arbeit in Äthiopien, dass humanitäre Spenden keine Almosen sind, sondern eine wichtige Hilfe zur Selbstentwicklung. Nur so kann dieses Land zukünftig sein wirtschaftliches Potenzial erhöhen und zu einem Absatzmarkt für die Industrienationen werden.
Aus einer Printanzeige der Hilfsorganisation »Menschen für Menschen«

Wenn man zu etwas taugt, dann als anschaulicher Beweis der schlichten Revoluzzerparole »Bevor Du das System änderst, ändert das System dich«: Wir tippen diese Zeilen in Microsoft Word auf iMacs, zu denen wir ein fast zärtliches Verhältnis hegen, trinken dabei Coca-Cola, rauchen Marlboro Lights, schauen, ob unsere Bestellung (»Stichwort: Kultureller Kapitalismus & Subversion«) bei Amazon schon auf dem Weg zu uns ist und diskutieren darüber, ob Moshammer tatsächlich Camp war. Und auch, wenn wir an einem No-Name-Rechner von Aldi sitzen, mit dem Linux-Betriebssystem »Warty Warthog« arbeiten, dabei grünen Fare-Trade-Tee aus dem Bioladen trinken, American Spirit rauchen, unsere Bücher bei »Walther König« bestellen und über das Comeback und die Gage des handzahm gewordenen Harald Schmidt debattieren, ändert das nicht viel. Der Unterschied ist vor allem ein ästhetischer.

Man könnte es auch ohne Probleme dabei belassen, sich mit dem typischen Augenzwinkern des Es-eigentlich-besser-Wissenden als seine eigene Parodie selbst auf den Arm zu nehmen und weiter in überdimensionalen ironischen Anführungsstrichen herumzuturnen. Und dabei aus den Augenwinkeln beobachten, wie der eine Teil der Werbe- und Medienindustrie voll und ganz damit beschäftigt ist, die eigene Pose eifrig nachzuahmen, während der andere Teil einem, wie einst der grabschende Lehrer im Sportunterricht, mit der nötigen Hilfestellung für ein gutes Gelingen der zur Pose erstarrten Figur unter die Arme greift. Zweifellos: In der Rolle des von mehreren Seiten gestützten

Zustimmung ist der Satan.
The Cocka Hola Company,
Matias Faldbakken

Vorturners ließe es sich durchaus aushalten, wären da nicht die mittlerweile nur schwer zu überhörenden Zwischenrufe, die diese Show begleiten.

> Whether we're listening to music, travelling abroad or looking for love, politics is always there, whether we choose to acknowledge it or not.
> *i-D Magazin*

Kurzum, die ironische Pose und die dazugehörige selbst ausgedachte Choreographie »Sexy Figuren des Unpolitischen« wurden schon mal überzeugender aufgeführt. Von ihrem einmal trotzigen Charme ist nicht mehr allzu viel zu erkennen. Anders gesagt: Der Lack ist ab.

Das weiß keiner besser als die Posierenden selbst, die zu ahnen beginnen, dass ihnen, wenn sie diese Showrolle noch eine Weile zum Besten geben, das Gleiche passieren könnte, was auch Klaus-Jürgen Wussow alias Schwarzwaldklinikarzt Prof. Dr. Brinkmann widerfahren ist: Schafft man nicht irgendwann den Absprung, kommt man nicht mehr raus aus der Nummer. Heißt in diesem Fall: Weiter brav als Eberhard Ginger des kulturellen Kapitalismus eine gute Figur zu machen.

Bleibt die Frage, wie unerträglich man die Aussicht empfindet, all die üblichen Verdächtigen, die sich selbst mit dem Label des Politischen schmücken, noch weitere Jahrzehnte dabei beobachten zu dürfen, wie sie ihre Version von Politischsein zum Besten geben.

Wer weiß. Vielleicht liegt vor dem »Point of no Return« doch noch die eine oder andere politische Abfahrt- oder Wendemöglichkeit. Und es spricht auch erstmal nichts gegen die Vermutung, dass die Gruppe derer, die auf der Suche nach Abfahrten jenseits der von offizieller Seite beschilderten, politischen Ausfahrten umherirrt, inzwischen größer ist, als es zunächst scheinen mag.

> Warum bleibt es trotz dieser tiefen Einschnitte bislang relativ ruhig – jedenfalls in den alten Bundesländern. Wo bleibt der kollektive Aufschrei, Aufstand?
> **Ulrich Beck**

Noch nicht einmal die Geschichte erhebt Einspruch. Wie der Kulturwissenschafter Kaspar Masse in der *Zitty*

> Die große Angst des Ironikers besteht darin, dabei ertappt zu werden, richtiges Herzblut in eine falsche Sache investiert zu haben [...] persönlich, politisch oder beides.
> **Jedediah Purdy**

verrät, erschien 1964 eine soziologische Jugendstudie mit dem Namen *Die Generation der Unbefangenen:* »Gemeint war die Nachkriegsgeneration, die, so der Kanon der Studie, ohne ideologische Vorbehalte durchs Leben ging. Und damit genau die, die nur vier Jahre später unter dem Namen 68er als die rebellische Generation in die Geschichte der Bundesrepublik eingehen sollte.« Auch an der geeigneten Qualifikation sollte es nicht mangeln. Wer sich als ausgemachter De- und Codierungsprofi tagtäglich durch das Dickicht von Oberflächen, symbolischen Zeichen und Medienwahrheiten schlagen kann, für den sollte es kein Problem sein, sich ein paar scharfe Protestinstrumente zuzulegen, mit dem sich hier und da am System sägen lassen würde. Wohin man auch schaut, jede Menge hoch qualifiziertes Personal mit einem genauen Gespür für »die feinen Unterschiede« sowie die differenzierte Handhabung und Instrumentalisierung von Symbolen, mit deren Know-how sich »die Ordnung des Diskurses« durchaus stören lässt. Und auch an euphorischen Fürsprechern und optimistischen Propheten mangelt es nicht. Der amerikanische »Gen-X-Guru« (*New York Times*) Douglas Rushkoff war sich sicher: »Hat diese Generation erst das Erwachsenenalter erreicht, dachte ich, würde das Zeitalter der Manipulation definitiv vorbei sein.« Und nur ein Jahr später pflichtete Naomi Klein ihm bei: »Wenn immer Leute die dunklen Geheimnisse des globalen Markennetzes entdecken, wird ihre Empörung der Antrieb für die nächste große politische Bewegung, eine gewaltige Welle des Widerstands, die sich frontal gegen die multinationalen Konzerne richtet, und zwar besonders gegen solche, die stark mit einer Marke identifiziert werden.«

> Gegen die Absurdität, die das Leben und die Welt in eine groteske Karikatur verwandelt, hilft nur die Rebellion.
> **Roman Leick im** *Spiegel*

Zwischen Pop und Politik, Kritik und Konsum

> Die Jahre nach Punk, der nach Popzeitrechnung letzten großen Erschütterung, haben den Typus des »zynischen Untertans« hervorgebracht, eines großen Durchschauers gesellschaftlicher wie medialer Rituale, der sich nichtsdestotrotz oder gerade deswegen in der Unabänderlichkeit der Verhältnisse kommod eingerichtet hat.
> **Thomas Gross**

Schon ein paar Jahre später zeigt sich Rushkoff einigermaßen zerknirscht über das unerwartete Ausbleiben des von ihm prophezeiten Endes der Manipulation: »Wenn junge Leute heutzutage über altmodisches Marketing angeblich nur noch lachen, warum haben sie dann das Gefühl, ausgerechnet eine Turnschuhmarke können ihnen eine neue Identität verleihen?«

Die Antwort auf diesen Widerspruch liegt auf der Hand und heißt: Sowohl-als-auch. Auch wenn man es »eigentlich« besser weiß. Es ist nichts Ungewöhnliches, nachts an der Theke radikale Politisierung und einen Umsturz des Systems zu fordern, um seine auch noch tags darauf anhaltende, kapitalismusdepressive Laune mit dem Kauf eines lang gesuchten, in Sweatshops zusammengeflickten Paars Sneaker seiner Lieblingsmarke aufzuhellen.

Das ist zwar durch und durch paradox, aber das sind die meisten anderen Dinge um uns herum auch. Und da, um es mit Marx zu sagen, »das menschliche Wesen [...] kein dem einzelnen Individuum innewohnendes Abstraktum« ist, sondern »das Ensemble der gesellschaftlichen Verhältnisse«, ist das, was wir tun und was wir sind, »der ideelle Ausdruck der herrschenden materiellen Verhältnisse«.

> Es kann nicht mehr ewig so weitergehen. Vielleicht kommt jetzt wieder eine kritische Generation, und vielleicht hat es die Zeit gebraucht, um neue Strategien zu entwickeln, gegen ein System, das sein Gesicht nicht offen zeigt. Zeit gebraucht, um das zu durchschauen, diese Vereinnahmungsstrategie des Kapitalismus.
> **Hans Weingartner**

Dass man als lebendiger Widerspruch durchs Leben schreitet, ist, salopp gesagt, nicht die eigene Schuld, denn: Wir leben in einem kapitalistischen System,

> Mit welchen Medien kann man einen jungen Menschen manipulieren, wenn man im Vergleich zu ihnen fast Medienanalphabet ist? Er wird jeden unbeholfenen Versuch, ihm mit bedeutungslosen Assoziationen und angelernten Rollenmodellen zu überreden, sofort durchschauen.
> **Douglas Rushkoff**

das selbst ein einziger Widerspruch ist und bewegen uns bevorzugt in einem popkulturellen System, das als eine der gewaltigsten, aber auch charmantesten Paradessenzen – also Essenz einer Paradoxie – überhaupt gilt. Die Popkultur ist der Inbegriff und das Lehrbuchbeispiel des Sowohl-als-auch und ist als wahrer Doppelcharakter seit jeher, wie Ulf Poschardt in *DJ Culture* schreibt, »Produkt herrschender Ideologie und Ausdruck absoluter Rebellion zugleich«.

Im kulturellen Kapitalismus wird dem popkulturellen Sowohl-als-auch eine besondere Bühne geschaffen. Herauskommt das, was Matias Faldbakken in *The Cocka Hola Company* einen mentalitäts- und meinungsschaffenden »Designterror« nennt, den sich das Design, vom »abgefuckten Scheißkunstterror« abgekupfert hat, »der ursprünglich die Psychowelt, in der die Leute leben, widerspiegeln und problematisieren sollte«, nun aber nur noch eine Art »pseudofortschrittsartige Selbstkritikfähigkeit« in die Hirne der Leute verpflanzt. Sucht man nach dem lukrativsten Absatzmarkt und den treuesten Kunden dieses »Designterrors« findet man den Bobo von heute in allererster Reihe. Unmengen von bourgeoisen Aktivisten und bohemehaften Konsumenten, die, so Faldbakken, alle »wahnsinnig bewusst und selbstbewusst und selbstkritisch und autonom und aufmerksam und konsumskeptisch und kulturindustrieskeptisch und wertekritisch und innovationsskeptisch und designskeptisch und zenmäßig und kontrovers und rebellisch und zur gleichen Zeit – dank dem eingebildeten verschissenen, hochnäsigen, pseudoautonomen Kunstdesign – so wahnsinnig

> So stellt sich der Zwiespalt der Popkultur bis heute zu einem durch die Abhängigkeit von der kapitalistischen Reproduktion und zum anderen durch den Mythos eines emanzipatorischen Anspruchs dar: sexy & konform.
> *Alles Pop?*, **Martin Chlada et al**

konsumpositiv und nicht-snobistisch versnobt und kulturindustrieunabhängig und konsumabhängig und pornoliberal und jenseits von diesem und jedem und genreübergreifenden nicht-ironisch und nicht politisch-politisch und nicht dandy-dandyesk und nicht boboistisch [...]« sind.

> Ich scheiße auf die Gesellschaft, zahle aber trotzdem Steuern, ich hasse Krieg, interessiere mich aber trotzdem für Waffen. Scheiße, die Welt ist schizophren und wir sind alle mittendrin.
>
> **Kai »Mutti« Keller**

Faldbakkens genauer Blick auf seine Zeitgenossen sollte reichen, um zu zeigen, dass es nicht den geringsten Grund gibt, etwas unter den Tisch fallen zu lassen, nur weil es sich widerspricht. Glaubt man der dialektischen Philosophie, sind Widersprüche der bewährte Motor überhaupt, um bei der Entwicklung der Geschichte einen Gang zuzulegen. Und so sollte man auch jede, oftmals durch alkoholische Kaltgetränke angeheizte Verwandlung eines gut angezogenen Menschen in Zu-allem-entschlossene Systemquerulanten-mit-radikalem-Gedankengut freudig begrüßen, statt ihnen vorzuwerfen, dem Wunsch nach Revolte aus dem Mund eines iPod-Besitzern und Coffee-to-go-Konsumenten mangle es an Überzeugungskraft.

Und auch wenn Greil Marcus in *Lipstick Traces* daraufhin entgegnet, sein Ruf nach Revolte sei »Das Jucken eines Körperteils, der ihnen vor der Geburt amputiert wurde«, so sollte das an unserer Zuversicht nichts ändern. Wohl wissend, dass für das Jucken amputierter Köperteile das gleiche gilt, was wir von dem eingebildeten Tropfen eines Wasserhahns kennen: Das Tatsächliche ist geradezu harmlos gegen das Eingebildete, das sich, einmal im Bewusstsein, nicht so ohne weiteres wieder abstellen lässt.

> Die zwei grundlegenden Gesetze der Entwendung sind bis zum völligen Verschwinden gehende Bedeutungsminderung eines jeden autonomen entwendeten Elements und der gleichzeitige Aufbau einer anderen bedeutungsvollen Gesamtheit, die jedem Element seine neue Tragweite verleiht.
>
> **Guy Debord**

> Ja, ich spreche über Mainstream, der sich aufführt, als wäre er Underground. Der Sex hat, Drogen nimmt, in Clubs geht. Der unangenehmste, hässlichste Mainstream der Geschichte.
> **Vincent Gallo**

Semiotischer Gegenangriff: Demontage statt Demonstration

Ob in den hinteren Publikumsreihen der politischen Arena oder anderswo: Wen das Gefühl beschleicht, es sei langsam Zeit, mal hier und da am System zu sägen und ein paar Pflastersteine in ideologisch aufpolierte Image-Fassaden zu schmeißen, der muss seine Säge und den Pflasterstein – zumindest wenn er eine für 2005/6 kompatible Version will – selber basteln. Denn was einem das Sortiment »Figuren des Politischen«, zumindest unter dem Label »Made in Germany«, in Aussicht stellt, präsentiert sich erst einmal wenig attraktiv. Ganz im Gegenteil. Denn was den Suchenden an Praktiken, Taktiken und ästhetischen Codes erwartet, ist schlichtweg deprimierend. Was sich damit erklären lasst, dass sich im etablierten Politsortiment seit der letzten größeren Inventur und Lieferung Ende der sechziger Jahre nicht mehr allzu viel getan hat.

Wer allerdings den Blick weiter schweifen läßt, findet im Ausland ein auffallend gut sortiertes Sortiment an ausgefeilten Blaupausen und detaillierten Gebrauchsanleitungen für den Bau der Widerstandsinstrumente der neuesten Generation. Und so versuchen, während die einen noch überlegen, welche Parole sie auf ihr Transparent malen, und nach der wetterfesten Garderobe für die anstehende Demo suchen, andere sich an der Perfektionierung des »zeitgemäßen« Gegenangriffs. Ob man, wie Rushkoff, die Idee verfolgt, das System mit eingeschleusten »Medien-Viren« zu bombardieren oder

> Ich glaube, dass die Design-Szene aufgerüttelt werden muss, wir eine Zeit lang wieder so wie eine Design-Anarchie entwickeln und uns fragen: Was machen wir hier eigentlich? Sind wir wirklich nur Prostituierte, die sich an Unternehmen verkaufen, oder wollen wir uns den ökologischen, psychologischen und kulturellen Fragen unsere Zeit stellen.
> **Kalle Lasn**

wie Naomi Klein seine Hoffnung in die Cultural Jammer setzt, der »semiotische Gegenangriff« ist der Ausweg aus dem Dilemma: Hier wie da geht es um neue Formen des zivilen Ungehorsams und die Etablierung einer Gegenbewegung, die mit neuen Mitteln zur Sache geht und andere Wege einschlägt. Eine Gegenbewegung, die sich primär gegen die Ideologie des Images und die Alleinstellung von Medien und Konsum richtet – indem sie versucht, diese mit ihren eigenen Waffen zu schlagen.

> Pop bedient das gesamte Spektrum des Distinktionsgewinns – jedem Fan sein Image, jedem Hobby-Outsider seine Widerstandsdosis, jedem Werbe-Yuppie seinen Berlin-Mitte-Alarm.
>
> *Alles Pop?*, **Marnin Chlada et al**

Die Lösung liegt auf der Hand: Wenn man die Gesetze des Marketings und der Medienlogik durchschaut hat, ja sogar sein Geld damit verdient – warum dieses Können und Wissen nicht als Waffe nutzen?

Warum nicht das System mit den eigenen Tricks schlagen, und so den öffentlichen Blick auf die klaffende Lücke zwischen vorherrschender Ideologie und existierenden Verhältnissen lenken? Statt theoretische Diskurse zu führen, ein Transparent hochzuhalten, kritische Pamphlete zu tippen und oder über eine Demonstration zu schlendern, bedient man sich aus einem Protestarsenal an semiotischen und medialen Taktiken.

Denn fest steht: Einer auf mediale Inszenierung und Vermarktung von Sensationen ausgerichteten Gesellschaft ist mit sachlicher Argumentation, trockener Kritik und systematischer Aufklärungsarbeit kaum noch beizukommen. Geschweige denn ist so etwas von der ebenso umworbenen wie begrenzten Ressource Aufmerksamkeit zu ergattern.

Besser, man bedient sich ungeniert an aufmerksamkeitswirksamen Vermarktungsformen und Verbreitungsmechanismen, um sie für eigene Zwecke zu nutzen. Wir finden hier einen

> Ästhetische Intoleranz kann eine furchtbare Gewalt entwickeln.
>
> **Pierre Bourdieu**

> Das gesamte Vokabular des Protestierens – Slogans, Gesten, Pathosformeln – stammt aus einer Zeit, als einem übermächtigen Staat in Sachen Bürgerrechte auf die Finger geklopft wurde. Stilgeschichtlich gesehen, hat keine Gipfelschlacht bisher das Modell der Vietnamkriegs-Demos überschritten, auch wenn man bei Kommunikation und Mobilität Fortschritte gemacht hat.
> **Thomas E. Schmidt**

Cocktail aus den Methoden der semiologischen Guerilla und der Kommunikationsguerilla, durch Zweckentfremdung, Missbrauch, Desinformation, Demontage, Provokation, Irritation und Hacken festgeschriebener Zeichenzusammenhänge politisches Terrain zurückzuerobern. Als Instrument und Waffe dieses »politischen Experimentalismus« (Bude) dienen die Mechanismen der Werbung und des Marketings, mit denen gemeinhin Unternehmen, Marken oder Produkte vermarktet und beworben werden und nach deren Prinzipien auch weite Teile der Gesellschaft ausgerichtet und organisiert werden.

Ziel ist es 1.) deren Zeichenzusammenhänge zu ändern, zu stören und zu irritieren, um sie dann, 2.) »verkehrt herum« wieder zurückzugeben und 3.) so die Schwachstellen im System mit den Leerstellen im eigenen Leben kollidieren zu lassen.

Der Popstar dieses Politaktionismus ist das Cultural Jamming, das bereits in den früheren siebziger Jahren auf den Plan trat und dieses Jahr seinen 35-jährigen Geburtstag feiern dürfte. Cultural Jamming ist eine Form semiotisch basierter Medien- und Konsumkritik, deren bekannteste Beispiele wohl das AdBusting (aus »Ad« für Werbung oder Anzeige und »to bust« für kaputtmachen, zerstören) oder Subvertisement (als die Kombination aus subversiv und Werbung, dem Advertisement) sind. Beim Cultural Jamming werden Techniken der Collage oder der Montage angewandt, die Aussagen von populären Werbebildern, Plakatwänden und Slogans entfremden und entstellen und so

> Heute heißt das »Cultural Branding«. Momentan ist »Cultural Jamming« eine Schlacht an dieser Front. Das ist unsere Form der Politik; die Politik der Semiotik.
> **Craig Baldwin**

subversive, kritische Botschaften entstehen lassen. Das kann ein neuer Text für den Marlboro-Mann sein, eine Neuinterpretation des Apple-Slogans »Think different« (Abbildung 9) oder das zu »Capitalism« gewordene Coca-Cola-Logo. AdBusting umfasst aber auch die Übertragung von politisch prekären Motiven und kritischen Botschaften in die gängige Werbeästhetik globaler Marken: Wie die Als-ob-Prada-Werbung mit einem Prada-Fake-Verkäufer als Motiv, die populär gewordene Folterszene von Abu Ghraib als Werbemotiv des iPod, oder der Vorwurf der Kinderarbeit an Nike verpackt als Als-ob-Nike-Anzeige mit Nike-Slogan.

Das, was der demonstrative, absichtlich verkehrte Gebrauch von Marken und medialen Wirklichkeitsschnipseln durch den Konsumenten »im Kleinen« ist, zeigt sich im Cultural Jamming unter politischen Vorzeichen im Großen: Das Détournement als das kreative Plündern und Aus-dem-Kontext-Reißen, das sich Wiederaneignen

> Die Welt der technologischen Kommunikation würde dann sozusagen von Kommunikationsguerilleros durchzogen, die eine kritische Dimension in das passive Rezeptionsverhalten einbrächten.
> **Umberto Eco**

> We are a global network of artists, activists, writers, pranksters, students, educators and entrepreneurs who want to advance the new social activist movement of the information age.
> **Adbusters**

von kulturellen Zeichen durch Verfremdung und das veränderte Zusammensetzen von Sinn- und Zeichenzusammenhängen. Hier wie dort werden populäre Zeichen und kulturelle Muster zum Futter, mit dem wiederum eigene, neue Bedeutungen geschaffen und Aussagen getroffen werden, wobei gilt: Es ist immer eine andere Lesart möglich, als die ursprünglich von der Industrie gewünschte. Ziel ist es, durch die abweichende und dissidente Verwendung von Zeichen eine Art der »Bedeutungssubversion« zu betreiben. Dabei sieht sich das Cultural Jamming, was die subversiv verwendeten Techniken der Collage, Demontage oder Montage betrifft, durchaus in den Fußstapfen der Situationistischen Internationale beheimatet.

Als Flagship und Headquarter des Cultural Jamming gilt die in Kanada basierte Media Foundation, bekannter unter dem Namen Adbusters und seinem hauseigenen *Adbusters Magazine*. Klassiker aus dem Hause Adbusters sind die entstellte Werbung von Calvin Klein, Absolut-Vodka (Abbildung 10) und Benetton. Hinzu kommt der »Buy nothing day« (Slogan: »Participate by not Participating!«), traditionell einen Tag nach Thanksgiving, dem größten amerikanischen Shoppingtag, datiert; außerdem die »TV-Turnoff Week« und die angegliederte »political correct« ausgerichtete Werbeagentur »Powershift« für soziales Marketing.

> »Culture Jamming« ist natürlich nicht die ultimative Protestform. Es ist eine sehr taktische Form, eine kleine Geste, die nie die Tiefe eines politischen Essays besitzen kann.
> **Craig Baldwin**

Gründungsvater, Boss und Zugpferd von Adbusters ist Kalle Lasn, der die Rolle des Predigers gegen die »mentale Verschmutzung« durch Werbung zum Besten gibt, um dann über die vielen »bekehrten Kreativen« zu verzweifeln, die sich von Firmen kaufen lassen, statt ihr Können dem Widerstand zur Verfügung zu stellen. Bei der Gelegenheit verweist er gern auf das bereits 1964 erschienene *First Things First – A Manifesto*, in dem mehrere Grafiker und Designer ihren Widerwillen zum Ausdruck brachten, ihr kreatives Talent für Katzenfutter, Aftershave, Zahnpasta, Zigaretten, Diätpulver oder Haarwaschmittel herzugeben und zu dem Schluss kamen: »In common with an increasing number of the general public, we have reached a saturation point at which the high pitched scream of consumer selling is no more than sheer noise. We think that there are other things more worth using our skill and experience on.«

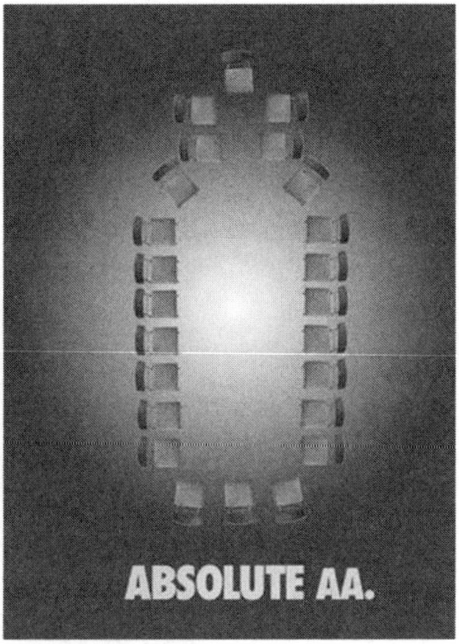

Zu ähnlichem Ruhm, wie Adbusters für das »Hochgehenlassen« von Werbung, ist die »Billboard Liberation Front« aus San Francisco für ihre »Billboard Improvement« genannte Entstellung und Demontage von Werbebotschaften auf Reklametafeln gelangt. Zuletzt wurde der Gouverneur des Bundesstaates Kalifornien, Arnold Schwarzenegger, per überklebtem Wahlplakat aufgefordert, gegen 1 300 000 Cyborgs etwas zu unternehmen – oder, wie Jack Napier, Billboard-Gründer, in einer Pressemeldung zum Thema Invasion der Roboter formulierte: »We recognize that this issue places Governor Schwarzenegger in an awkward position, being a cyborg himself.« Eine andere Taktik des Détournement ist das Hacken von Images anhand des Produktes und nicht der Werbung selbst. Prominentester Vertre-

Wo sich Dissidenz einmal des Konsums bediente, so bedient sich nun der Konsum der Dissidenz.
Mainstream der Minderheiten,
Tom Holert, Mark Terkessidis

ter ist der Pariser Brand-Hacker und Designer Ora-Ïto, Erfinder des Louis-Vuitton-Rucksacks, des hack-Mac (Think Weapon!/ Abbildung 11) oder der Gucci-Villa.

Ob Adbusting, Brandhacking oder Billboard-Improvement, Graffiti auf Plakatwänden oder selbst produzierte High-End-Anti-Werbespots: »All diese ansonsten sehr unterschiedlichen

Gruppen gehen davon aus, dass Werbebotschaften sich durch geeignete Eingriffe als Verführer impotent machen lassen«, so das *Handbuch der Kommunikationsguerilla*. Dabei liegt es auf der Hand, dass sich für diese Formen des, nennen wir es mit Zeichen und Symbolen und in der gängigen Marketing- und Medienlogik operierenden Gesellschaftsaktivismus eine Gruppe als besonders qualifiziert erweist: Die vorzugsweise in ironischen Anführungszeichen herumturnende Bobos dürfte keine lange Einarbeitungszeit in das Metier benötigen.

Rebel Sell: Protest am Point of Sale

Fake Rebels: Erst dagegen, dann dafür, dann dabei

Die Kritik an der Image-Ideologie genießt große Popularität. Das ist erfreulich. Dabei ist die Kritik am Konsum mittlerweile längst selbst zu einem der gefragtesten Produkte geworden, quasi zum Sowohl-als-auch der erfolgreichen Kritik. Und so finden wir, neben vielen anderen, dann auch Rushkoff, wie er auf den ersten Seiten seines Buches *Der Anschlag auf die Psyche* den Ausverkauf seines subversiven Ideenguts bejammert:

> »Ich hielt Eröffnungsreden vor Tausenden von Werbefachleuten und Programmchefs von Fernsehsendern und sagte ihnen, die sollen sich endlich eingestehen, dass sie das Monopol auf den Willen ihrer Zuschauer verloren hätten [...] hatten die Werber eingesehen, dass es mit ihrer Macht zu Ende ging? Weit gefehlt! [...] ›Media-Virus‹ war nicht zum Bestseller geworden, weil so viele Aktivisten, Produzenten von Bürgerfernsehen oder Computer-Hacker es lasen, nein: Es war zur Standardlektüre der Werbebranche geworden. [...] Ziel war es, die Waffensysteme der Werbeindustrie zu modernisieren und sie für eine neue Art

> Dieses System hat so perfekte Defensivstrategien gegen Protest und Widerstand entwickelt, dass man höllisch aufpassen muss, um sich nicht vereinnahmen zu lassen. Aus Protest wird heute ein Produkt gemacht, das dann zurückgekauft wird.
> **Hans Weingartner**

der Kriegführung fit zu machen [...] Kaum hatte ich die Revolution ausgerufen, wurde ich schon vom Gegner vereinnahmt. Obendrein hatte ich ihm noch geholfen und ihn angestachelt.«

Ähnlich erging es auch Frédéric Beigbeders Roman *39,90*, einer zynischen Demontage der Werbewelt. »Denn das Problem (jawohl: Problem!) ist«, wie Matthias Altenburg in der damals noch existierenden Zeitung *Die Woche* schrieb, »dass genau diejenigen dieses Buch feiern, deren Welt der Autor beschreibt: die verkommenen, verhurten, verkoksten, versoffenen Redakteure jener erfolgreichen Trash- und Nachrichtenmagazine, die es gar nicht gäbe, wenn sie nicht selbst am Tropf von Chloé, Versace und Prada hängen würden.«

Was bleibt, ist die nicht gerade zuversichtlich stimmende Einsicht, dass so gut wie jedes Vorhängeschloss jeder noch so subversiven Kritik früher oder später vom Mainstream geknackt wird, um dann auf den Tischen der Trend-, Werbe- und Marketingagenturen sowie in Vorlesungen und Leitartikeln oder Bestsellerlisten und Top Fifty-Charts zu landen. Die subversiven Aktionen von heute sind das Update der Guerilla-Werbeaktionen von morgen oder, wie Norbert Bolz schreibt: »Wenn es noch Alternativen, aber keine Alternative mehr gibt, bleibt für kritische Geister nur noch Cultural Jamming.« Dass aber auch Dekonstruktion kein Außerhalb der Kultur markiert, zeigt ihre Virulenz in Phänomenen wie De-Marketing, Adbusters und Nonsens. Dabei legen Marketing und Werbung mit denen für sie anheuernden CoolHuntern, Vermittlern, Grafikern oder Fotografen ein immer schnelleres Tempo an den Tag. Ziel ist es, die subversiven Taktiken und provo-

> Messlatte sämtlicher Subkulturen bleibt, auch in der Negation, die Kultur, deren Teil sie sind.
> **Rolf Lindner**

kante Kritik möglichst in Echtzeit zu adaptieren. Craig Baldwin, amerikanischer Filmemacher und »Medienarchäologe«, spricht von einem Ironie-Rollback, »der auf lange Sicht Kritik in jeglicher Form zur bloßen Attitüde verkommen lässt«.

Eine Gesellschaft ist autopoietisch geschlossen immer dann, wenn sie ihre eigene Negation in sich selber aufnimmt und nicht von außen kritisiert werden kann.
Niklas Luhmann

Dass das Cultural Jamming als der Popstar der semiotischen Guerilla an Schlagkraft eingebüßt hat, steht außer Frage. Die Diagnose lautet: 1. Die globalen Konzerne haben ihre Marketingstrategien inzwischen aktualisiert und ziehen gleich. 2. Im schlimmsten Fall ist Cultural Jamming, das der Logik des Marketings und der Werbung folgt, die dessen Muster kopieren, nicht mehr von ihnen zu unterscheiden 3. Die Kritik bestätigt die herrschende Ordnung statt sie zu stören: Cultural Jamming wird zum Teil des Systems.

Wie schmal der Grat zwischen Guerilla-Marketing und Cultural Jamming ist, zeigt die subversive Propagandaaktion, mit der die Wiener Mediengruppe Public Net und das italienische Künstler-Kollektiv 0100101110101101.ORG im September 2003 mit einer perfekten Marketinginszenierung für die vermeintliche Umbenennung des Karlsplatzes in Nike-Platz warben (»You want to wear it, why shouldn't cities wear it, too?«). Es war für alles gesorgt: Eine Info-Box auf dem Karlsplatz, Flugblätter und eine Webseite, die neben der Umbenennung des Platzes auch die Installation der gewaltigen Logo-Skulptur eines Nike-Swoosh mit 26 Metern Länge und 18 Metern Höhe (Abbildung 12) ankündigte. Als Anwohner unruhig wurden und Nike sich offiziell distanzierte und mit einer Klage drohte, schwankte die Aktion zwischen kritischer Bestätigung und bestätigender Kritik. Damit steht sie nicht allein. Viele der einmal sub-

In der wunderbaren Welt des Turbokapitalismus stoppt man eine Revolution nicht durch Zensur oder Gewalt, sondern mit Geld, sehr viel Geld. Das setzt den Underground einer Zerreißprobe aus. Die Angst vor dem großen Ausverkauf geht um.
Ralf Bentz

Der Konsument als Künstler, der Künstler als Hacker – alles zusammen eine Inspirationsquelle für den Markenstrategen, der sich von der Kritik anregen lässt und in neue Strategien transformiert.
Friedrich von Borries

versiven Strategien der Kommunikationsguerilla sind im Guerilla-Marketing angekommen und haben sich unter Virus-, BUZZ- und Viral-Marketing in den strategischen Marketingkonzepten eingenistet.

Als Klassiker der »Als-ob-Entfremdung« gilt das »Hacken« des eigenen Werbeplakats einer amerikanischen Werbeagentur für ein Chrysler-Modell vor gut zehn Jahren. Mit dem dringenden Auftrag, junge Erwachsene anzusprechen, machte man sich die Mühe, erst »HI« auf das Plakat zu sprühen, und es dann am nächsten Tag in »CHILL« oder »HIP« zu ändern, oder dem Wagen einem Irokesenschnitt (Briefing: Subkultur) aufzusetzen. Irgendwann erhielt die Billboard Liberation Front Wind von der Sache und der Wagen nun einen Totenkopf auf den Kühlergrill und aus HIP und CHILL wurde unter den Händen der Billboarder »HYPE« – dem man ja bekanntlich nicht glauben soll.

Meister des frech kopierten De-Marketings ist jedoch unangefochten Nike, deren subtil-perfiden Strategien Friedrich von Borries mit *Wer hat Angst vor Nike-Town?* gleich ein ganzes Buches gewidmet hat.

Etwas Besonderes hatte sich Nike, wie von Borries zeigt, zur Einführung des Fußballschuhs »Air Zoom« in Australien 2001 einfallen lassen. In einer gekonnten Nachahmung der Billboard Liberation Front wurde der Air Zoom auf Plakatwänden als »Most offensive shoe we ever made« so gekonnt angekündigt, dass selbst Nike-Gegner unsicher waren, ob die Plakate von Nike selbst oder von deren Gegnern stammten.

Doch damit nicht genug. Zu der Anti-Nike-Kampagne gesellte sich eine Anti-Nike-Website und die hauseigene Nike-Protestgruppe FFF (Fans for fairer Football) mit dem Auftrag, in mehreren Städten Demonstrationen gegen die technische Überlegenheit des Air Zoom zu veranstalten. Aber auch die so genannten Guten haben das De tournement als Werbestrategie für sich entdeckt, wie die Als-ob-Modeanzeige zeigt, mit der die humanitäre Hilfsorganisation Worldvision in dem Fashion-Magazin *Street* zu Spenden aufruft.

Dazu gesellt sich die Frage, ob man mit den Markenimages und Werbewelten der globalen Konzerne – als bevorzugte Angriffsziele – tatsächlich die richtigen Gegner ins Visier nimmt. Um es anders zu formulieren: Manchmal beschleicht einen der Eindruck, eine große Zahl der Zeitgenossen würde sich in einer ähnlichen Leidenschaft an Nike abarbeiten wie andere zuvor am Faschismus, der Unterdrückung der Frau oder einem übermächtigen, rigiden Staat. Aber sind Nike und Co. tatsächlich die Ursachen oder, als Produkte des kulturellen Kapitalismus, nicht einfach nur die Symptome? Wenn Siemens oder die Deutsche Bank Rekordumsätze und die Entlassung mehrerer Tausend Mitarbeiter zum gleichen Zeitpunkt bekannt

> Man unterschätzt, dass gerade intensiver Protest eine Marke langfristig lebendig hält, statt, wie intendiert, zu Boden wirft.
> **David Bossart**

> Ein guter Teil der Verzweiflung einzelner unter den Bedingungen der Massengesellschaft rührt von der Tatsache her, dass die Fluchtwege natürlich verschlossen sind, sobald die Gesellschaft alle Bevölkerungsgeschichten zu einem Ganzen zusammengefügt hat.
> **Hannah Arendt**

geben, bringt es dann etwas, ein Plakat oder eine Anzeige von Siemens oder der Deutschen Bank zu entstellen?

Wie auch immer: Wer den Finger in die Wunde legt, muss damit rechnen, dort festzuwachsen. Das ist wenig erfreulich, jedoch nicht neu. Auch wenn wir im kulturellen Kapitalismus die perfektionierte Variante bestaunen können, ist die stille Übernahme durch die Umarmung des kapitalistischen Systems so alt wie das kapitalistische System selbst: Vor ziemlich genau 50 Jahren schrieb Guy Debord in *Rapport über die Konstruktion von Situationen* so etwas wie die Satzung der Situationistischen Internationale: »Die herrschende Ideologie organisiert die Banalisierung der subversiven Entdeckungen und verbreitet sie im Überfluss, nach dem sie sie sterilisiert hat.« Mitte der sechziger Jahre wurde Marcuses Essay über die »Repressive Toleranz«, in der er beschreibt, wie radikale Kritik in eigens dafür angelegten Bereichen (»Treten Sie ein! Nur keine Hemmungen! Kritik erwünscht!«) kontrolliert sowie harmlos und lächerlich gemacht wird. Es wurde zur Must-have-Lektüre der Studentenbewegung. Zehn Jahre später schreibt Daniel Bell in *The Cultural Contradictions of Capitalism*, »die rebellischen Impulse sind von der ›Kulturmasse‹ institutionalisiert worden, ihre experimentellen Formen sind zur Syntax und Semiotik von Werbung [...] verkommen«. Gilles Deleuze spricht in dem 1990 veröffentlichten *Postskriptum über die Kontrollgesellschaften* von neuen »Kontrollformen mit freiheitlichem Aussehen«. Während heute wiederum beispielsweise N. U. Unruh von den Einstürzenden Neubauten die Misere ziemlich exakt auf den Punkt bringt: »Es gibt keine Widerstandsbewegung, weil der Markt es längst gelernt hat, jeden Widerstand für sich auszuschlachten und somit jede Innovation auf ihren massentauglichen Nenner zu verkleinern.

Den Rest hält man bedeckt. Es gibt keine populären revolutionären Bewegungen mehr, weil sie stets im Mainstream geendet und dort ausgetrocknet sind.«

Inside – Out: Wie Kritiker zu Konformisten werden

Von Gegnern durchdrungen und mit Kritik versehen werden zunächst vor allem die Bereiche, in denen durch die Tradition von immer wieder eingesetztem Widerstand bereits breitere Schneisen auf dem Weg zum Ziel geschlagen wurden. Sollte der kooperative Kapitalismus irgendwann mal als kleiner Trampelpfad begonnen haben, ist er heute eine sauber ausgebaute, mehrspurig befahrene Hauptverkehrsstraße.

Dass Kritik nicht mehr das Privileg der Kritiker ist, musste in diesem Jahr auch das globalisierungskritische Weltsozialforum in Porto Alegre erkennen, das vor fünf Jahren als Gegenveranstaltung zum Wirtschaftsgipfel des World Economic Forum ins Leben gerufen wurde. Noch ehe die Globalisierungskritiker des Weltsozialforums überhaupt zu Wort kamen, meldeten die Nachrichtenagenturen, dass sich Bono von U2, Microsoftgründer Bill Gates und Großbritanniens Premierminister Tony Blair beim World Economic Forum für mehr Entwicklungshilfe aussprechen. Bleibt die Einsicht: Wer heute als Kritiker, Rebell, Querulant oder Störenfried von sich reden macht, muss damit rechnen, noch ehe er sich versieht, zum Impulsgeber und Ideenlieferant des Systems zu werden, gegen das er sich richtet.

Dass sich der Kapitalismus in der Inszenierung des »Tods durch Umarmung« als durchaus geschickt und lernfähig erweist, zeigen auch Luc Boltanski und Ève Chiapello in *Der neue Geist des Kapitalismus.* Dieser kaschiere den von Daniel Bell Ende der sechziger

> Denn durch die Einführung der Negation der Gesellschaft in die Gesellschaft selbst ist sie gegen Kritik immun geworden.
> **Norbert Bolz**

> Alleine eine Musik, die das gängige Marktprinzip in Frage stellen würde, könnte dem gegenwärtigen System gefährlich werden. Doch um überhaupt gehört zu werden, müsste solch marktkritische Musik selbst erst einmal vermarktet werden. Ein Paradoxon, an dem so mancher subversiv denkende Musiker verzweifelt.
> **Michael Schmidt-Salomon**

Jahre beschriebenen Widerspruch: Die Wirtschaftsunternehmen verlangen, dass der Mensch hart arbeitet, eine Karriere anstrebt und den Aufschub von Befriedigungen hinnimmt – propagieren jedoch zugleich sofortigen Spaß, Erholung und Sich-gehen-Lassen; sie verlangen also von einem, am »Tage ›korrekt‹ und am Abend ein Herumtreiber« zu sein. Im Vergleich von Managementratgebern der sechziger und der neunziger Jahre zeigen Boltanski und Chiapello, dass die kritischen Werteparolen und Selbstverwirklichungsvokabeln der 68er – wie Kreativität, Autonomie, Selbstverwirklichung oder Recht auf persönliche Entfaltung – in den Büroetagen, Motivationsseminaren und Businessplänen angekommen sind, und damit im zentralen Nervensystem des Kapitalismus.

Heute sind die einstigen Parolen im Beratungsprofil der McKinseys enthalten, und die Arbeitswelt versucht mit dem Image des Two-in-one-Produkts (»Geld verdienen und sich selbst verwirklichen«) zu punkten. Denn wo Autonomie, Individualität, Kreativität und Selbstverwirklichung heute nicht mehr länger nach der Arbeit gefordert werden, sondern in den Produktionsprozess eingebunden und zum festen Bestandteil von Unternehmenskulturen und Arbeitsplatzprofilen erklärt werden, ist auch der Mitarbeiter und Unternehmer nicht mehr länger ein unterdrückter Lohnabhängiger, sondern, je nach Gusto, mal unternehmerischer Künstler, mal profitorientierter Bohemien des kulturellen Kapitalismus. Und als solcher sucht er seine kreative Selbstverwirklichung nicht mehr länger im Privaten, sondern stellt sie bereitwillig dem »kulturellen Produktionsprozess« der Wissensgesellschaft zur Verfügung.

> Agent Provocateur
> **Britische Luxus-Unterwäschemarke**

Ein anderes, letztes Beispiel, wie die Schlagkraft einer Gegenbewegung durch penetrante Umarmung erfolgreich abgefedert wurde: Anfang der Neunziger entwickelte sich aus der Punkszene die postfeministische Praxis der Riot Grrrl-Bewegung, die die Bühne für einen semiotischen Gegenangriff auf die patriarchalen Normen freigab. (»Grrrl bringt das Knurren zurück in die Miezekatzeseelen, Grrrl zielt darauf, die ungezogenen, selbstsicheren und neugierigen Zehnjährigen in uns wieder aufzuwecken, die wir waren!«) Ihre Plattform waren Fanzines, Texte, Musik und Konzerte, ihre Taktik, sich sexistische Klischees durch den absichtlich verkehrten Gebrauch und die ironische Überbetonung zurückzuerobern und sie mit neuer, eigener Bedeutung versehen wieder in den gesellschaftlichen Gebrauch einzuspeisen. Schon ein paar Jahre später spülte verharmlosender Medienhype den Großteil der Bewegung an die Oberfläche, um von nun an im Seichten herumzutreiben. Im schlimmsten Fall blieb in der Mainstreamversion lediglich das »Girlie« (sexy, keck, harmlos) übrig, das sich als konsumierende Aktivistin ein Zicke-T-Shirt beim Otto Versand bestellt.

> Auch die Revolte braucht Marketing als Kampf um Wahrnehmung.
> **Norbert Bolz**

Kurzum: Die Kritik am System durch Umarmung zu töten ist die bewährte Methode »liberaler«, westlicher Gesellschaften, sich fundamentale Kritik vom Hals zu halten und sie handzahm zu machen. Heute, im kulturellen, hochdifferenzierten System des Kapitalismus können wir den »Tod durch Umarmung« in seiner perfektionierten Fassung jeden Tag aufs Neue bewundern. Als austrainierte High-End-Version des Kapitalismus weiß der kulturelle Kapitalismus darum, dass er auf Protest

> Die Stärke von McDonald's lässt sich am untrüglichsten daran ablesen, dass das Unternehmen zur beliebten Zielscheibe von Gegnern unterschiedlicher Provenienz geworden ist. Anti-McDonald's- Gruppierungen sind ein klares Indiz dafür, dass das Unternehmen globale Reputation erlangt hat.
> **David Bossart**

> Junge erfolgversprechende Designer werden nach dem Abschluss von der Werbeindustrie und den großen Konzernen aufgesaugt. Meistens scheint eine enorme Lücke zwischen ihren persönlichen Interessen und Persönlichkeiten und ihrem Tagewerk zu klaffen. Ich bin selber vom Künstler zum Geschäftsmann geworden.
> **Peter Saville**

und systemkritisches Gedankengut angewiesen ist. Und dass Kritik, richtig angewandt, einer Frischzellenkur für sein Image gleichkommt und zumindest kurzweilig eine kosmetische Korrektur seiner Schwachstellen erlaubt. Die Geschichte hat gezeigt, dass die Kritik von heute der Motor von morgen ist – also immer mal her und rein damit.

Denn Kritik macht jedes System nicht nur flexibel und sexy, sondern, viel besser noch, immun gegen Kritik. Die Kritik von heute wird so zum Gegengift für die Kritik von morgen. Grund genug, ständig um sie herumzutanzen und den »Dialog« zu suchen.

Der Konsum der Kritik

Wer gehört werden will, kommt nicht darum herum, die Mechanismen und Kanäle des Systems zu nutzen. Oder er muss ungehört bleiben.

> Wenn Dissidenz, Kritik und Subversion zum Motor der Modernisierung eben jener Verhältnisse werden, die zu unterdeterminieren, abzuschaffen oder wenigstens zu denunzieren sie einmal angetreten waren, verkehrt sich das Verhältnis von Norm und Abweichung.
> **Marion von Osten**

Denn die Mechanismen des Marketings haben die Öffentlichkeit inzwischen soweit durchdrungen, dass keiner mehr an ihnen vorbeikommt. Ganz gleich ob Künstler, das Tierheim an der Ecke, Politiker oder Greenpeace. Das Dagegensein wird heute nach allen Regeln der Aufmerksamkeitsökonomie und Image-Ideologie verpackt und geht dann seiner Wege. Populäre Querschläger und Protest-Celebrities wie Michael Moore, Naomi Klein oder Kalle Lasn werden zu Marken erfolgreicher Kritik. Da bringt es nicht viel, wenn Naomi Klein gleich zu Beginn ihres Buches klarstellt, dass es sich bei dem Titel nicht um ein »Post-Logo-Logo« handelt (»Wie ich gehört habe, gibt es bereits ein Bekleidungssortiment mit dem Logo ›No-Logo‹.«).

> Das Protestlied gegen den Weltsound von MTV endet als Nummer eins in den Charts.
> **Norbert Bolz**

Damit geht jeder, der sich heute dafür entscheidet, Kritik zu üben und zu Mitteln des Protests zu greifen, auf Messers Schneide. Noch nie lagen die Möglichkeiten, Kritik am System zu üben und damit zugleich zum Teil des kritisierten Systems zu werden, so nah beieinander. Und so balanciert das Dagegensein im kulturellen Kapitalismus auf dem inzwischen reichlich abgelaufenen und ungewöhnlich schmal gewordenen Grat zwischen Widerstand und Unterhaltung, Protest und POS (Point of Sale), kommerziellem Marketing und fundamentaler Politpropaganda. Sollte man in totalen Systemen auf der Hut sein, nicht als systemkritischer Aktivist erkannt zu werden, zeigt sich die Situation im »liberalen« kulturellen Kapitalismus auf Schmusekurs genau anders herum: Wer heute zum Systemsturz aufruft, dem droht morgen die zärtliche Demontage. Früher oder später landet jede Form von Kritik in der immergleichen Zwickmühle: Sie muss populär werden, um gehört zu werden, muss aber, wenn sie gelingt, damit rechnen, sich selbst ins Aus zu setzen – und so an Überzeugungskraft zu verlieren. Das, was sonst ganz oben auf den kollektiven Wunschlisten steht – Popularität und Erfolg –, als das, was die meisten wollen und den wenigsten zuteil wird, ist das Knock-out-Argument für das Dagegensein. Wobei gilt: Je erfolgreicher und populärer die Kritik, umso nörgelnder und schonungsloser die Kritik an der Kritik, die, so will es die Paradessenz, ja wiederum nur dann gehört wird, wenn sie die populärkulturellen, kommerziellen Vertriebskanäle nutzt.

> You say you want a revolution.
> **John Lennon 1963/Nike, 1986**

Entscheidet man sich, nicht mit seiner systemkritischen Botschaft hinter dem

> Es reicht aber nicht, gegen alles zu sein und nur noch selbst angepflanztes Gemüse zu essen. Wenn man aus dem System aussteigt, ändert man nichts.
> **Naomi Klein**

Berg zu halten, hat man die Wahl: *Entweder* man freut sich als Outlaw seines exklusiven Nicht-für-jedermann-Protests über eine ebenso exklusive handverlesene Auswahl von Mitstreitern und Fans *oder* man greift zu einer massenkompatibleren, populärkulturtauglichen Verpackung – und überlegt sich schon mal, wie man im Falle des Erfolgs als populär gewordene Anti-Marke-Marke seine mit dem Etikett »Protest« ausgezeichnete, im Regal »Rebell« angebotene Kritik am besten gegen den Vorwurf der Verharmlosung, des Ausverkaufs und Verrats verteidigt.

Aber auch wenn die exklusive Insiderprotestvariante (»For those who know«) hier erst mal besser wegkommt und es immer wieder die populäre Variante ist, die um ihre Glaubwürdigkeit (jetzt: »Street Credibility«) fürchten muss, sind, das muss man gerechterweise dazu sagen, die exklusiven Protest-Insider oft die wahren Snobs von beiden. Zumindest der Teil von ihnen, der das Populäre vor allem deshalb fürchtet, weil es der gepflegten Authentizität ihres Outlaw-Images empfindliche Kratzer zufügen könnte und weniger aus der Angst heraus, durch die Vereinnahmung des Systems der Verharmlosung ihrer Kritik zuschauen zu müssen.

Ob aus den niederen Gründen der Snobs im Protestgewand oder edlen Motiven der Mainstreamskeptiker, wer es dabei belässt, seinen Unwillen nur in den kleinen Eingeschworenenzirkeln zum Besten zu geben, muss sich damit zufriedengeben »die Bekehrten zu bekehren« und damit rechnen, sich irgendwann in einer exklusiven Outlaw-Randgruppe wiederzufinden, der es reicht, sich selbst dabei zuzusehen, wie sie zu ihrem eigenen Ungehorsam abfeiert. Anders gesagt: Der Großteil der hier abgefeuerten Kritik

> Ich kritisiere Levi's, weil das Unternehmen seine Produktion von Europa in die Billiglohnregion Südostasien verlegt hat. Trotzdem trage ich Levi's-Jeans. Vorsicht: Ich behaupte nicht, ein Vorbild zu sein. Oder Che Guevara.
> **Frédéric Beigbeder**

wird, wie wir es von großen Wiederkäuersystemen kennen, in den immer wieder gleichen, in sich geschlossenen Zirkeln in einer »Parallelwelt« seine Kreise ziehen – während der Rest der Gesellschaft reichlich wenig davon mitbekommt. Schade drum. Eigentlich. Bleibt zu hoffen, dass die Outlaws, die sich den Regeln der Aufmerksamkeitsökonomie entziehen, ihre Exklusivität dazu nutzen, sich um solche Arbeiten zu kümmern, deren verfassungs- und staatsfeindliche Färbung den Namen Outlaw rechtfertigt und davon abrät, das Licht der Öffentlichkeit zu suchen.

> Wenn man in einen »schönen« oder melodiösen Popsong eine subversive Aussage steckt, können durch die Hintertür noch mehr Menschen erreicht werden als mit einem Punkrock-Song.
> **Bernadette La Hengst**

Natürlich wäre es wünschenswert, wenn hier hin und wieder ein Tag der offenen Tür (heute: »Casting-Day«) für Interessierte eingerichtet werden könnte, da je nach Verlauf der innen- und außenpolitischen Entwicklung mit einigen Neuinteressenten zu rechnen ist und es schade wäre, wenn diese den Hintereingang nicht finden würden.

Lernen von den Linken: Kein Protest ohne PR

> Wenn du ein Commercial machst, bist du von der Liste der Künstler gestrichen. Du bist nichts weiter als ein korporativer Büchsenschieber, eine weitere Hure in der kapitalistischen Massenvergewaltigung. Wenn du ein Commercial machst, ist ein Kopfgeld auf dich ausgesetzt, alles was du von jetzt an sagst, ist verdächtig.
> **Bill Hicks**

Auch wenn der, der sich aus dem kleinen Einmaleins von Marke und Marketing bedient und die Regeln der Aufmerksamkeitsökonomie befolgt, um für seine Variante des Dagegenseins zu »werben«, damit rechnen muss, seine »Waffe« in der Hand des Gegners zu entdecken, stellt die Outlaw-Koketterie keine Alternative dar. Dass in einem System, in dem es kein Außerhalb mehr

> Was ist die Frage, die man sich stellt,
> wenn man dem Untergrund so gut gefällt.
> Das ist die Frage, die sich nicht stellt,
> weil man dem Management so gut gefällt
> **Mediengruppe Telekommander**

gibt, verdammt noch mal nichts Unanständiges daran zu erkennen ist, für das »richtige Image« seines Protests zu sorgen, wussten selbst die Linken in den Sechzigern: Man bediente sich eifrig der Mechanismen des Marketings, nutzte die Medien und arbeitete pingelig an einem medientauglichen Rebellenimage, bei dem keine der Zutaten fehlen sollte, mit denen sich Aufmerksamkeit gewinnen ließ. Auf die negative Dialektik und den eindimensionalen Menschen hätte man verzichten können, wie Norbert Bolz schreibt, »aber nicht auf den *Spiegel* oder *Zu Protokoll*«. Und manchmal auch nicht auf die *Bild*-Zeitung, wenn man sich die mediale Dokumentation des zum Medienspektakel gewordenen »Pudding-Attentats« auf den US-Vizepräsidenten Humphrey im April 1967 so anschaut (Titelzeile: »Attentat auf Humphrey«).

Begibt man sich allerdings auf die Suche nach den wahren Pionieren der perfekten Image-Inszenierung, kommt man an der RAF nicht vorbei, die man sicher für einiges verurteilen kann – nicht aber für ihren gekonnten Umgang mit ästhetischen Codes. In diesem sind wohl auch die Gründe dafür zu suchen, dass die »Marke RAF« heute Züge einer zum Mythos avancierten Kultmarke aufweist – die ästhetische Auflösung eines sozialen Widerspruchs. Da wäre zunächst die Vorliebe der Baader-Meinhof-Gruppe für Fluchtfahrzeuge der Marke BMW, die, wie Holm Friebe in der *Jungle World* vom 21. April 2004 schreibt, »zu einer temporären Neuaufladung der Abkürzung als ›Baader-Meinhof-Wagen‹ führte, wobei die Marke BMW enorm von dieser bekannten Affinität profitierte«. Und dann wäre da noch, so Friebe weiter, der Illustrator und Designer des RAF-Logos, Holm von Czettritz, den der bereits untergetauchte Baader eines Tages mit der dringenden Bitte aufsuchte, das RAF-Logo noch einmal zu überarbeiten. Von Czettritz dazu in einem *taz*-Interview vom 12.4.2003: »Heute würde man Relaunch dazu sagen. Weil ich dazu aber keine Lust hatte und ich das irgendwie so naiv fand, hab ich ihm damals gesagt: ›In seiner Rustikalität hat das eine Originalität, die würde ich nicht verändern. Das muss diesen rauen Ursprungscharakter behalten. Das sag ich dir als Markenartikler.‹« Heute sind wir eine Stufe weiter: Jeder, der mag, kann auf das kleine Einmaleins der Imagebildung zurückgreifen und der, dem das nicht reicht, in Charlotte Ryans Buch mit dem bezeichnenden Titel *Prime Time Activism* etwas über die richtigen »Media Strategies for Organizing« erfahren.

Einen Imageratgeber für Systemkritiker und Rebellen gibt es allerdings noch nicht. Hätte ihn jemand geschrieben, müsste er uns von Authentizität erzählen und dann von Authentizität und vielleicht auch noch von Authentizität. Denn, soviel ist klar, der Anspruch auf Authentizität trifft ungebremst jeden Kritiker, der den Mund aufmacht. Er soll uns zeigen, wie verlogen, korrupt und gierig unsere durchökonomisierte, medial inszenierte, marketingverseuchte Welt ist, aber mit dieser Welt selbst – wenn bitte möglich – wenig zu tun haben. Wem eine Karriere als Systemkritiker und Politaktivist vorschwebt, der muss damit rechnen, von einer Armada von Authentizitätsdetektiven (»Meint sie's ernst?«, »Ist er echt?«) beobachtet zu werden und steht permanent unter Verdacht, nicht systemkritisch zu sein, sondern systemkonform. Nicht ohne Grund: Wo sich mit Kritik am System unter dem USP der sexy rebellischen Pose Verkaufszahlen von Waren in die Höhe treiben lassen, ist längst nicht überall Protest drin, wo Protest draufsteht. Erfolgreiche Kritik ist per se verdächtig, Als-ob-Kritik zu sein. Der Fake-Rebell geht um. Nicht der Wolf im Schafspelz, sondern das Schaf im »authentischen« Wolfspelz der Popkultur ist gefragt. Und so lautet die Frage auch hier: Wer ist gut? Und wer ist böse?

> Ich würde keinen Industrievertrag unterschreiben. Wir können uns höchstens ein Projekt finanzieren lassen, das so teuer ist, dass wir es selbst nicht bezahlen können.
> **Blixa Bargeld**

> Was Bin Laden zum Islam sagt, ist so primitiv wie das, was die RAF zur marxistischen Theorie beigetragen hat.
> **Jan Philipp Reemtsma**

Kann die mit ihrem No-Sweatshop-Image kokettierende T-Shirt-Marke American Apparel (Mission-Statement: »Fuck the brands that are fucking the people«) noch eine von den Guten sein? Auch wenn ihr Boss und Gründer Dov Charney im Londoner American Apparel-Shop gleich von mehreren Monitoren gleichzeitig aufgekratzt über die politische Korrektheit seines Labels philosophiert? Oder ist es nach einem 15-minütigen Anblick der schauderhaften TV-Screen-One-Man-Show an der Zeit sich zu fragen, ob wir hier nicht Zeuge für jemanden sind, der sich mit Style und Political Correctness die passende Bühne für sein »Blockbuster-Ich« zusammengezimmert hat? Aber selbst wenn, gibt es nicht schlimmere Formen der Selbstinszenierung als die Pose des Coolen mit der des politisch Korrekten zu kombinieren? Und was ist überhaupt mit dem Chef und Gründer der »Bewegung« Adbusters, Kalle Lasn? Ist Adbusters nicht längst zur erfolgreichen Marke geworden, mit einem Merchandise-Shop und dazu erhältlichen Postkarten und Plakaten? Hat der selbst ernannte Konsumterrorist nicht längst das Ufer gewechselt und greift nun mit seinem vor zwei Jahren auf den Markt geworfenen, politisch korrekt produzierten No-Image-Image »Blackspot Sneaker« (Slogan: Rethink the cool) seinen Teil vom Kuchen ab? Ja, genau das tut er, sagen Joseph Heath und Andrew Potter in ihrem Buch *The Rebel Sell. Why the culture can't be jammed* und erklären den Tag, an dem der Schuh auf den Markt gebracht wurde, zum offiziellen Todestag des Cultural Jamming: »After that day no rational person could possibly believe that there is any tension between ›mainstream‹ and ›alternative culture‹. Afer that day, it became obvious to everyone that cultural rebellion, of the type eptiomized by Adbusters magazine, is not a threat to the system – it is the system.«

Auch auf die Gefahr hin, seine Kritik eines Tages aufpoliert im Supermarkt entdecken zu müssen, ist man sich inzwischen im Großen und Ganzen darüber einig, dass die Kombination von Protest und Popularität erstmal nichts Unappetitliches ist, sondern, in einer Aufmerksamkeitsökonomie, das legitime Mittel zum Zweck. Selbst prominenten Fürsprechern wie »Insider« Lars Strömberg und seiner Band The (International) Noise Conspiracy ist es beispielsweise lieber als »Sell-Outs« gescholten zu werden und auf MTV zu laufen, als vor 254 Leuten zu spielen und als »politically correct« zu gelten. Hinfällig scheint damit die Diskussion darüber, ob bereits schon der systemkonform und damit systemkritikuntauglich ist, der seine Kritik auf die offiziellen Botschafts-, Produktions- und Transportwege hievt oder doch noch der als politisch korrekt gilt, der an ein paar befreundete Passanten Flugzettel verteilt – selbstverständlich nicht ohne das vertrocknete Anarchie-Logo und das imagestarke Schlagwort des »Autonomen«. Und das umso mehr, wenn man sieht, dass unser Politaktivist seine Flugblätter vor einer Boutique verteilt, in deren Schaufenster ein T-Shirt hängt mit dem gleichen Logo wie dem auf den Flugblättern. Womit wir beim eigentlichen Problem wären: Denn selbst wenn Protestform und Ausverkauf selten so parallel auftauchen wie hier, haben der Ausverkauf und die Verharmlosung der Kritik ein Tempo erreicht, das bisher beispiellos ist. Auch muss die Frage, ob die von den Cultural Jammern abgefeuerten semiotischen Geschosse auch tatsächlich die Richtigen treffen, erlaubt sein: Reicht es, die Medien- und Marketingwelt ins Visier zu nehmen und die herrschende politische und wirtschaftliche Ordnung außen vor zu lassen? Nein, es reicht nicht, und überhaupt, so auch der Kanon der »Kritik der Kritik«: Wer den Kleinen ein Beinchen stellt, weil er sich nicht traut, den Großen ins Gesicht zu spucken, darf sich nicht wundern. Zeit, die Angriffstaktik zu ändern und sich in Wirtschaft und Politik nach neuen Zielscheiben und würdigen Gegnern umzusehen.

Die RAF ist bereits Pop. Das Logo: cool. Die Kleidung: gern gesehen in den Clubs. Die Waffen: machen sich gut auf T-Shirts. Die Politik: ganz interessant.

Alexander Böker in *Max*

Statt mit hochgezogener Augenbraue und einer Underground- und Main-

> Weder zur Furcht noch zur Hoffnung besteht Grund, sondern nur dazu, neue Waffen zu suchen.
> **Gilles Deleuze**

stream-Etikettiermaschine durch das Protestsortiment zu stolzieren und im Che-Guevara-Shirt kulturtheoretische Monologe über Protestkultur und Markenimages zu halten, sollte man sich fragen: Was kann man tun, um die Inkubationszeit, in der sich Protest in ein Produkt verwandelt, zu strecken? Und wie nutzt man die kurze Zeit, die einem bleibt, den »Gegner« mit seinen eigenen Waffen an der einen oder anderen verwundbaren Stelle zu erwischen, bevor die Waffe entsichert in seine Hand wandert? Wie müssen Kritik und Protest verpackt sein, damit ihre Popularität nicht im Gleichschritt mit ihrer Verharmlosung geht? Kurzum: Welche tarnende Schutzhülle braucht das Dagegensein, damit es nicht im Handumdrehen im Mainstream austrocknet?

FAKE FOR REAL: Über das wahre Falsche und falsche Ware

Freie Radikale: Über Protest-Baustellen und Kritik-Giganten

Auch wenn der kommerzielle Abverkauf, der »Rebel Sell«, längst im vollen Gange ist – der schleichenden Radikalisierung und Politisierung jenseits der »offiziellen« Politik der Parteien, Programme und Institutionen tut dies keinen Abbruch. Wer davon etwas mitbekommen will, darf allerdings nicht nach der Front einer kollektiven, geschlossenen Gegenbewegung suchen, sondern muss Ausschau halten nach vielen kleinen und größeren Baustellen des Nicht-einverstanden-Seins und Anders-machen-Wollens. – wie es sich für eine Gesellschaft randvoll mit unterschiedlichen Wahrheiten und individuellen Präferenzen gehört.

Für Saskia Sassen sind dies allesamt kulturelle Praktiken, die politische Subjektivität produzieren, auch wenn diese noch nicht kanalisiert ist und noch keine klaren Konturen hat.

Eine der kleineren Baustellen ist zum Beispiel *Change the world for a Fiver*, ein fünf Pfund teures Buch, das 2004 in Englands Buchläden landete. Der Grund: »Voting in elections in declining and membership of political parties has fallen by two thirds over a single generation [...] we feel things very deeply and we want to do something, but what?« Die Antwort sind »50 actions to change the world and make me feel good« als eine humorvolle, ästhetische und zeigefingerfreie Wiederbelebung der Parole »Das Private ist politisch«, überzeugt davon, dass das Ganze mehr ist als die Summe seiner Teile und ohne Scheu vor allzu Banalem – ganz gleich, ob man Blut, alte Brillen oder Kleingeld spendet, an Wasser und Plastiktüten spart, sein Badewasser teilt, mit Nachbarn und alten Menschen plaudert oder mit den beigelegten Saatsamen einen Tannenbaum für Weihnachten 2012 züchtet. Die Autoren des Einmaleins der guten Tat sind zugleich die Initiatoren von »wearewhatwedo«, laut Selbstauskunft »a new kind of movement« und ein Community-Link-Projekt mit gleichnamigem Internetportal (www.wearewhatwedo.org).

Für eine andere Form der Mikropolitik steht der belgische Komikterrorist Noel Godin, der sich darauf spezialisiert hat, Torten in die Gesichter »pseudointellektueller Schwafler, manipulierender Politiker und neoliberaler Kapitalisten« zu werfen. Über die Taktik seiner »Internationalen Patisserie Brigade« mit Kampfgruppen in mehreren europäischen Städten sagte Godin in dem Magazin *Park&Ride* einmal: »Aber gerade weil es heute so gut wie keine Möglichkeit gibt, gegenüber Wirtschaft und politischen Systemen wirkungsvoll Dissens zu formulieren, ist unser Creme-Kreuzzug so wichtig. Unsere Attentate sind symbolisch. Sie verletzen das Opfer nicht physisch, sondern in seinem Stolz. Wir greifen das Image der Person an.«

> Was sich jetzt als Gesellschaftsform ohne Alternative darstellt, ist in Wirklichkeit ein weites Feld auf der Suche nach Unterscheidungen.
> **Heinz Bude**

> Some political scientists say that MoveOn.org may foreshadow the next evolutionary change in American politics, a move away from one-way tools of influence like television commercials and talk radio to interactive dialogue, offering everyday people a voice in a process that once seemed beyond their reach.
> *New York Times*

Eine der Großbaustellen des Politischen jenseits von Parteipolitik ist sicherlich die amerikanische Organisation und parteiunabhängige Online-Initiative MoveOn.org (Slogan: »Democracy In Action«), die von dem amerikanischen Millionärsehepaar Wes Boyd und Joan Blades ins Leben gerufen wurde. Die Liste der von MoveOn inszenierten Protestaktionen ist lang, die Anzahl der Mitglieder, die die Aktionen der Organisation mittragen und finanzieren, liegt nach eigenen Angaben bei über zwei Millionen. Selbst erklärtes Ziel ist es, »bring back ordinary people back into politics«. Zu einer der bekanntesten Aktionen von MoveOn wurde »Bush in 30 Seconds« (bushin-30seconds.org). Ein Videowettbewerb, der den besten Anti-Bush-Film prämierte und bei dem prominente Unterstützer wie Michael Moore oder Moby in der Jury saßen, um aus über 1 500 Beiträgen die zehn besten herauszupicken. Sie sollten während des Super-Bowl-Finales in der Werbepause laufen. Allerdings hat sich der Fernsehsender CBS geweigert, sie zu senden. Abgesehen von solchen Aktionen bietet MoveOn seinen Mitgliedern die Möglichkeit, ihr Nichteinverstandensein quasi in Echtzeit lautstark zum Ausdruck zu bringen. Man erhält zum Beispiel die Kontaktdaten von Volksvertretern oder Institutionen, die ins Visier der Kritik geraten sind, und kann sie so, unterstützt von zwei Millionen Mitstreitern und einer programmierten Anrufautomatik per Telefon, E-Mail oder Fax, tyrannisieren.

Inzwischen sind die pragmatischen, hocheffektiven Attacken von MoveOn so erfolgreich, dass ihre Tipps und Kniffe letztes Jahr in dem Buch *Moveon's 50 Ways to Love Your Country: How to Find Your Political Voice and Become a Catalyst for Change* veröffentlicht wurden. Ein äußerst brauchbares Handbuch des zivilen Ungehorsams für Aktivisten, weit weg von moralinsaurer, linksideologischer Mythenbildung. In Deutschland ist der Do-it-yourself-Ratgeber bisher noch nicht erschienen – und sollte dies überhaupt geplant sein, wird man sich noch ein paar Jahre gedulden müssen. Denn auch Kalle Lasns Buch *Cultural Jamming*, dessen US-Version bereits 2000 auf den Markt kam, wurde erst Anfang 2005, also fünf Jahre später, in Deutschland herausgebracht, sodass es sich hier vielleicht nicht nur um eine verspätete Adaption für den deutschspachigen Raum, sondern eine zu späte Reaktion handelt. Vor allem im Hinblick darauf, dass 2004 in den USA *The Rebel Sell* ein Erfolg wurde: ein Buch, das die politische Kraft des Cultural Jamming demontiert. Ließe sich für *The Rebel Sell* alsbald ein deutscher Verlag finden, würden die Publikation von Kalle Lasn, die Cultural Jamming als »neue soziale Bewegung« feiert, und das Buch, das Cultural Jamming als politische Bewegung für gescheitert erklärt, zeitgleich in den Buchhandlungen erscheinen. Zum Stand der deutschen Protestkultur kann das nichts Gutes verheißen. Und wer sich umsieht, was hierzulande in Sachen zeitgemäßer Widerstand derzeit im Angebot ist, muss erkennen, dass wir uns trotz Ausnahmen wie die Evolutionären Zellen (www.evolutionaere-zellen.org) und jeder Menge gut gemeinter kritischer Theorie ganz weit hinten anstellen müssen. Auf der Landkarte des zivilen Ungehorsams im 21. Jahrhundert ist der Exportweltmeister Deutschland bedauernswerterweise nicht vorne mit dabei.

> Alles, was du in so einer Situation tun kannst, also wenn du es satt hast, wie die Leute sich abrackern und sich andere quälen, das ist: Widerstand leisten. Widerstandsarbeit. Dagegen angehen. Du musst nein sagen.
>
> *The Cocka Hola Company,* **Matias Faldbakken**

Symbolische Zeitbomben: Zeichen als Waffen

Doch kein Grund zur Sorge: Auch wenn es in den letzen Jahren keinen nennenswerten Neuzugang im Protestsortiment gab, muss sich niemand, der eine poli-

> Man muss es auch technisch ganz klar sagen: Kopierschutzverfahren haben keine Chance. In dem Moment, wo es ein Schloss gibt, gibt es auch eine Möglichkeit, es zu öffnen.
> **Wau Holland**

tische Karriere im Visier hat, der Ideologie von Attac anschließen und mit Sven Giegold oder dem Ortsverband der Grünen debattieren. Zumindest drei politische Widerstandsinstanzen, die sich sehen lassen können, haben wir noch: Das vor gut zehn Jahren erstmals erschienene *Handbuch der Kommunikationsguerilla*, das endgültige Satiremagazin *Titanic* und den »ChaosComputerClub« (wenn auch nicht erst seit gestern dabei, aber Koryphäen des zivilen Ungehorsams made in Germany).

Betrachten wir dieses Trio genauer: Zunächst wäre da die *Titanic,* die 2004 ihren 25. Geburtstag feierte und die ihre Leser jenseits des Konsens durch den politischen Alltag führt. Dann folgte 1981, so will es die Legende, eine in den Redaktionsräumen der *taz* gegründete Hackerplattform, die in Hamburg als eingetragener Verein, als ChaosComputerClub den Kampf für Informationsfreiheit, das Recht auf Kommunikation, digitales Bürgerrecht und gegen die Zensur aufnahm: »Der Zugang zu Computern und allem, was einem zeigen kann, wie diese Welt funktioniert, sollte unbegrenzt und vollständig sein.« Ihr Gründungsvater, der prophetische Wau Holland, plädierte für einen schöpferisch-kritischen, »absichtlich verkehrten« Gebrauch von neuen Technologien, der sich dem von Industrie und Programmen vorgeschriebenen widersetzt. Als legendär gilt die Aktion »Blinklights« zum 20. Geburtstag des Clubs, bei dem sich in der Nacht die oberen Etagen des »Haus des Lehrers« am Berliner Alexanderplatz in ein riesiges interaktives Computer-Display verwandelten, auf denen man per Handy Pingpong spielen oder Textnachrichten hinterlassen und lesen konnte.

Nach ähnlichen Mustern operiert auch die Kommunikationsguerilla: Hier wie da geht es darum, die Schwachstellen technologischer, politischer, ideologischer oder sozialer Systeme offen zu legen, auch wenn die konkreten Methoden und Einsatzgebiete sich unterscheiden. Als Standardnachschlagewerk der semiotischen Waffenführung gilt das *Handbuch der Kommunikationsguerilla*. Erklärtes Ziel der Kommunikationsguerilla ist es, »die Selbstverständlichkeit und vermeintliche Natürlichkeit der herrschenden Ordnung zu untergraben« und so »die Legitimität der Macht in Frage zu stellen und damit den Raum für Utopien überhaupt wieder zu öffnen [...] und geschlossene Diskurse in offene Situationen zu verwandeln, in denen durch ein Moment der Verwirrung das Selbstverständliche in Frage steht«. Die Übergänge der im *Handbuch der Kommunikationsguerilla* beschriebenen Strategien zu denen des *Media-Virus*, dessen Ausverkauf Douglas so beweinte, sind fließend. Der Media-Virus ist, selbst wenn manches zu viralen Marketingstrategien bereits verwurstet wurde, als politische Taktik nach wie vor effektiv und ziemlich brauchbar. Hier wird Kritik so verpackt, dass sie 1.) die gängige Medienlogik bedient und, viel wichtiger, 2.) dabei den Anschein völliger Harmlosigkeit und Anspruchslosigkeit erweckt. Bloß keinen Verdacht aufkommen lassen und niemals vergessen, die subversiven Ansätze immer unter einem »leichtverdaulichen Zuckerguss« zu verstecken, wie Rushkoff einmal formulierte. Als High-End-Beispiel des Media-Virus gilt die amerikanische Comicserie *The Simpsons*, die in Deutschland auf ProSieben läuft. *Subversion zur Prime-Time* nennt Andreas Rausche die *Simpsons* in seinem gleichnamigen Buch und spricht von der Serie als einem »Cartoon-Versuchslabor, [...] das Aufklärung unter den Bedingungen der Kulturindustrie betreibt«. Aber es geht auch ein paar Stufen darunter, denn ein Media-Virus kann so gut wie alles sein: eine E-Mail, eine Pressemitteilung, ein PR-Event, oder, wie Medien-

> Während militärische Militanz auf eine Unterbrechung des Kommunikationskanals zielt, begreift die Kommunikationsguerilla die Formen der Kommunikation selbst als Herrschaftspraxen. Sie macht sich die Strukturen der Macht zunutze, indem sie ihre Zeichen und Codes entwendet und verfremdet.
>
> *Handbuch der Kommunikationsguerilla*

> Geschickte junge Medienstrategen mit neuen, »bedrohlichen« Ideen müssen neue, nicht bedrohliche Formen entwickeln, in denen diese gefährlichen Konzepte sicher aufgehoben sind.
> **Douglas Rushkoff**

Satiriker Joey Skagga schreibt: »The ›Protein sell‹ of a media virus might be an event, invention, technology, system of thought, musical riff, visual image, scientific theory, sex scandal, clothing style, or even a pop hero – as long as it can catch your attention.«

Auch wenn Cultural Jamming in Verruf geraten ist, ist das noch lange kein Grund, die Zielgenauigkeit und Wirksamkeit der semiotischen Guerilla im Großen und Ganzen anzuzweifeln. Zu guter Letzt zeigt sich das Entstellen, Hacken und Fälschen von Werbung und Logos als die inzwischen vielleicht etwas stumpf gewordene Spitze eines Eisbergs voller subtiler, vielschichtiger, disziplinübergreifender, semiotischer Kampfeinheiten.

Wer hier nach Widerstandsformen sucht, findet eine Unmenge an Beispielen, Literatur, Definitionen, Organisationen, Aktionen und Webseiten. Semiotische Mediensatire und Kulturterrorismus, elektronischer ziviler Ungehorsam, politische Kunst und Hacktivismus irritieren und stören mit ihren »Pranks« (Streichen) und Hoaxes (vorsätzlichen Falschmeldungen) die öffentliche Meinung von verschiedenen Seiten. Ihr Leitspruch ist und bleibt Roland Barthes' Frage: »Ist die beste Subversion nicht die, Codes zu entstellen, statt sie zu zerstören?«

Fake for Real: Taktik und Technik

Wer sich also, wie zuvor beschrieben, nicht im Sumpf seiner Gegner wieder finden möchte, deren Methoden, Aussagen, Täuschungsmanöver und offensichtliche Bosheiten er kritisiert und auf deren Missstände er hinweisen möchte, hat eine Chance – sie lautet »Fake for Real«.

Fake for Real steht für eine Methode, ist keine neue Erfin-

dung, sondern schlicht das Dagegensein im Dafürmäntelchen und die Kür, wenn es um Einmischung in geschlossene Systeme, um Protest und den Appell unter dem Motto »Merkt ihr noch was?« geht. Anders gesagt: Wo das Konforme sich rebellisch gibt und die Mächtigen sich um den Posten des Kritikers rangeln, muss das Nichtkonforme und Kritische lieb, nett und harmlos daherkommen.

Der Fake ist die Antwort auf Als-ob-Rebellion, auf Prada-Meinhof-Schick (Abbildung 13) Che Guevera-Kult (Abbildung 14) und Protest-Song-CDs, denn der Fake dreht den Spieß um: Wenn da, wo Rebellion draufsteht, nur Harmloses drin ist, muss da, wo Rebellion drin ist, »harmlos« draufstehen. Beim Fake wird die Kritik, getarnt als das Harmlose und Systemopportune, in das System eingeschleust und vermarktet. Anders gesagt: Contra macht einen auf Pro. Anstatt kritische Aussagen und Symbole immer wieder dabei zu beobachten, wie sie mit Lifestyle-Labels versehen auf dem Vermarktungsfließband landen und ihre politische Sprengkraft verlieren, werden kritische Inhalte als Fake, also vorsätzlich getarnt im Camouflage-Outfit des Mainstreams, als »stille Agenten« in den Kreislauf eingeschleust – um dann zu detonieren. Ziel ist es, das politische Parkett mit einem Teppich aus semiotisch hochexplosiven Landminen zu überziehen, die jederzeit hochgehen können.

> Das Plagiat ist notwendig, der Fortschritt impliziert es. Es hält sich dicht an den Satz eines Verfassers, bedient sich seiner Ausdrücke, beseitigt eine falsche Idee, ersetzt es durch eine richtige.
> **Guy Debord**

Doch zuvor sollte der Fake, der sich

von der harmlosen Nachahmung mehrerer Tausend Euro teurer Louis-Vuitton-Gepäckstücke bereits hin zur gefürchteten Wirtschaftsmacht entwickelt hat, ein wenig näher beleuchtet werden. Denn als Sammelbecken raffinierter Tricks und Täuschungen, dreister Kopien und Plagiate, offensichtlicher Fälschungen und Repliken ist ihm letztlich in allen seinen Ausprägungen eines gemein: Er geht mit seinen wahren Intentionen keinesfalls hausieren, seien sie juristisch, politisch, moralisch oder ethisch vertretbar oder nicht. Er behält sich seine Offenbarung so lange vor, wie es nötig scheint. Es ist dem Fake daran gelegen, eine Ordnung zu durchbrechen, die scheinbar manifestiert ihren Gang geht, um irgendwann, zu einem nicht definierten Zeitpunkt wie Jack-in-the-box mit leicht hämischem Lächeln herauszuspringen und erkannt zu werden. Vor den Konsequenzen hat er keine Furcht. Denn gerade sie sind es doch, auf die der Fake es abgesehen hat: Die Konsequenzen, die ein erkannter Fake nach sich zieht, sind die eigentlichen, die wahren zu befeuernden Ziele, auf die ein Fake for Real, ein »So-tun-als-ob-im-als-ob« es abgesehen hat. Der Fake ist ein vermeintlicher Widerspruch, er eint Wahrheit und Täuschung und gleicht einer Mine, auf die zu treten man jeden Moment rechnen muss. Der Fake for Real lehrt nur eines: Sei dir niemals sicher!

Um Ursprünglichkeit zu definieren, benötigt man Zweitrangigkeit; um Originale zu definieren, benötigt man Kopien. Daraus folgt: Kopien sind ihrerseits die Bedingung für Originale.
Jacques Derrida

So wie der Kuckuck seine Eier auf fremde Brut- und Nistplätze verteilt, lässt sich der Fake in viele kleine unterschiedliche Systemlücken der Politik, der Wirtschaft, der Medien und der Marken legen. Denn hier wie da gilt: Wenn man erkennt, welches gefräßige Mäulchen man da mit ausgebrütet und durchgefüttert hat, ist es zu spät.

Die Als-ob-Gesellschaft ist für den Fake das Biotop schlechthin. Denn wo das So-tun-als-ob zum bestimmenden gesellschaftlichen, privaten, medialen und marketingtechnischen Strickmuster geworden ist und echt und falsch, wahr und fiktiv, authentisch und künstlich die Plätze tauschen, Gewissheiten rar sind und wahr ist, was gut gemacht ist, hat der Fake genau den Nährboden, auf dem er sich eifrig vermehren und großflächig ausbreiten kann. Das bedeutet jedoch nicht, dass der Fake an sich gesehen wird. Ganz im Gegenteil. Und wenn man sich selbst kaum noch traut, die Worte »Realität« und »ist« als Zustandsdefinitionen zu benutzen, ohne sie in Anführungszeichen zu setzen, ist auf der anderen Seite eine ganze Armada von Authentizitätsgläubigen voll damit zu Gange, das ins Straucheln geratene Image der Realität zu retten und an einem Comeback des Objektiven zu arbeiten. Für den Fake als Waffe kann das nur heißen: Realität ist seine beste Tarnung, Objektivität seine beste Dekoration.

Ein guter Fake gibt sich nicht damit zufrieden, zu imitieren, zu simulieren und zu manipulieren, er will Realitäten, Muster, Dinge oder Strukturen nicht bloß kopieren, sondern infrage stellen und damit die Produktion neuer Realitäten unterstützen. Damit ist ein gelungener Fake immer auch ein Mythos zweiten Grades. Das heißt: Der Fake arbeitet immer schon mit Mythen. Sie sind der Stoff und das Material, auf das er zurückgreift. Und wenn der Mythos die ästhetische Auflösung eines sozialen Widerspruchs ist, dann versucht der Fake diesen Widerspruch aus dem Mythos herauszulocken und seine beiden

> Wenn Oberfläche alles ist, womit wir arbeiten können, muss sie entsprechend einnehmend sein.
> **Jedediah Purdy**

> Die beste Waffe gegen den Mythos ist in Wirklichkeit vielleicht, ihn selbst zu modifizieren, das heißt einen künstlichen Mythos zu schaffen. Dieser konstruierte Mythos würde eine wahre Mythologie sein.
> **Roland Barthes**

Lieblingsfragen unters Volk zu bringen: Das habt ihr geglaubt? Was um Himmels willen haltet ihr für Objektivität? Und was bitteschön soll in euren Augen denn ein Original sein?

Damit seine Fragen überhaupt gehört werden, hat jeder Fake einen Doppelstatus, einen doppelten Boden und unantastbaren Diplomatenpass.

Gelungen ist ein Fake dann, wenn er es schafft, durch produktive Verunsicherung verdeckte Machtstrukturen und Mechanismen offen zu legen, infrage zu stellen und sie so zu stören und zu beschädigen.

Um das zu erreichen, agiert der Fake im Namen des Systems und imitiert den Tonfall, die Logik, die Ästhetik und die Rhetorik der herrschenden Ordnung. Man darf den Fake nicht zu wörtlich nehmen, denn genau genommen ist der Fake nur ein Mittel zum Zweck, um den öffentlichen Blick auf Strukturen und Dinge zu lenken, die unter anderen Umständen unter den Tisch fallen würden. Der Fake ist, wie im *Handbuch der Kommunikationsguerilla* beschrieben: »Die Erfindung falscher Tatsachen zur Schaffung wahrer Ereignisse. Dabei greift der Fake nicht die konkrete Darstellung von Themen an, sondern treibt sein Spiel mit den Mechanismen, durch die Politik und Medien gesellschaftlich relevante Ereignisse produzieren.« Für Tom Kummer arbeitet der Fake an einer »Implosion des Realen«, für Umberto Eco an einer »Schwächung des Systems durch Zersetzung jenes feinmaschigen Konsensgewebes«.

Man könnte sagen, dass der Fake zu den direkten Nachkommen des Pop gehört. Als Erkennungszeichen und Blaupause für einen gelungenen Fake gilt damit das, was Richard Hamilton in seinem Brief über Popkunst bereits vor knapp 50 Jahren geschrie-

> Die Fälschung unterscheidet sich vom Original dadurch, dass sie echter aussieht.
> **Ernst Bloch**

ben hat: »Volkstümlich (für ein Massenpublikum bestimmt), flüchtig (kurzfristige Lösung), verbrauchsorientiert (schnell vergessen), billig, ein Massenprodukt, jung (an die Jugend gerichtet), witzig, sexy, ein Dreh, zauberhaft und das große Geschäft [...]«. Dabei ist jeder Fake in sich paradox und ein Musterbeispiel des Sowohl-als-auch: Auf der einen Seite darf er nicht als solcher erkennbar sein, um zu funktionieren – auf der anderen Seite muss er irgendwann von irgendwem als Fake geoutet werden. Kommt niemand dem Fake auf die Schliche, bestätigt er im schlimmsten Fall das System, gegen das er sich richtet. Die nicht erkannte Imitation wird für bare Münze genommen und zur Legitimation. Am einfachsten und wirkungsvollsten ist ein Dementi des Gefaketen, der als Absender des noch nicht entlarvten Fakes vermutet wurde. Das Dementi ist wie die TÜV-Plakette des Fakes. Anders gesagt: Einen Fake erkennt man daran, dass er ohne seine Entdeckung nicht funktionieren kann.

Nicht jede Bulette ist ein BigMäc, und nicht jede Fälschung ist ein Fake.

Dieses Buch ist pure Fälschung,
Peter Huth

Für einen gelungenen Fake ist es wichtig, den richtigen Ton zu treffen, für den man einen Fake-Urheber benötigt, der in der Lage ist, die feinen Unterschiede und Nuancen zu erkennen und zu imitieren. Damit das auch klappt, ist es hilfreich, wenn der Fakende eine gewisse Nähe zu denen besitzt, gegen die er den Fake im Schilde führt. Also zu Meinungs-, Medien- Marketingmachern. Der Angriff auf das System durch den Fake ist damit auch eher etwas für Mittelstandstöchter und -söhne. Allerdings nichts für die dem einstigen Mittelstand entsprungenen Bürschchen und Gören, die sich für die Pose des authentischen Outlaws entschieden haben.

Denn »beim Faken ist es wichtig, sich der Vielfältigkeit der eigenen Identitäten und Zugehörigkeiten bewusst zu

So kommt es im Zeitalter der elektronischen Information allmählich zur Ausbreitung einer neuen Form von nicht gewaltsamer (jedenfalls unblutiger) Guerilla: zur Guerilla der Fälschung.

Umberto Eco

> In der wirklich verkehrten Welt ist das Wahre ein Moment des Falschen.
> **Guy Debord**

sein und damit spielerisch umzugehen« (*Handbuch der Kommunikationsguerilla*). Anders gesagt: Der Fake ist das Spielzeug, das in den Händen der Camouflage-Identität zur Waffe wird. Denn wie beim Fake, dient auch bei der Camouflage-Identität die inszenierte Als-ob-Identität zur Tarnung. Man ist geübt darin, die Zeichen und Codes auszuwählen, die einem Zugang zum System verschaffen. Am Personal, das eine maßgeschneiderte Camouflage für den Fake heraussucht, dürfte es demnach nicht scheitern. Denn wer das So-tun-als-ob im eigenen Alltag so zur äußersten Perfektion getrieben hat, für den müsste es das Geringste sein, mit seinem semiotisch geschulten Händchen das passende systemkonforme Camouflage-Outfit, die richtige Tarnkappe zu schneidern und das eine oder andere trojanische Pferd zu zimmern, mit denen ausstaffiert der Fake die offiziellen Einlasskontrollen problemlos passieren kann.

Auch sonst hat der Fake jede Menge Gründe im Gepäck, die für ihn sprechen: Er ist vielseitig, er funktioniert in verschiedenen Systemen und auf unterschiedlichen Ebenen und Strecken im Alltag, in der Kunst oder der Politik. Aber es kommt noch besser: Der Fake hat bereits begonnen zu wüten.

> Simpel steht auf und zieht sich seine nicht gerade aufsehenerregende Paperwork-Hosen zurecht. Das ebenso wenig aufsehenerregende Hemd vervollständigt recht geglückt den Versuch auszusehen wie Otto Normalverbraucher – reine Tarnung.
> *The Cocka Hola Company*,
> **Matias Faldbakken**

Ob die Plagiate der Tommy-Hilfiger-Hemden mit Boss-Etikett und die Rolex-Uhren aus Brasilien, das komplette Johnny-Cash- oder Fassbinder-Lebenswerk auf Selfmade-CD oder DVD-Serien aus dem fernen Osten als Fake des Konsumsystems und als Kuckucksei, das die Image-Ideologie zusammen mit der freien Marktwirtschaft ausgebrütet hat. Oder aber gezielte Falschmeldungen und in die Welt gesetzte Gerüchte, verkehrte Interviewpartner, entstellte Gesprächsprotokolle und erfundene Berichte, PR-Kampagnen, Handzettel mit falschem Absender, fiktive Wahlplakate und Rundschreiben mit gefälschtem Briefkopf als Steinchen im Getriebe der wirtschaftspolitischen Mediokratie: Der Spuk des Fake ist allgegenwärtig. Zeit, einmal zu schauen, in welchen unterschiedlichen Formen sich der Fake uns bereits zeigt, wo er überall sein Unwesen treibt und wo er als eigensinniges, nicht an Konsens interessiertes Geschwür zu wuchern beginnt.

> Wenn unsere Kultur aber Einzigartigkeit für jedermann verspricht, dann ist eigentlich nur ein Weg zur Einzigartigkeit offen: die Kopie.
> **Nobert Bolz**

Der Fake hat sich in den vergangenen Jahren seinen Platz in sämtlichen Bereichen erobert oder erschlichen. Er erscheint im Gewand des Akteurs, der auf bestehende Missstände hinweisen will, wird aber allzu oft auch zur persönlichen Bereicherung und Gewinnmaximierung eingesetzt. Man findet ihn wahlweise in den Medien (zum Beispiel in der *Wetten dass ...?*-Sendung vom 3. September 1988, in der der als Wettkandidat Thomas Rautenberg getarnte *Titanic*-Redakteur Bernd Fritz behauptete, Buntstifte am Geschmack erkennen zu können, jedoch einfach unter dem Rand seiner Brille hervorlugte und so der Mattscheibe der sich im TV-Wohnzimmer gemütlich eingerichteten Eurovisionszuschauer einen Kratzer verpasste), im Sport (nicht nur Schiedsrichter Robert Hoyzer, auch sämtliche Dopingathleten bezeugen, dass mancher Erfolg sich nur als dumpfer Fake erweist), in der Wirtschaft (wer war noch mal Jürgen Schneider und mit welchem Vermögen jonglierte New Economy-Star Alexander Falk?), im Popglamourama (Wie das heute mit Charts-Platzierungen funktioniert, hat uns der Produzent der Eurovision-Song Contest-Letzten Gracia David »das-machen-alle-so«-Brandes ja gezeigt), in der Fashion-Industrie (branded new

> Wenn der Kapitalismus nun mal überall ist, quasi von der Wiege bis zum Grab, muss er auch überall angegriffen werden, an jedem Ort des Lebens.
> **Lars Strömberg, The (International) Noise Conspiracy**

Im Idealfall ist Pop subversiv. Im Idealfall ist Pop populär. Im Idealfall ist Pop subversiv und populär zugleich. (Im Idealfall ist Pop subversiver als man auf den ersten Blick erkennt.)
Andreas Neumeister

Levi's-, Nike-, Gucci- und Prada-somethings gibt's frisch von der Stange), in der Unterhaltungsindustrie (der soeben angelaufene Topfilm, im polnischen Original frisch aus dem Kino und mit englischen Untertiteln, serviert auf dem Flohmarkt für 10 Euro) und selbstverständlich in der Politik (ein überaus gelungener Fake war die Bekanntgabe der Arbeitslosenzahlen für den Monat Januar 2005 und die Bezifferung der »ganzen Wahrheit«, wie Bundeswirtschaftsminister Clement den Sprung über die 5-Millionen-Marke etikettierte).

Nicht zu vergessen, aber schon einen Schritt weiter, ist das Crossover von Fakes, die mehrere Bereiche streifen und zwischen den Gattungen hin- und herspringen. Hierzu dürfen sämtliche Polit-Talkrunden gezählt werden, ist ihnen doch mindestens der Dreiklang von Politik, Medien und Öffentlichkeit gewiss, auf dem sich in schönster Harmonie ein Fake der herrschenden Meinung, also der »Stimmung« im Land, ablesen respektive erzeugen lässt.

Im Blickpunkt sollen jedoch die Fakes aus den Kategorien Medien, Konsum, Wirtschaft und Politik stehen, die bereits einige durchaus brauchbare Ansammlungen, Ideen und Leitfäden des Aktionismus hervorgebracht haben. Dabei hat nicht jede Fälschung die Auszeichnung Fake verdient, denn ein Fake will mehr sein als nur eine Kopie. »Die beste und den Kern treffende Definition, so kann mit Fug und Recht resümiert werden« – so *Dieses Buch ist eine Fälschung* – lautet also: »Ein Fake ist die pure, selbstlose Fälschung, er ist die Kopie, die besser ist als das Original. [...] Und wenn ein Fake funktioniert, dann heißt das immer, dass er etwas getroffen hat, was einfach nicht wahr sein darf.«

Die Macht und Wirkung des Fake steht und fällt mit seiner Tarnung. Grund genug, zuvor einen Blick auf das Camouflage zu werfen, ein ästhetisches Muster, eine kulturelle Praktik – und die Lieblingskür des Fake.

Die Taktik des Camouflage als Tarnung in den Kinderschuhen

»If camouflage is by definition a fake (an approximate copy of nature), does the notion of the real exist?«

*Michel Aubry (*1952), 2002*

Was der französische Künstler Michel Aubry formuliert, bringt die Doppeldeutigkeit des Camouflage als eine der Taktiken für den »Fake for Real« auf den Punkt: Ursprünglich eine Nachahmung der Natur zur Tarnung einer wahren Identität (unter anderem bei Insekten unter dem Vorzeichen des Mimikry oder bei Menschen, beispielsweise den Körperbemalungen der Aborigines), hat sich das Camouflage im ersten Weltkrieg unter der Federführung der Franzosen als perfektes Tarnmuster etabliert: Grüne, beigefarbene und schwarze Flächen auf einem olivgrünen Untergrund wurden eingesetzt, um Gewehre, weitere Kriegsmaterialien, Soldaten, Panzer und ganze Lagerstätten mit der Umgebung verschmelzen zu lassen – sogar die Bibel wurde nicht ohne entsprechende Tarnung auf das Schlachtfeld geschickt. Waren in der Kunst bereits im frühen 19. Jahrhundert einige Musterentwürfe aufgetaucht, perfektionierten die Armeen aller Länder spätestens im Zweiten Weltkrieg ihre sichtbare Unsichtbarkeit und prägten jeweils landestypische Camouflage-Muster in unterschiedlichsten Ausführungen. Ende 2004 kam das umfassende Werk *DPM Disruptive Pattern Material* auf den Buchmarkt. Der Autor Hardy Blechman war Gründer des Maharishi Modelabels, das 1990 zunächst bestehende Camouflagemuster adaptierte und 1995 das erste Camouflage-Muster »Cannaflage« in eigener Regie auf den Markt brachte.

»What a phenomenon camouflage is now! These designs can be copied directly from armies around the world, without having

to pay designers and researchers. Hundreds of military patterns exist, all different and with a quantity of derivatives (subgroups and colour variants). Through continued use by civilians, camouflage will one day disappear from the military.«

Inspiriert wurden die Modelabels nicht allein durch das Militär, sondern auch von der Kunst, zu nennen sind hier insbesondere die von Andy Warhol 1986 produzierten »Self Portraits« die Warhols Kopf in einer Auflösung eines Camouflages zeigen und deren Stil der Künstler nur einem einzigen anderen Menschen gewidmet hat: Joseph Beuys, dem er mit diesem Akt seinen großen Respekt zollte (Abbildung 15). Warhol hat zudem farbige Camouflageplates in blau und pink kreiert, deren Muster Stephen Sprouse, ein Modedesigner und Freund von Warhol, 1987 auf unterschiedliche Kleidungsstücke aufbrachte – der Beginn eines von Warhol inspirierten Camouflage-Kunst-Mode-Crossovers. So ist es nicht verwunderlich, dass Camouflage nicht allein aus Faszination am Muster den Eingang in die Modewelt fand, an den unzähligen verschiedenen Möglichkeiten, der Natur ähnlich zu sein beziehungsweise in ihr zu verschwinden und mit ihr zu verschmelzen, sondern auch aus der Lust an ungewöhnlichen Kombinationen und Stilformen. Ob Anna Sui, Comme des Garçons oder Christian Dior – die Vorreiter der Camouflage-Bewegung mögen den rebellischen Charme, die unbedingte Verknüpfung von Protest und Camouflage, von Militär und militantem Verhalten noch einzufangen geplant zu haben. Mittlerweile jedoch ist Camouflage in vielen Bereichen

seiner Adaption nicht mehr als ein Schatten, eine Pose des Rebellischen, die über alles gestülpt wird, was die Konsumgesellschaft herzugeben bereit ist – und selbst wenn sie es nicht wäre: Es schert sich niemand darum. Ob Hello Kitty (Abbildung 16). Barbie, Nike, Puma, Dior, U2, Destiny's Child, Oilily oder Birkenstock: Ein Stück vom Kuchen, ein kleines Fake möchte jeder gern abbekommen, um sich mittels Tarnmuster in die gewinnmaximierende Jetztzeit zu katapultieren.

Da ist es wenig verwunderlich, wenn Hardy Blechman sich wünscht, dass Camouflage eines Tages weit mehr sein wird als ein auf bloße militärische Konnotation reduziertes Muster. Viele unterschiedliche, aus einem anderen Zusammenhang genommene Camouflage-Muster sind bereits auf dem Markt: Fake London beispielsweise, neben Maharishi eines der ersten Unternehmen, die sich der neuen alten Tarnmuster angenommen haben, entwarf ein Muster, basierend auf den Silhouetten der

Britischen Inseln. Und Therese Stowell brachte in ihrem Entwurf von »Crusade« (2003) zum Ausdruck, wie der amerikanische Präsident George W. Bush seine wahren Taktiken und Beweggründe für den Angriff des Irak zu verschleiern wusste – eine durchaus doppelbödige, politische Camouflage-Kreation oder ein Fake for Real, ein politisches Fashion-Accessoire mit Widerstandsgeist.

In *DPM* ist zu lesen (zitiert nach Roy R. Behrens aus *False Colors: Art, Design and Modern Camouflage* 2002): »Instead of saying ›He is bluff‹, wrote one journalist in 1917, »we say ›He is nothing but camouflage‹.« So sehr das Camouflage-Muster selbst als Fake fungiert, so viel mehr liegt der praktikable Fake eines *military styles* unter allen Produkten, die er mit seiner Tarnfarbenkombination bedeckt. Und wenn Hardy Blechman junge Künstler gewinnt, unter dem Motto »Turning tools of war into works of art« Schutzschilde zu bemalen, und Ora-Ïto, der seinen High-End-Spagat zwischen Bedienung und Ausverkauf des Konsumsystems äußerst lukrativ betreibt, den »hack-Mac« unter den Slogan »Think weapon!« stellt, liegt John Galliano mit seiner Einschätzung, ein Camouflage zu adaptieren bedeute kein politisches oder soziales Statement, vielmehr eine Art, die Umwelt wahr- und aufzunehmen, näher am Fake als an der Realität – eine ästhetische Dimension und Designerreaktion.

Das perfekte Camouflage, das Hyper-Camouflage ist allerdings eine multimediale Errungenschaft: Wie schon James Bond, der in *Die Another Day* seinen Austin Martin mittels projizierter 3D-Oberflächen-Videoanimation verschwinden lassen kann, ist die optische Täuschung, etwas nicht zu sehen, was da ist, viel eindeutiger ein Fake for Real, als etwas zu sehen, was keinerlei Ambitionen hat, einem Camouflage-Prinzip zu folgen.

Fake it or leave it: Das Ende der Harmlosigkeit

Media Fake: Wie der Zweck die Mittel heiligt

Die Medien sind das Sammelbecken, in dem der Fake, war er erfolgreich, landet. Da sich in den Medien zahlreiche Lücken und Nischen auftun, die geradezu danach rufen, von gefaketen Botschaften und Informationen in Beschlag genommen zu werden, sind viele Fakes auf die Logik der Medien zugeschnitten, auch wenn ihre Attacke vordergründig gar nicht auf das Mediensystem zielt. Man liegt also niemals falsch damit, einen Fake, zumindest wenn einem am aufmerksamkeitsökonomisch-lukrativen Absatzmarkt gelegen ist, nach der gängigen Medienlogik zu verpacken. Auch wenn der Sensationswert allein noch keinen guten Fake ausmacht, sollte man darauf achten, dass er einige der Zutaten (Bilder! Neu! Spektakulär! Prominent!) enthält, um vom System der Medien überhaupt als Information wahrgenommen und verarbeitet zu werden.

Dabei hat das Faken von Artikeln eine lange Tradition. Der reale Konjunktiv des Fake ist ebenso alt wie die Medien selbst. Mark Twain konnte mit einer nicht unkomischen Story über einen »versteinerten Mann«, der berreits seit über 100 Jahren verstorben sein sollte, reüssieren – und sich wundern, dass er damit auf Interesse und Gutgläubigkeit stieß. Und auch Edgar Allan Poe zog die Überquerung des Atlantiks mit einem Heißluftballon einfach ein paar Jahrzehnte vor, indem er bereits 1844 davon berichtete, bevor 1873 überhaupt der Versuch der Überquerung gestartet wurde.

Anfang der achtziger Jahre erhielt Janet Cooke gar mit der Fake-Geschichte über den achtjährigen Heroinabhängigen »Jimmy« den Pulitzer-Preis, musste ihn aber doch wieder rausrücken, als sich herausstellte, dass die ganze Geschichte ein gelungener Fake war. Ganz vorne mit dabei ist auch der inzwischen verstorbene Konrad Kujau, der 63 angeblich von Hitler verfasste Tagebücher

> Und da unser Land vor lauter Kulturarbeitern bald überläuft, dachte ich, es ist höchste Zeit, etwas gegen die Faszinations-Generation zu unternehmen [...], denn die verdirbt einfach alles [...]. Wenn man nachdenkt, sieht man, das man schon überhaupt nichts mehr wirklich faszinierend finden kann.
> *The Cocka Hola Company,*
> **Matias Faldbakken**

zusammenschrieb, um sie anschließend an den *Stern* zu verkaufen.

Als prominenter, etwas zwielichtiger Vertreter eines Fakes, der einzig und allein auf den Sensationswert baut, gilt Michael Born.

Born hatte jahrelang gefälschte Doku-Beiträge an Sendungen wie *ZAK* oder *Stern-TV* verschachert. Er hatte die Bilder zu den Themen, die alle wollten, er war vor Ort und mittendrin. In den insgesamt 36 Beiträgen geht es unter anderem um eine Schlepperbande, die Verbrüderung von Ku Klux Klan-Mitgliedern und deutschen Rechtsradikalen, um Terroristen, Kinder, die unsere Ikea-Teppiche weben, einen Katzenjäger, Drogenringe oder Satanismus. Zu besonderer Berühmtheit gelangte Borns zweifellos origineller Beitrag über eine so genannte »Colorado-Kröte«, die ein rauschgiftähnliches Sekret absondern sollte und sich so zum Lieblingstier einiger Halbstarker entwickelte. Auch wenn es sich bei dem von der Drogenkröte abgesonderten Sekret um Kondensmilch handelte, die in Kinderarbeit produzierten Teppiche an einem defekten Webstuhl gefilmt wurden, die Drogendealer Borns Kumpels waren oder seine Bekannten als Ku Klux Klan anheuerten, die grafische Nachbildung der Hakenkreuze auf der Kleidung zu wünschen übrig ließ und der Filmemacher, wenn Not am Mann war, auch mal selber Undercover als Laienschauspieler aushalf, brauchte es eine Weile, bis das Ganze aufflog. 1996 wurde Born wegen unerlaubten Waffenbesitzes, Urkundenfälschung und Volksverhetzung der Prozess gemacht und aufgrund zwölf seiner Beiträge zu vier Jahren Haft verurteilt. Die Rollenverteilung war klar: Der Betrüger war der Buhmann und die Medien die reingelegten Empörten. Um die Logik der Medien, ihren außer Kontrolle geratenen Mechanismus von Angebot und Nachfrage und ihre nimmersatte, konkurrierende Gier nach spektakulären Bildern ging es allenfalls am Rande. Auch wenn Michael Born als Person umstritten ist und seine Beweggründe sich zuvorderst durch Profitgier und nicht durch die Infragestellung der Medienmechanismen durch den Fake auszeichneten, verrät der »Fall Born« mehr über das Muster, nach dem TV-Doku-Beiträge gestrickt sind, als Regale voller im stillen Kämmerchen verfasster Dissertationen.

Anders als bei Michael Born muss man bei Tom Kummer nicht lange darüber rätseln, ob er letztendlich zu den »Guten« oder den »Schlechten« zu zählen ist. Kummer gehörte zu der Generation von Journalisten, die den bildungsbürgerlichen Ton der alten Säcke leid waren, etwas Neues versuchen wollten und den Pop in die Leitartikel der Tageszeitungen bringen sollten. Kummer schrieb erst für die *Tempo*, dann für etablierte Tageszeitungen, die, allen voran das Magazin der *Süddeutschen Zeitung*, irgendwann vor allem eines wollten: mehr von seinen inzwischen zu Ruhm gelangten Interviews mit der internationalen Hollywood-Prominenz. Wenn Kummer mit Demi Moore, Snoop Doggy Dogg, Brad Pitt, Sharon Stone, Johnny Depp, Robert Redford oder Courtney Love plauderte, waren sie gescheit, witzig, amüsant, selbstironisch, belesen, kritisch oder grotesk, aber nie langweilig, wortkarg und image- und PR-verdorben.

Los ging die semifiktive Dialogreihe 1996 mit Pamela Anderson. Vier Jahre später meldete das »Fakten-Fakten-Fakten-Magazin« für Objektivitätsfetischisten Zweifel an. Langsam stellte sich heraus, dass viele der Interviews erst gar nicht stattgefunden hatten oder gnadenlos aufpoliert waren. Mit der Inszenierung dessen, wie das Zusammentreffen eigentlich auch gewesen sein *könnte*, zeigte Kummer, wie authentisch der Fake sein kann und trieb nebenbei die Absatzzahlen für seine Version der Wahrheit in die Höhe. Während die empörten »Betroffenen« sich darum bemühten, Kum-

> Wir waren die Galgenvögel und wir waren billig.
> **Michael Born**

> Der einzige Sinn und Nutzen journalistischen Kommunizierens kann heute also nur darin liegen, verschiedene Wirklichkeitsentwürfe zu produzieren.
> **Tom Kummer**

mer das Image eines Kleinkriminellen aufzudrücken, erklärte Kummers Fanblock ihn zum Populärphilosophen der hyperrealen Postmoderne. Ein paar Jahre später dann stellte sich bei einer der renommiertesten Tageszeitungen der USA, der *New York Times*, heraus, dass auch der Journalist Jayson Blair in jahrelanger Kleinstarbeit rund 600 Reportagen und Interviews gefaked hatte: Interviews hatten nie stattgefunden, und viele geschriebene Passagen waren frei erfunden.

Etwas anders als bei Medienterroristen wie Kummer und Co. verhält es sich bei dem Talk-Show-Touristen Ralf Meyer, der als lebendiger Fake mit frei erfundenen Identitäten vor ein paar Jahren durch die Talk-Show-Landschaft tingelte. Meyer war bei Ilona Christen (*Sucht auf Rezept*), Vera Int-Veen (*Ich lege Wert auf auffällige Kleidung*), Johannes B. Kerner (*Im Urlaub lasse ich die Sau raus*), Arabella Kiesbauer (*Wie ich dem Tod entkam)*, Margarethe Schreinemakers (*Bei meiner Frau lernte ich zu lügen*) und Bärbel Schäfer (*Frauen wollen nur mein Geld*), bis sich die Zuschauer über das immer gleiche Gesicht mit den unterschiedlichen Schicksalen auf verschiedenen Talk-Show-Bühnen wunderten.

Zurück zum Mythos des Satiremagazins *Titanic* und dessen Undercover-Aktionen: Martin Sonneborn, seines Zeichens Chefredakteur, gab in der *Zeit* (Nr. 23/97) zum Besten, wie die *Titanic*-Redakteure im Camouflage-Look wissbegieriger, Schülerzeitung machender Oberstufenschüler in den Münchner Räumlichkeiten von *Focus* als Gäste willkommen geheißen wurden. Die *Titanic* hatte sich zu einer Fake-Teilnahme an dem von *Focus* ins Leben gerufenen Schülerwettbewerb mit dem Motto »Raus aus dem Klassenzimmer« entschlossen, der Schüler dazu aufrief, hinaus in die Unternehmenswelt zu ziehen und über das zu schreiben, was sie dort erfahren und sehen (»Sammeln Sie Informationen und recherchieren Sie vor allem direkt bei Unternehmen. Kaum eine größere Firma versperrt ihre Werkstore vor Schulklassen.«)

Die *Titanic* entschied sich gleich dafür, mal hinter die Werkstore eines Nachrichtenmagazins, also die des *Focus*, zu schauen. Kurz darauf sollte der damalige Chef vom Dienst (»CvD«) eine Oberstufenschülergruppe mit sieben Mann zu einem kleinen Rundgang durch den Verlag führen. Und auch das Alter der Redakteure, irgendwo zwischen Mitte Zwanzig und Ende Dreißig sollte keinen Verdacht aufkommen lassen:

> »Als wir schließlich zum verabredeten Termin zu siebt vor dem Pförtner der *Focus*-Redaktion in der Münchner Arabellastraße herumlümmeln, fühlen wir uns so jung wie zuletzt 1984. Und sehen auch exakt so aus, wie sich ein CvD wahrscheinlich die – möglicherweise ein paarmal hängen gebliebenen – Zwölftklässler von heute vorstellt: zerknautschte Basecaps auf dem Kopf, den einen oder anderen sog. Arschlochbart rund um den Mund, Kopfhörer am Hals oder Ring in der Nase, am Leib schrillbunte Kapuzenjacken von Tchibo oder Tarnanzug-Oberteile aus dem *Titanic*-Fundus. Dazu weite Jeans, die unten in den Socken stecken, die unten in Turnschuhen stecken. [...] Logisch, dass wir uns genauso ungelenk und schlaksig bewegen, wie wir das aus der Pubertät in Erinnerung haben; klaro wohl auch, dass wir die echt flockigen Sprüche cooler Kids labern; die haben wir während der Zugfahrt Frankfurt-München noch schnell aus dem *Kleinen Fachwörterbuch der Jugendsprache* (VEB Bibliographisches Institut Leipzig) gepaukt.«

Nur ein paar Jahre später, im Juli 2000, holte die *Titanic* mit einem ausgesprochenen Fake die Fußball-WM 2006 nach Deutschland: Die Redakteure verschickten im Namen eines Martin Hansen, Secretary des TDES

> Der Glaube, dass irgendjemand wirklich so redet wie in einem von sieben Faktenprüfern gecheckten *Spiegel*-Interview verdient es immer wieder nachhaltig erschüttert zu werden.
> **Diedrich Diederichsen**

> Mir hat Tom mal erzählt, dass er immer schon der Meinung gewesen sei, dass wenn man die Wirklichkeit den so genannten seriösen Medienmachern überlässt, dann ist das so, als würde man sein Haustier in den Ferien zum Tierpräparator geben.
> **Moritz von Uslar**

(»*TITANIC*, das endgültige Satiremagazin«), ein Fax an einige in einem Zürcher Grandhotel residierende FIFA-Mitglieder, in dem dieser explizit sein und Franz Beckenbauers Interesse unterstrich, dass die WM 2006 nach Deutschland kommen möge. Funktionäre, die für Deutschland votierten, könnten sich schon einmal auf eine kleine Aufmerksamkeit (»a small gift«) freuen. In einem weiteren nächtlichen Fax an den erlesenen Kreis wurden erste Details über das versprochene Präsent verraten: »A fine basket with specialities from the black forest, including some really good sausages, ham and – hold on to your seat – a wonderful KuKuClock! And a beer mug, too! Do we leave you any choice???« Daraufhin enthielt sich ein Neuseeländer Funktionär, der hinterher angab, massiv bedrängt worden zu sein, seiner Stimme, statt wie besprochen für Südafrika zu stimmen. So konnte Deutschland mit 12 zu 11 Stimmen das Rennen machen und den Fußballfans einen wahren Freudentanz bereiten. Doch wo blieb das Presseecho innerhalb des eigenen Landes? Populär machten den Fake britische Journalisten von Channel 4 und BBC, denen ein Bestechungsschreiben an die Funktionäre in die Hände fiel, worauf die *Bild*-Zeitung ihre Leser aufrief, nicht zu zögern und bei der Redaktion der *Titanic* telefonisch ihre Meinung loszuwerden. Von einem Teil der Anrufe existiert heute ein Mitschnitt auf CD, den es selbstverständlich zu bestellen gibt (»*Bild*-Leser beschimpfen die *TITANIC*«). Zu guter Letzt wird die von FIFA und DFB angedrohte Schadensersatzklage von 600 Millionen Euro fallengelassen – und Rudi Völler spricht der *Titanic* seinen Dank aus.

In ähnlicher Manier operiert auch der seit fast 40 Jahren aktive Mediensatiriker Joey Skaggs, wie beispielsweise sein Fake-Projekt »Cat House for Dogs« zeigt: Mitte der siebziger Jahre lancierte

Skaggs das Hundebordell »Cat House for Dogs« mit eigens dafür geschalteten Werbeanzeigen (»Cat House for Dogs featuring a savory selection of hot bitches«) – und stieß damit auf großes öffentliches Interesse und eine nicht minder interessierte Kundschaft, die bereit war, für die sexuelle Befriedigung ihres Hundes 50 US-Dollar hinzulegen. Als Bordell diente ein gemietetes Appartement in Soho, gefüllt mit gut einem Dutzend Hunde sowie Schauspielern in Hundekostümen. Die zahlreich erschienene Presse wurde mit genauen Details »über den Akt« aufgeklärt, die Interessenten gebeten, auf Fragebögen Vorlieben und Daten ihrer interessierten Rüden zu notieren. Der Fernsehsender WABC TV zeigte eine Dokumentation über das Bordell und präsentierte Skaggs als widerwärtigen, ausbeuterischen Hundeluden. Als Proteste von religiösen Verbänden und Tierschutzorganisationen laut wurden und eine gerichtliche Vorladung erfolgte, legte Skaggs das Ganze als vorsätzliche Falschmeldung (»Hoax«) offen. Noch im gleichen Jahr löste Skaggs, als Eigentümer einer »Celebrity Sperm Bank«, einer Samenbank, in der man die Spermien von Prominenten unterschiedlicher Couleur bestellen konnte, einen weiteren medialen Tumult aus: »We'll have sperm from the likes of Mick Jagger, Bob Dylan, John Lennon, Paul McCartney, and vintage sperm from Jimi Hendrix.«

Eines der populärsten Medienprodukte ist das Magazin – ob es allerdings als Mittler zum Fake for Real taugt, ist die Frage. Wohl eher nicht, und das weniger, weil es mehr als genügend Magazine »von jungen Leuten für junge Leute« gibt, sondern weil das Magazin zu den Prestigeprodukten des kulturellen Kapitalismus zählt. Nicht umsonst steht »ein Magazin machen« ganz vorne auf der Kapitalismus-trifft-Kultur-Wunschliste des bourgeoisen Bohemien. Anders gesagt: Ein Magazin herauszugeben ist heute das, was in den Sechzigern einmal Töpfern in der Toskana war, ein Selbstverwirklichungs-

> Das halte ich für den neuen Spirit von Punkrock: die etablierten Kommunikationskanäle – Print, Fernsehen, Internet – zu benutzen und zu übernehmen.
>
> **Lars Strömberg, The (International) Noise Conspiracy**

> Mit all dem Geld, das in drittklassige Musikvideos geflossen ist, die sowieso nicht gelaufen sind, hätte man sich einen eigenen Musiksender kaufen können, in dem nur Low-Budget-Videos laufen, die Spaß machen.
> **Bernadette La Hengst**

projekt – und Selbstverwirklichung gehört nicht zu den Dingen, bei denen Distanz zur eigenen Person gefragt ist, eine der Grundvoraussetzungen für einen gelungenen Fake. Besser, viel besser wäre gleich ein Fernsehsender auf einer Frequenz, die möglichst viele Haushalte empfangen können. Ein Fernsehsender, bei dem jeder, der was kann, einmal darf.

Eine Art öffentliche politische Stimme, eher Low-Budget als Hochglanz. Am fehlenden Material dürfte es nicht scheitern angesichts der Unmengen an sendefähigen Musikvideos, Kurzfilmen, TV-Show-Konzepten und abgelehnten Talk-Gast-Listen, die in Schubladen lagern.

Zudem ist nach dem Ende des Musikfernsehens mit Unmengen von hoch qualifiziertem Personal zu rechnen, das dringend ein adäquates Betätigungsfeld braucht, vor allem, wenn wir von weiblichen Fachkräften sprechen.

Image-Fake: Von gierigen Markenparasiten

Überall dort, wo das Image der Marke mehr zählt als das Produkt, ist der Fake als Placebo der Konsumkultur ganz vorne mit dabei. Der Fake ist der Parasit und Nutznießer des Images, an dem er knabbert wie der Hase an der Möhre. Dabei gilt: Je größer der Markenmythos, umso schneller ist der Fake zu Stelle. Schon heute bekommt man den Fake öfter zu Gesicht als das Original. In den letzten Jahren waren es vor allem bestimmte Handtaschenmodelle von Louis Vuitton, die, ganz gleich ob Original oder Fälschung, immer so aussehen, als wären sie von einer Wolldecke oder aus einem Kofferraum verkauft worden – wobei diejenigen, die hier anstehen, sich als weitaus sympathischere Zeitgenossen herausstellen als diejenigen, die mit russischem Akzent im Mailänder Prada-Store gleich ganze Kollektionen abtransportieren.

Der Fake als »real Fake«, als mehr oder minder gelungene Imitation bestehender Güter und Waren, oft auch als Produktpiraterie bezeichnet, hat seinen festen Platz im System der Dinge gefunden. Einst belächelt, hat er sich mehr und mehr auf die vorderen Ränge geschoben und kann mittlerweile mit einer eigenen Chart- und Playlist, mit In- und Outlisten aufwarten, wie jedes andere, legal auf den Markt geworfene Produkt auch.

Er findet sich auf der Piazza Navona in Rom ebenso wie auf der Friedrichstraße in Berlin, der Oxford Street in London, den Champs-Élysées in Paris, im Kristine-Center in Tallinn, auf den Ramblas in Barcelona oder im Internet. Häufig ist der »real Fake« ein Accessoire, eine Tasche, ein Gürtel, eine Sonnenbrille oder ein Portemonnaie, das dem inneren Luxusparasiten Futter bietet und den Geldbeutel schont. Denn was einmal verpönt war, kommt gerade erst groß raus. »Brand what you want – I got wonderful bags« lautet das Motto der Stand- und Straßenverkäufer. Eine der niedrigsten Stufen des »real Fake«, denn der bunte Outfit-Mix nach den Spielregeln echt = kostspielig und Fake = billig war einmal. Richtig ist: Wer heute einen guten Fake haben will, und darauf kommt es an, muss schon ordentlich was auf den Tisch blättern, sei es, um nach Asien zu fahren und sich das Neueste vom Neuesten als Trophäe mitzubringen oder um den Fake selbst erwerben zu können, der mitunter die Hälfte eines vom Unternehmen in Eigenregie vertriebenen Originals kostet. In Shanghai können in ganzen Katalogen Luxusgüter eingesehen, bestellt und sogar nach Hause geliefert werden – fertig gestellt in weniger als einer Woche. Die Ausfuhr der »real Fakes«

> Während der Rest der Welt auf Band 6 der Harry-Potter-Serie wartet, dürfen Leser in China längst unter einem Dutzend Abenteuern wählen (»Harry Potter und der Leopardendrache«), deren Herkunft nicht nur der »süßsaure« Regen verrät, welcher den armen Harry in einem dieser Bücher erwischt.
> **Kai Strittmatter**

> Da echte Rolex-Uhren überall erhältlich sind, man aber, um an Kopien in allerbester Qualität heranzukommen, in Hongkong gewesen sein muss, werden – wenn überhaupt – nur Fälschungen zu Statussymbolen, weil ihnen wenigstens ein Hauch von Verwegenheit anhaftet.
> **Alexander von Schönburg**

stellt kaum ein Problem dar, wissen doch die Kontrolleure an den internationalen Flughäfen zwar, wie eine chinesische kopierte DVD aussieht, jedoch nicht, welcher Unterschied zwischen einem Versace-Täschchen und dessen Kopie besteht.

Die Wirtschaft warnt vor ihm, die Europäische Kommission schätzt den wirtschaftlichen Verlust für die Unternehmen auf 200 bis 300 Millionen Euro pro Jahr und nennt 10 Prozent des gesamten Welthandels als Anteil für die gefakete Ware; die Hersteller also fürchten um ihre Einnahmen und gehen selten so souverän (Kritikvereinnahmung lautet das Stichwort!) mit ihm um wie der bereits erwähnte New Yorker Prada-Flagship-Store, in dem die Angebote bei Ebay (Achtung, Tummelplatz für Fakes!) durchforstet werden können.

Counterfeiting ist das Schlagwort, das vor allem in den USA und in China für Aufmerksamkeit sorgt. Denn längst, da der Fake alle Bereiche der freien Marktwirtschaft durchdrungen hat und in China die Reproduktion von Zigaretten, Golfschlägern, Elektrogeräten, Bekleidung, Luxusgütern und sogar Medikamenten auf extrem hochtechnisierter Ebene abläuft, braucht es Experten, um die Unterschiede erkennen zu können – und die Anzahl der Produkte, die vor Nachahmung nicht sicher sind, vergrößert sich in dem Maße, in dem neue auf den Markt kommen. Ein Beispiel: Die *Business Week* vom 7. Februar 2005 (Titelbild: Fake!) beziffert den Preis für ein Set Callaway Golfschläger auf »real: $ 1 600« und »fake: $ 1 200«.

Der Fake ist also nicht länger ein in der Schattenwirtschaft existierendes Phänomen (oder Problem), sondern eines der Parallelwirtschaft – das Fake-Business ist einer der wenigen noch schnellwachsenden Wirtschaftszweige. Gefaket wird in der Kategorie

Konsum nur, was ein großes Vorbild hat, was Begehrlichkeiten im Handstreich befriedigen kann. Kaum jemand käme auf die Idee, C&A-T-Shirts nachzuahmen, wo doch die große Sehnsucht nach der weiten Welt sich im Chloé-Top manifestiert. Der Fake ist immer ein Hauch, ein Beinahe und nicht immer nur die preislich günstigere Lösung: Selbst diejenigen, denen das Bankkonto keinen Strich durch eine Tod's-Tasche machen würde, kokettieren frech mit dem Fake – eine feine, selbstironische Nuance macht den Rest der Lebensaccessoires umso bedeutsamer. Der Fashion-Fake ist das Sahnehäubchen für jene, denen das Original verwehrt ist und das Salz in der Suppe derjenigen, denen der Sinn nach Verwegenheit statt stumpf-bezahlter Authentizität steht. Die Bedeutung beider eingelöster Versprechen ist dabei nicht zu unterschätzen. Schon im *Handbuch der Kommunikationsguerilla* ist unter der subversiven Taktikanleitung zum Fake zu lesen: »Besonders gut beherrschen den Tonfall der Macht diejenigen, die sich im Umfeld und am Rande der Herrschenden bewegen. [...] In diesem Sinn ist das Fake eher eine Praxisform von Mittelklassendissidentinnen als von denjenigen, die, an den Rand der Gesellschaft gedrängt, der Unterdrückung am meisten ausgesetzt sind.« Und weiter heißt es: »Das Fake funktioniert vielleicht dann am besten, wenn sich die Identitäten der Faker und der Gefaketen berühren.« Um den Unterschied zu verdeutlichen: Der Fake for Real ist diesen Regeln verpflichtet, der Fake als Erfüllungsgehilfe ist es nicht. Die Doppelbödigkeit, also das Wissen um die selbstreferenzielle Imitation und die offene Enttarnung derselben, machen den Konsum-Fake zum »real thing«.

Wieder andere nehmen die Produktion ihres Fakes gleich selbst in die Hand.

Allerdings wird diesmal nicht das eigene Image gefaked, das ist zu wertvoll und zu zerbrechlich, sondern das ganz profane Produkt. In diese Kate-

> You don't have to pay a fortune to look like a million bucks!!!!
>
> **Slogan des Online-Shops für Handtaschen-Fakes handbagconcepts.com**

Fakes! The global counterfeit business is out of control.
Cover der *Newsweek* **im Februar 2005**

gorie fällt beispielsweise das Lebensmittelunternehmen Nestlé, dessen Führungsetage es sich nicht nehmen lässt, das Zeitalter des Cheap-is-chic zu bejammern und Lidl wie Aldi für die Schräglage der deutschen Wirtschaft hauptverantwortlich zu machen, obwohl Nestlé selbst gut die Hälfte seines Umsatzes mit Produkten machen dürfte, die als No-Name- oder Handelsmarken in den Regalen der angeklagten Discounter stehen. Bleibt die Frage, was ist der Fake und was das Original? Das, was drauf steht oder das, was drin ist? Sind die No-Name-Videokassetten bei Aldi, produziert von Kodak, der Fake? Sind es die in Asien produzierten Imitate im Kodak-Outfit? Oder doch die im originalen Kodak-Kassettenlook, die bei Saturn in der Fotoabteilung zu finden sind? Ist der »Elite«-Milchreis bei Penny oder die Joghurt Crisp von Aldi aus dem Haus der Molkerei Alois Müller ein Fake – oder umgekehrt all das, wo nicht nur Müller drin ist, sondern auch Müller draufsteht? Wieder anders sieht es bei Nivea aus, denn hier stammt die No-Name-Kopie zwar offensichtlich nicht aus dem eigenen Haus, sieht dem »Original« von Beiersdorf aber zum Verwechseln ähnlich.

Auch wenn sie in den letzen Jahren etwas aufgeholt hat, steckt die Fake-Kultur in Deutschland bisher noch in den Kinderschuhen. Wer einen guten Fake besitzen oder entdecken will, kommt nicht umhin, ins Ausland zu reisen. Mit etwas Glück entdeckt man dort zwischen Fake-Hello-Kitty-Vibratoren, Fake-Prada-Taschen, Fake-Louis-Vuitton-Geldbörsen, Fake-Fendi-Reisegepäck, Fake-Best-of-CDs, Fake-Armani-Dolci, Fake-Dior-Sonnenbrillen, Fake-Nintendo-Gameboys und Fake-X-Box-Games den wahren Herrscher im Fake-for-Real-Universum der Image-Ideologie: Den Hyper-Fake. Ein Fake, der originaler ist als das Original. Einen Hyper-Fake erkennt man daran, dass es ihn immer nur in limitierter Auflage und für eine begrenzte Zeit an einem bestimmten Ort gibt. Das verleiht ihm schnell die »Aura« eines Statussymbol-tauglichen authentischen Originals des 21. Jahrhunderts. Bei einem Hyper-Fake ist der Fake nicht mehr die Kopie, sondern das Original, und als solches begnügt er sich nicht mehr damit, etwas möglichst detailgetreu nachzubilden. Vielmehr leiht er sich nur noch Image und Stilelemente der Marke, um auf dieser Basis seine eigenen Entwürfe zu lancieren. Dank des Hyper-Fakes findet man auf den Märkten in São Paulo oder Bangkok eine größere Auswahl an Designer-Armbanduhren als in jedem High-Class-Geschäft der westlichen Welt. Und auch originelle Samples wie die chinesische Fastfood-Kette McKentucky oder ein Mercedes-Kühlergrill mit BMW-Logo sind Statement genug.

Um zu erkennen, dass der Fake die eine oder andere aufpolierte Imagefassade globaler Luxus-Brands inzwischen erfolgreich eingeschlagen hat, reicht ein kleiner Abstecher in die Burberry- oder Louis-Vuitton-Shops dieser Welt. Ob das Handtäschchen aus der von Takashi Murakami kreierten Louis-Vuitton-Monogramm-Mulitcolor-Collection oder die Bluse mit aufdringlicher-unaufdringlicher Burberrymuster-Knopfleiste – von dem dekadenten Charme der einstigen Statussymbole mit Vormachtstellung ist bei beiden Marken nicht mehr viel übrig. Selbst wenn kaum Zweifel daran besteht, dass wir es hier mit waschechten »Originalen« zu tun haben, wird man das Gefühl nicht los, in asiatischen Fake-Manufakturen gefertigten oder bei Ebay ersteigerten Imitaten gegenüberzustehen. Und genau hier – im bröckelnden Image– liegt die wirtschaftsschädigende Kraft des Fake. Die Gattin, die bisher mit einer Louis-Vuitton-Pochette unterm Arm die Maximilianstraße entlangspaziert ist, wird auch weiterhin dem Original den Vorzug geben und nicht daran denken, es durch ein »billiges Imitat« zu ersetzen. Andersherum sind die meisten Käuferinnen der gefakten Taschen bisher gut durchs Leben gekommen, ohne einen einzigen Louis-Vuitton-Shop von innen gesehen zu haben. Im Marketingjargon gesprochen: Die Zielgruppe

> Aber vielleicht bin ich noch am ehesten auf die meistkopierten und billigen Stücke stolz.
> **Philippe Starck**

> Die Rickson ist eine Imitation, die irgendwie echter ist als das Original.
> *Mustererkennung,* **William Gibson**

ist eine andere. Denn spätestens, wenn unsere Louis-Vuitton-Stammkundin auf der Maximilianstraße immer wieder von 16-jährigen Schülerinnen, Vertreterinnen der Gattung Privileged Poor oder Hartz-IV-Empfängerinnen mit dem Fake ihrer Pochette unter dem Arm überholt wird, wird sie sich irgendwann die Frage stellen, ob nicht langsam die Zeit gekommen ist, sich nach einem funktionsfähigeren, fake-resistenteren Statussymbol umzuschauen.

Auch wenn der Fake in der Fashion-Industrie zu besonderem Ruhm gelangt ist, finden wir in heute überall. Die Anzahl der Fakes, die die EU jährlich beschlagnahmt, hat sich in den letzten zehn Jahren verzehnfacht, und darunter sind nicht nur Fake-Handtaschen. Maschinenteile, Speicherchips oder Automobil- und Flugzeugkomponenten bestimmen längst das Tagesgeschäft. Als unangefochtener Weltmeister des Fakes gilt heute China, von Kai Strittmatter im *Schweizer Tages-Anzeiger* vom 14. April 2004 als das »Reich der Fälscher und Simulanten« beschrieben. Hier ist der Fake nicht mehr Option, sondern das Leitmotiv eines ganzen Landes. Dafür haben die Chinesen ein eigenes Wort: »Jia«, so Strittmatter, bezeichnet den doppelten Boden in all seinen Schattierungen: »Jia ist Falsches, Gefälschtes, Kopiertes, Geheucheltes, Vorgegaukeltes.« Dabei attackieren die Fakes nicht nur das Immunsystem des westlichen Konsumsystems, sondern verschaffen der breiten Masse der Chinesen »Zugang« zur Populärkultur. »Wären nur die Originale zu haben – die überwältigende Mehrheit der jetzigen Konsumenten würde darauf verzichten müssen«, so Strittmatter.

Jenseits der massenhaft angespülten, am Image nagenden Fake-Zecken werden Produkte und Marken auch von anderer Seite munter gefaket und unterwandert. Zum Beispiel mit Mikro-Activist-Strategien der mexikanischen Künstlerin Minerva Cuevas: Wohnt man beispielsweise in Mexiko, am besten noch in

Mexiko-Stadt, kann man auf ihrer Webseite (irational.org) kostenlose Barcodes bestellen und diese über die industriellen Barcodes bestimmter Lebensmittel in Supermärkten kleben und so selbst den Preis senken. Eine ähnliche Strategie verfolgt die Aktion des Madrider Künstlerkollektivs Fiambrera Obrera, das immer wieder rote Bücher mit Tipps zum Ladendiebstahl an Passanten verteilt. Und dann wäre da noch die aus Deutschland stammende Fake-Errungenschaft *Mein erstes Shopping-Buch*: ein kindgerechtes Shopping-Einmaleins von »Why do you shop« aus Hamburg. Darin lernen die Kleinen alles, was man wissen muss, wie beispielsweise, dass man sich Werbung ansehen sollte, auch wenn es den Eltern nicht passt (»Denn nur wenn du Werbung kennst, kannst du dir eine eigene Meinung bilden«), Shopping wichtig für die Persönlichkeitsentwicklung ist und Arbeitsplätze erhält und deswegen mehr Taschengeld her muss (»Wenn deine Eltern nicht zuhören, dann spreche mit Oma und Opa oder anderen Verwandten«), dass zu jeder richtigen Marke ein passender Werbeslogan gehört (»Fruchtzwerge – so wertvoll wie ein kleines Steak«) und dass man sich vor Fakes in Acht nehmen muss (»Vorsicht Ersatzmarken«), denn die »tun nur so, als ob sie richtige Marken sind«. Selbstverständlich ging die Erscheinung der Shopping-Fibel nicht ohne darauf folgendes Verbot vonstatten: Sie wurde Ende 2000 von der Bundesprüfstelle indiziert, weil darin »Kinder zu Markenfetischismus und Egoismus« verleitet würden. Im März 2003 beurteilte das Verwaltungsgericht Köln dies als rechtswidrig – und seit Juli 2004 kann *Mein erstes Shopping-Buch* wieder ohne Bedenken über den Ladentisch geschoben werden. Als Produkt für Kinder tarnt sich das als Arztkoffer daherkommende »Beauty-Kit« der Pariser Gruppe Pleix.net, ausgestattet mit den Verkaufsschlagern der Plastischen Chirugie wie Brustimplantaten und den nötigen Instrumenten zum Fettabsaugen.

When somebody buys a fake, they are giving money to organised crime.

Bernard Arnault, Konzernchef LVMH-Group

Ein anderes Beispiel ist das auf ame-

> RTMark is a market-driven system, and we list any project that meets our bottom-line criterion of »attack without physical injury« […] to humans, that is.
> **Selbstbeschreibung RTMark**

rikanischem Boden angesiedelte Unternehmen RTMark, Netzwerk und Umschlagplatz für die Organisation und vor allem die Finanzierung subversiver Fake-Parodien. Zu den wohl bekanntesten Aktionen aus dem Hause RTMark zählt das 1993 von ihnen unterstützte Projekt »The Barbie Liberation Organization«, bei dem die sonst so freundliche Stimme einer Barbie-Puppe durch den Text und das Timbre der militärisch-muskelprotzigen GI-Joe-Puppe ausgetauscht wurde – und umgekehrt der Macho-Joe eine liebliche Frauenstimme erhielt. Heraus kamen Barbies, die »Dead men tell no lies« in die Gegend plapperten und GI-Joe-Soldaten, die säuselnd fragten: »Wanna go shopping?«

Schaut man sich im Konsum und dessen Motor, dem Image, um, muss der »echte« eine Marke sein: eine demokratische, mit einem sozialpolitischen Kodex. Eine Marke, die ohne Produkte auskommt und deren Image parasitär ist. Eine Marke, die von denen weiterentwickelt und verändert wird, die sie nutzen und mit ihr umgehen. Also eine Marke, die sich mitverändert, in unterschiedlichen Bereichen agiert, unterschiedliche Bedürfnisse abdeckt und gegen die alle anderen Marken so lebendig wirken wie Kunstblumen und so sympathisch wie die Deutsche Bank. Eine Do-it-yourself-Marke mit dem Ziel, andere Marken irgendwann einmal zu verdrängen und zu ersetzen oder zumindest erst einmal unsichtbar zu machen.

Economy-Fake

Ein wenig anders sieht es in der Kategorie der Wirtschaft aus. Oft sind die Angriffsflächen des kapitalistischen Systems jenseits des Konsums gut versteckt und nur noch mit einigem Aufwand an ihren empfindlichen Stellen zu erwischen – aber es geht, wie uns derzeit Corinne Maier beweist. Ein gut getarnter Fake, nur sichtbar für diejenige, die ihn anrichtet, findet jahrelang den Gefallen der Fakenden, bis sie dahinkommt, ihn anderen mitzuteilen und die Anleitung zum Fake als Ratgeber zu verfassen: »*Die Entdeckung der Faulheit – Von der Kunst, bei der Arbeit möglichst wenig zu tun* oder, im französischen Original, *Bonjour paresse* deckt auf, wie Corinne Maier unbehelligt von ihrem Arbeitgeber, dem französischen Energiekonzern EDF, ihre Tage ohne Widerstand und große Anstrengung in dem Unternehmen über die Bühne brachte, wie sie als Teilzeitkraft ihre Arbeit auf ein Minimum reduzierte; und nun rät sie anderen, das Gleiche zu tun, ruft also zur Unproduktivität auf: »Dieses Buch wird Ihnen helfen, sich des Unternehmens zu bedienen, in dem Sie beschäftigt sind, während bisher lediglich Sie dem Unternehmen dienten. Es wird erklären, warum es in Ihrem Interesse ist, so wenig wie möglich zu arbeiten und wie man das System von innen torpediert, ohne dabei aufzufallen.« Ein Als-ob-Arbeitsplatz, das Pendant zum »Eigentlich-Arbeitenden«, wie er in Kapitel 3 bereits beschrieben wurde.

Ein anderes legendäres Beispiel, wie es gelingen kann, für Engagement und Irritation zu sorgen, ist die Fake-Aktion, bei der ein Aufkleber (Abbildung 17) die Bundesbürger 1985 dazu aufforderte, ihre Batterien zukünftig einfach in die Briefkästen der Bundespost zu werfen. Der Angriff richtete sich gegen die Batteriefabrik »Sonnenschein« in West-Berlin und ihren Besitzer, den damaligen Postminister Christian Schwarz-Schilling (CDU). Die Batteriefabrik »Sonnenschein« war in das Visier der Kritik geraten, als rund um die Fabrik erhöhte Messwerte und ein bleiverseuchter Boden festgestellt

> The Yes Men take the action to the global stage for the benefit of a new digital audience, and deploy whatever tool it takes – websites, logos, Powerpoint presentations – to perform their elegant jiujitsu on their stunned corporate victims.
>
> *Designobserver*

wurden. Zur gleichen Zeit tauchten auf Briefkästen in fast allen deutschen Großstädten diese Aufkleber auf. Der Briefkasten als neue Batteriesammelstelle kam gut an – und Postbeamte hatten nun nicht mehr nur mit Briefen, sondern mit Unmengen von alten Batterien zu tun. Wie der *Spiegel* im gleichen Jahr berichtet, soll am Schalter des Kölner Hauptpostamtes gar jemand versucht haben, eine »Sonnenschein«-Autobatterie aufzugeben, da sie für den Briefkasten nun wirklich zu sperrig sei.

Bei denjenigen, die heute, gut 20 Jahre später, Fakes auf dem Wirtschaftsparkett detonieren lassen, hat es sich durchgesetzt, sich selbst in die Zentren der Macht zu begeben und so zu tun, als gehöre man dazu. Damit liegt der Angriff auf das kapitalistische System heute mit auf der höchsten Schwierigkeitsstufe des Fake. Er ist eher etwas für Profis und weniger für Erstklässler oder Teilzeitrebellen. Eine Truppe, die zeigt, wie es gehen kann, sind »The Yes Men«.

Ihre Spezialität sind »Identitätskorrekturen«, und sie selbst sind Profis, wenn es darum geht, den Tonfall der Mächtigen zu faken. Mal treten sie als Unternehmenssprecher vor die Kamera, mal als selbst ernannte Experten und PR-Sprecher globaler Institutionen wie der WTO (Abbildung 18), immer aber im perfekten Camouflage-Outfit der Mächtigen. Da wäre zum Beispiel der Vorfall im Dezember 2004, als sich die Yes Men als Fake-for-Real-Spezialisten ins System zeckten: Es jährte sich der Jahrestag der Katastrophe, bei der 1984 eine Chemiefabrik des US-Unternehmens Union Carbide im indischen Bhopal explodierte. Wer nicht zu den Zehntausenden zählte, die in den Tod gerissen wurden, überlebte verletzt und mit oft schweren Folgeschäden. An diesem Jahrestag

meldete nun die BBC, dass das Unternehmen Dow Chemical, seit ein paar Jahren der neue Eigentümer der Union Carbide, sich zu zu seiner Pflicht bekennen wolle und 12 Milliarden US-Dollar an die Familien der mehr als 3 000 Toten und 120 000 Verletzten von Bhopal auszahlen werde: »Ich bin sehr glücklich, dass ich heute mitteilen kann, dass Dow erstmals die volle Verantwortung für die Katastrophe in Bhopal übernimmt. [...] Wir haben beschlossen, Union Carbide zu liquidieren, diesen Albtraum für die Welt, der Dow Kopfschmerzen bereitet.« Kurz darauf dementierte die BBC ihre Meldung – und der im BBC-Live-Interview zu Wort gekommene Dow-Chemical-Firmensprecher »Jude Finisterra« stellte sich als Yes Man (www.theyesmen.org) heraus. In der Zwischenzeit war jedoch der Aktienkurs einmal kräftig in den Keller gerutscht.

Mit ähnlicher Professionalität wie die Yes Men arbeiten auch die zuvor bereits erwähnten Saboteure und Paradisten von RTMark, mit denen die Yes Men wiederholt kooperieren. RTMark ist weder eine sporadische Aktivistenplattform noch eine

> So wie man gut oder schlecht schlafen, essen oder verdienen kann, kann man auch gut oder schlecht fliegen. Wir wollen Sie verwöhnen und glücklich machen. Mit Ingold Airlines zu fliegen, soll aus Ihrer Routinereise ein einmaliges Erlebnis machen.
> **Aus dem Leitbild der Ingold Airlines**

ideologische Organisation, sondern eine amtlich eingetragene, registrierte Investmentfirma mit »begrenzter Haftung« und dem Geschäftsziel, Projekte zu unterstützen und Investoren und Aktivisten zusammenzubringen. Diese Form von Protestsponsering hat sich als nützlich erwiesen. Das Vorhaben und der Nutzen der aktuellen Projekte werden klar beschrieben, zur Diskussion gestellt und katalogisiert. Wer etwas Passendes findet, kann sich finanziell oder anderweitig daran beteiligen und RTMark kümmert sich um den rechtlichen Schutz von Investoren und Aktivisten.

Da die Einlasskontrollen zu den Zentren wirtschaftlicher Macht auch im besten Camouflage-Outfit und mit der professionellsten Koordination oftmals nicht zu passieren sind, scheint es sinnvoll, den Regeln des Systems noch einen Schritt weiter zu folgen: Indem man sich als wirtschaftlich erfolgreiches Unternehmen tarnt und positioniert – und von vornherein jeden Anschein des Politischen und Kritischen vermeidet.

Wie das gehen kann, zeigte die fiktive Fake-Luftverkehrsgesellschaft Ingold Airlines (»thanks for flying ingold airlines«), die vor knapp 20 Jahren als Aktiengesellschaft ihren Betrieb aufnahm. Von Ingold Airlines gab es alles, was es damals wie heute braucht, um als Unternehmen wahrgenommen zu werden: ein Logo, Briefpapier, Visitenkarten, PR-Rhetorik, Vorträge, Präsentationen, mit Zitaten garnierte Geschäftsberichte, Management- und Marketingvokabular (Concept und creativ), Aktionärsversammlungen, Veranstalter und Sponsoren von Kunstausstellungen oder Teilnehmer an kommerziellen Flugzeugmessen – nur keine real existierende Firma. Keine Produktion, keine Dienstleistung und auch keine Flugzeuge. Als Als-ob-Unternehmen war Ingold Airlines die prompte Antwort auf die imagefrisierten, logofixierten

Unternehmen, die damals wie Pilze aus dem Boden schossen. Der Gründer und Unternehmenschef Res Mangold hatte als gelernter Grafiker in den Siebzigern mitbekommen, wie das Grafikdesign, das sich nun mit Corporate Identity und Image-Broschüren zu befassen hatte, zum gefragten Zuliefererbetrieb des groß angelegten Gesamtprojekts »Unser-Kapitalismus-soll-schöner-werden« wurde. Ingolds Antwort war ein perfektes Image mit einer genau kalkulierten Corporate Identity und Ingold Airlines der Pionier des sich ankündigenden, kulturellen Kapitalismus, der mit ideellem Zugang handelte und sein Logo auf Kultur statt auf Produkte setzte. Denn auch wenn Ingold Airlines nicht als Geldgeber der von ihnen geförderten Ausstellungen oder Kunstprojekte auftrat, so doch als ideeller Sponsor, dessen Image auf das der Ausstellung abfärben sollte und umgekehrt.

Während bei Ingold Airlines alles Image ist, bezog das Fake-Unternehmen der Künstlerin Maria Eichhorn seine Existenzberechtigung einzig und allein aus dem Kapital. Auf der Documenta 11 stellte Eichhorn die Dokumente der von ihr zuvor ins Leben gerufenen »Maria Eichhorn Aktiengesellschaft« hinter Panzerglas aus: Gründungsurkunde, Satzung, die Niederschrift über die erste Sitzung des Aufsichtsrats – und das dafür nötige Kapital, 50 000 Euro Gründungsguthaben. Dabei ist die AG, so die Satzung, reinem Selbstzweck verpflichtet: »Das Vermögen soll weder in die gesamtwirtschaftliche Geldzirkulation einfließen, noch zur Mehrwertschöpfung verwendet werden.«

Da in einem kapitalistischen System, welch Wunder, Geldwert und finanzieller Erfolg einem Sesam-öffne-dich-Code gleichkommen, der die Türen der Mächtigen öffnet und einen Zugang zu den oberen Etagen verschafft, sollte das Fake-for-Real-Unternehmen durchaus ein wirtschaftliches Schwergewicht

> Die Lage wird dadurch kompliziert, dass weniger denn je eine einfache Wiedergabe der Realität etwas über die Realität aussagt. [...] Es ist also tatsächlich etwas aufzubauen, etwas Künstliches, etwa Gestelltes.
> **Bertolt Brecht**

> Ich bin weder eine Erfindung noch ein Patent, ich bin die Lösung.
> **Jakob Maria Mierscheid**

sein. Kurzum: Kapital ist ein ausgezeichnetes Camouflage.

Es muss also ein Fake-for-Real-Unternehmen her, ein erfolgreiches, mit viel Personal, renommierten Kunden, Telefonwarteschleifen, Besprechungszimmern, Image-Broschüren und Firmenwagen – und Zugang zu den wirtschaftlichen Machtzentren.

Polit-Fake

Während Medien und Marken auf eine Art »Stammkundschaft« unter ihren Gegnern verweisen können, eine gut trainierte Mannschaft, die nicht locker lässt, um ihre Fake-Praktiken zu vervollkommnen, sieht es in der Politik etwas dürftig aus. Sie bleibt der schwarze Fleck auf der Landkarte erfolgreich-subversiver Protestformen und lang anhaltender Irritation. Doch auch die Nährstoffe der Politik können planvoll und mit allen Künsten des Fake for Real unterwandert in die Hände des Wirtes eingespeist werden. Und das umso mehr, seit Politik zu Politainment wurde und der Logik der Medien und des Images folgt, deren Muster vertraut und einfach zu persiflieren beziehungsweise zu faken sind. Anders gesagt: Wer die Mechanismen, die Kür des Fake for Real zur Perfektion treibt, kann auch die als uneinnehmbar geltende politische Bastion stürmen und muss nicht länger Zaungast bei den Vorstellungen anderer sein.

Der Klassiker der politischen Fake-for-Real-Attacken sind gefakte Behördenbriefe, Amtsschreiben oder Flugzettel, wie sie vor gut 20 Jahren immer wieder auftraten und sich gegen den damals übermächtigen staatlichen Apparat, aber auch gegen die Parteien richteten – beispielsweise der Fake eines CDU-Schreibens, das arbeitslose Jugendliche statt Bezahlung in den Nobelhotels Kempinski, Intercontinental und Schweizer Hof vorlegten, nachdem sie sich zuvor fürstlich hatten bewirten lassen. Auf dem Papier mit CDU-Logo stand zu lesen, dass die CDU im von der UNO ausgerufenen Jahr der Jugend ihren Beitrag leisten und arbeitslose Jugendliche zu einem kostenfreien Menü in den oben genannten Häusern einladen möchte. Die Jugendlichen hatten das Schreiben in ihren Briefkästen oder auf dem Arbeitsamt vorgefunden. Das war 1985. Doch auch heute lassen sich, bei genauem Blick, hin und wieder solche Aktionen entdecken. Im Dezember 2004 steckte in Kölner Briefkästen ein Schreiben mit dem Briefkopf der Bundesagentur für Arbeit und der Unterschrift des Arbeitsamtsprechers, der die angeschriebenen Haushalte dazu aufforderte, Ein-Euro-Kräfte zu beschäftigen.

Nachdem zahlreiche Angebote bei der Kölner Agentur für Arbeit eingegangen waren, stellte sie Strafanzeige gegen Unbekannt. Ähnliche Fakes ergeben sich auch immer wieder einmal, wenn die »Sicherheitskonferenz« in München tagt. Ebenfalls im Jahr 2004 wurden die Anwohner einiger Bezirke in einem »Bürgeraufruf« der Polizei zur »Mitverantwortung für die Innere Sicherheit« angehalten und zur »Erfassung der biometrischen Personendaten im Rahmen des Pilotprojektes Automatisches-Iris-Identifikations-System« ins Polizeipräsidium gebeten, damit »Demonstrations-Hooligans« und »Krawall-Touristen« leichter aussortiert werden könnten. Anfang 2005 waren die Titelblätter auf mehreren Verkaufskästen der *Bild*-Zeitung und der Münchner *tz* gegen Fakes ausgetauscht worden, auf denen zu lesen stand: »Sicherheitskonferenz abgesagt!!! Nato pleite!« Erst ein paar Tage zuvor hatte ein Flugblatt ein generelles Parkverbot in der Münchner Innenstadt verkündet, damit Wasserwerfer leichter passieren können.

Derzeit gibt es eine große Abkehr von den etablierten Parteien, und bevor irgendwelche Rechtsradikalen die Wählerstimmen bekommen, wollen lieber wir sie.
Martin Sonneborn

Neben solchen politischen, meist lokalen Querschlägern, finden wir auch den real gewordenen Polit-Fake auf zwei Beinen.

Da existiert zunächst der legendäre Jakob Maria Mierscheid, der einzig wahre, rein fiktive Fake-Bundestagsabgeordnete der SPD. Ein Prototyp des Hinterbänklers, der im Dezember letzten Jahres immerhin sein 25-jähriges Dienstjubiläum feierte. Den Namen Jakob Maria Mierscheid findet man in verschiedenen Personenverzeichnissen und Veröffentlichungen des Deutschen Bundestages (http://www.bundestag.de/mdb15/bio/M/miersja0.html).

Sein Konterfei ähnelt dem von Karl Ranseier, einer fiktiven Figur, die in den Nachrichten der Comedyshow *Samstag Nacht* zu Ruhm gelangte (»Karl Ranseier ist tot ...«). Zuletzt machte Mierscheid von sich reden, als er 2004 Ulla Schmidt als »Unwort des Jahres« vorschlug und daraufhin von Franz Müntefering abgemahnt wurde, wie in der März-Ausgabe von *Aktiv im Ruhestand – Die Zeitschrift für ehemalige Angehörige des öffentlichen Dienstes und ihrer Hinterbliebenen* nachzulesen ist. Doch bereits einen Monat später hatte man Jakob Maria Mierscheid verziehen und benannte eine kleine Brücke, die zwei Bundestagsgebäude verbindet, heute: »Jakob-Mierscheid-Steg«, nach ihm. Wer mehr wissen will, erfährt aus der Publikation *Die Mierscheid-Akte oder Jakob Mierscheid, Aus dem Leben eines Abgeordneten: Eine politische Holografie* weitere brisante Informationen.

Aktuell erfreut »DIE PARTEI« (Abbildung 19) – die derzeit einzig wahre Partei im politischen System, als ein Musterbeispiel des Fake for Real. Im Juli 2004 als Sammelbecken für von anderen Parteien enttäuschte Wähler gegründet, fordert DIE PARTEI vorneweg vor allem eines: Die Mauer muss wieder her! Und findet damit vermutlich Sympathie bei 21 Prozent der Westdeutschen, die sich laut einer Forsa-Umfrage die Mauer zurückwünschen. Dafür werden mit »populistischen Parolen« und »schmierigen Mitteln« Wähler geködert, denn, so der Parteichef und *Titanic*-Chefredakteur Martin Sonneborn im *Spiegel*: »In der Politik wird heutzutage geäußert, was Stimmen bringt, und das werden wir auch tun.« DIE PARTEI persifliert die Mechanismen der Mediokratie

und des Politainment, nutzt also perfekt die Logik der Aufmerksamkeitsökonomie und ist damit als Kopie schon heute besser als das Original. Dabei sind die populistischen Parolen nicht mehr als der satirische Einstieg. Hat man, dank vieler Stimmen, erst einmal einen Sitz im Parlament ergattert, werden im zweiten Schritt die eigentlichen Ideen ausgepackt, laut Parteivorsitzendem Sonneborn »vernünftige und sozial ausgewogene Ideen«. Wie beispielsweise die dem Programm zu entnehmende tatsächliche Gleichstellung von Mann und Frau, eine gesicherte und bezahlbare Gesundheitsversorgung für alle, ein Bildungssystem, das allen offen steht und Chancengleichheit fördert, die Umverteilung von Arbeit und Reichtum und ein offenes und gleichberechtigtes Miteinander von Deutschen und Ausländern.

Obwohl die Gründung einer Partei auf den ersten Blick als die politischste aller politischen Fake-for-Real-Projekte erscheint, muss man sich fragen, ob die Gründung eines Unternehmens, die Übernahme eines Fernsehsenders oder die Einführung einer Marke heute nicht politischer sind als die Gründung einer Partei. Zumindest dann, wenn, wie heute, die Partei als Institution für politisches Interesse ungefähr die gleiche Rolle spielen dürfte wie die Institution Kirche bei der Glaubensfrage – also keine besonders entscheidende.

Fazit: Fakesmile

Der Fake ist, wenn man so will, durch und durch dialektisch. Anders gesagt: Er hat immer einen doppelten Boden. Denn der Fake gibt vor, etwas zu sein, was er nicht ist, um auf etwas zu verweisen, was einfach nicht wahr sein darf. Er ist wahr und falsch zugleich. Der Fake ist der Prototyp des Sowohl-als-auch. Der Fake ist der reale Konjunktiv, der es eigentlich alles ganz anders meint, als man zunächst denken mag, denn beim Fake haben Ursachen und Wirkungen endgültig die Plätze getauscht. Der Fake ist die perfektionierte Kür des So-tun-als-ob. Wer heute sagt: »Das ist doch nur Fake! Das ist doch gar nicht wahr! Das ist doch gar nicht ernst gemeint!«, der hat es, gelinde gesagt, nicht kapiert. Der Fake streckt dem moralisierend-mahnenden, bildungsbürgerlichen Zeigefinger den Mittelfinger entgegen. Der Fake hat Witz, er ist immer auch Persiflage, Parodie und Pop. Und: Es wird nicht so schnell langweilig mit ihm, denn er sieht immer wieder anders aus und hat unzählige Camouflage-Outfits ins seinem Schrank hängen – und immer einen breit angelegten Themenpark im Angebot.

Die politische Praxis des Fake for Real ist die Antwort auf unser Leben im Als-ob-Modus mit seinem überdimensionalen, zur Selbstbedienung freigegebenen Zeichenfundus und seinen Lagerhallen voll sauber sortierter, kultureller Accessoires, die geknackt und zur Selbstbedienung freigegeben wurden. Denn erst dieses gigantische, symbolische Selbstbedienungslager macht den Fake for Real in seiner ganzen Bandbreite möglich. Und natürlich die Gruppe derer, die wissen, wie man sich aus Ästhetik, Tonfall und Rhetorik den passenden Fake zusammenzimmert – und in welchem Detail welcher Teufel steckt. Die, die wissen, welche Zeichen und Symbole man für glaubhafte Images des Erfolgreichseins, Erwachsenseins, Authentischseins oder Politischseins braucht, die genau ausarbeiten können, wie die Fake-Fassade des Harmlosen und Unbekümmerten auszusehen hat, wissen auch, welche Zutaten eine erfolgreiche Marke braucht und wie man die Medien füttert.

Mit alten Kategorien wie authentisch oder künstlich, wahr oder falsch ist der Fake nicht zu fassen, denn jeder populäre Fake ist, auch wenn er eine Fälschung darstellt, zugleich auch der präzise Seismograph und unvorteilhaft ausschnitthafte Vergrößerungsspiegel der »realen Verhältnisse«. Der Fake zeigt, wie es eigentlich sein und passieren könnte, und lenkt unseren Blick auf groteske Schwachstellen und absurde Züge der selbstreferenziellen Systeme. Damit liefert gerade der Fake etwas, worauf die Authentizitätsarmada, die Realitätsverfechter und Objektivitätsapostel so scharf sind: einen wahren Kern, die so schmerzlich vermisste Substanz hinter der hohlen Hülle, den freigegebenen Blick auf das Dahinter. Doch der exklusive Gratisblick in den Abgrund bleibt der USP, den die Aussichtsplattform des Fake for Real den meisten anderen Perspektiven voraushat.

Literaturverzeichnis

Arendt, Hannah: *Vita activa oder vom tätigen Leben*, München, 1967

Baecker, Dirk: *Kapitalismus als Religion*, Berlin, 2003

Baldauf, Anette/Weingartner, Katharina: *Lips, Tits, Hits, Power?* Wien, 2002

Baltes, Martin (Hrsg.): *absolute. Marken – Labels – Brands*, Freiburg, 2004

Barry, Max: *Logoland*, München, 2003

Barthes, Roland: *Mythen des Alltags*, Frankfurt a. M., 1964

Baudrillard, Jean: *Kool Killer*, Berlin, 1978

Baudrillard, Jean: *Agonie des Realen*, Berlin, 1978

Baudrillard, Jean: *Paßwörter*, Berlin, 2002

Baumann, Zygmunt: *Flüchtige Moderne*, Frankfurt a M., 2000

Baumanns, Peter: *Realität und Begriff*, Würzburg, 1993

Beck, Ulrich/Giddens Anthony/Lash, Scott: *Reflexive Modernisierung*, Frankfurt a. M, 1996

Beck, Ulrich, Bonß/Wolfgang (Hrsg.): Die Modernisierung der Moderne, Frankfurt a. M, 2001

Behrens, Roger: Die Diktatur der Angepassten. Texte zur kritischen Theorie der Popkultur, Bielefeld, 2003

Behrens, Roger: Kritische Theorie, Hamburg, 2002

Bell, Daniel: Die kulturellen Widersprüche des Kapitalismus, Frankfurt a. M./New York, 1991

Benjamin, Walter: Das Kunstwerk im Zeitalter seiner technischen Reproduzierbarkeit, Frankfurt a M., 1963

Berg, Sibylle: *Ende gut*, Köln, 2004

Berger, Peter L./Luckmann, Thomas: Die gesellschaftliche Konstruktion der Wirklichkeit, Frankfurt a.M., 2003

Bergermann, Ulrike/Winkler, Hartmut (Hrsg.): TV-Trash. The TV-Show I Love to Hate, Marburg, 2000
Blissett, Luther/Brünzels, Sonja: *Handbuch der Kommunikationsguerilla*, Berlin, 2001
Böhme, Gernot: *Atmosphäre*, Frankfurt a. M., 1995
Boltanski, Luc/Chiapello, Ève: *Der neue Geist des Kapitalismus*, Konstanz, 2003
Bolz, Nobert: *Eine kurze Geschichte des Scheins*, München, 1991
Bolz, Norbert: *Die Konformisten des Andersseins*. München, 1999
Bolz, Norbert: *Das konsumistische Manifest*, München, 2002
Bonz, Jochen (Hrsg.): *Sound Signatures*, Frankfurt a. M., 2001
Bourdieu, Pierre: *Gegenfeuer. Wortmeldungen im Dienste des Widerstands gegen die neoliberale Invasion*, Konstanz, 1998
Bourdieu, Pierre: *Praktische Vernunft. Zur Theorie des Handels*, Frankfurt a. M., 1998
Bosshart, David: *Billig. Wie die Lust am Discount Wirtschaft und Gesellschaft verändert*, Frankfurt a. M., 2004
Bröcking, Ulrich/Krasmann, Susanne/Lemke, Thomas (Hrsg.): *Glossar der Gegenwart*, Frankfurt a. M., 2004
Brooks, David: *Die Bobos. Lebensstil einer neuen Elite*, Frankfurt a. M., 2001
Bude, Heinz: *Generation Berlin*, Berlin, 2001
Bude, Heinz: *Die ironische Generation: Soziologie als Zeitdiagnose*, Hamburg, 1999
Burchill, Julie: *Verdammt – ich hatte Recht*, Reinbek, 1999
Bürger, Peter: *Theorie der Avantgarde*, Frankfurt a. M., 1974
Chlada Marvin/Dembowski, Gerd/Ünlü Deniz (Hrsg.): *Alles Pop: Kapitalismus und Subversion*, Aschaffenburg, 2003
Coupland, Douglas: *Generation X. Geschichten für eine immer schneller werdende Kultur*, Hamburg, 1992
Coupland, Douglas: *Miss Wyoming*, Hamburg, 2001
Dannenberg, Sophie: *Das bleiche Herz der Revolution*, München, 2004
Debord, Guy: *Die Gesellschaft des Spektakels*, Berlin, 1996
Deichsel, Alexander (Hrsg.): *Die produktive Distanz. Beiträge zum Verhältnis von Masse und Elite*, Hamburg, 1987
Deleuze, Gilles: *Unterhandlungen, 1972–1990*, Frankfurt a. M., 1993
Deleuze, Gilles/Guattari, Felix: *Rhizom*, Berlin, 1977

Deleuze, Gilles/Foucault, Michel: *Der Faden ist gerissen*, Berlin,1977
Diederichsen, Diedrich: *Freiheit macht arm*, Köln, 1993
Domizlaff, Hans: *Die Gewinnung des öffentlichen Vertrauens. Ein Lehrbuch der Markentechnik*, Hamburg, 1992
Dörner, Andreas: *Politainment. Politik in der medialen Erlebnisgesellschaft*, Frankfurt a. M., 2001
Eco, Umberto: *Streit der Interpretationen*, Konstanz, 1987
Eco, Umberto: *Zeichen. Einführungen in einen Begriff und seine Geschichte*, Frankfurt a. M., 1977
Elias, Norbert: *Über den Prozeß der Zivilisation*, Frankfurt a. M., 1997
Esposito, Elena: *Die Verbindlichkeit des Vorübergehenden: Paradoxien der Mode*, Frankfurt a. M., 2004
Faldbakken, Matias: *The Cocka Hola Company*, München, 2003
Fanizadeh, Andreas/Gurk, Christoph (Hrsg.): Die Beute. Neue Folge Nr. 3. Politikbegriffe in der Popkultur, Berlin, 1999
Fischer-Lichte, Erika: *Ästhetik des Performativen*, Frankfurt a M., 2004
Fischer-Lichte, Erika/Pflug, Isabel: *Inszenierung von Authentizität*, Tübingen, 2000
Flaig, Berthold Bodo/Meyer, Thomas/Ueltzhöffer, Jörg: *Alltagsästhetik und politische Kultur*, Bonn, 1993
Flusser, Vilém: *Gesten. Versuch einer Phänomenologie*, Frankfurt a. M., 1994
Foucault, Michel: *Diskurs und Wahrheit*, Berlin, 1996
Frank, Georg: *Ökonomie der Aufmerksamkeit*, München, 1998
François, Emmanuel: *Der Wert des Menschen*, München, 2000
Friedmann, David: *Der ökonomische Code*, München, 2001
Gibson, William: *Mustererkennung*, Stuttgart, 2004
Giddens, Anthony: *Entfesselte Welt. Wie die Globalisierung unser Leben verändert*, Frankfurt a. M., 2001
Geuss, Raymond: *Privatheit. Eine Genealogie*, Frankfurt a. M., 2002
Gladwell, Malcolm: *The Tipping Point: Wie kleine Dinge Großes bewirken können*, Berlin, 2000
Gmür, Mario: *Der öffentliche Mensch. Medienstars und Medienopfer*, München, 2002
Goffman, Erving: *Interaktionsrituale. Über Verhalten in direkter Kommunikation*, Frankfurt a. M., 1986

Goffman, Erving: *Wir alle spielen Theater. Die Selbstdarstellung im Alltag*, München, 1983

Goldt, Max: »*Mind-boggling*« – *Evening Post*, Zürich, 1998.

Gross, Peter: *Ich-Jagd*, Frankfurt a. M., 1999

Gruteser, Michael/Klein, Thomas/Rausche, Andreas: *Subversion zur Prime-Time. Die Simpsons und die Mythen der Gesellschaft*, Marburg, 2002

Guggenberger, Bernd: *Sein oder Design. Im Supermarkt der Lebenswelten*, Reinbek, 2000

Habermas, Jürgen: *Die nachholende Revolution*, Frankfurt a. M., 1990

Habermas, Jürgen: *Strukturwandel der Öffentlichkeit*, Frankfurt a. M., 1990

Habermas, Jürgen: *Zeitdiagnosen, Zwölf Essays*, Frankfurt a. M., 2003

Hahn, Anna Katharina: *Sommerloch*, Bremen, 2000

Hardt, Michael/Negri, Antonio: *Empire. Die neue Weltordnung*, Frankfurt a. M./New York, 2002

Hartwig, Ina/Spengler, Tilman (Hrsg.): *Die 30jährigen*. Kursbuch, Heft 154, Berlin, 2003

Hartwig, Ina/Spengler, Tilman (Hrsg.): *Die neuen Eliten*. Kursbuch, Heft 139, 2000

Haug, W. F. (Hrsg.): *Warenästhetik. Beiträge zur Diskussion, Weiterentwicklung und Vermittlung ihrer Kritik*, Frankfurt a. M., 1957

Heath, Joseph/Potter, Andrew: *The Rebel Sell. Why the Culture can't be jammed*, Toronto, 2004

Hegemann, Carl (Hrsg.): *Kapitalismus und Depression 1. Endstation. Sehnsucht*, Berlin, 2001

Hegemann, Carl (Hrsg.): *Kapitalismus und Depression 2. Glück ohne Ende*, Berlin, 2000

Hegemann, Carl (Hrsg.): *Politik und Verbrechen 1. Einbruch der Realität*, Berlin, 2002

Heinzen, Georg/Koch, Uwe: *Von der Nutzlosigkeit erwachsen zu werden*, Reinbek, 1992

Hellmann, Kai-Uwe: *Soziologie der Marke*, Frankfurt a. M., 2003

Hertz, Noreena: *Wir lassen uns nicht kaufen! Keine Kapitulation vor der Macht der Wirtschaft*, München, 2002

Herzinger, Richard: *Die Tyrannei des Gemeinsinns. Ein Bekenntnis zur egoistischen Gesellschaft*, Berlin, 1997

Heuser, Uwe Jean: *Das Unbehagen im Kapitalismus*, Berlin, 2000

Hörisch, Jochen (Hrsg.): *Mediengenerationen*, Frankfurt a. M., 1997

Holt, Douglas B.: *How Brands become Icons*, 2003

Holert Tom/Terkessidis, Mark (Hrsg.): *Mainstream der Minderheiten/ Pop in der Kontrollgesellschaft*, Berlin, 1996

Horx, Matthias: *Trendbuch 1, Düsseldorf, 1993*

Horx, Matthias: *Das Ende der Alternativen oder die verlorene Unschuld der Radikalität*, München, 1985

Houellebecq, Michel: *Plattform*, Köln, 2002

Huth, Werner: *Glaube, Ideologie und Wahn. Das Ich zwischen Realität und Illusion*, Frankfurt a. M., 1988

Illies, Florian: *Generation Golf. Eine Inspektion*, Berlin, 2000

Illies, Florian: *Generation Golf zwei*, München, 2003

Illouz, Eva: *Der Konsum der Romantik. Liebe und die kulturellen Widersprüche des Kapitalismus*, Frankfurt a. M., 2003

Kemmler, Sebastian (Hrsg.): *Die Depression der Werbung. Berichte von der Couch*, Göttingen, 2004

Kemper, Peter/Sonnenschein, Ulrich (Hrsg.): *Globalisierung im Alltag*, Frankfurt a. M., 2002

Kiani, Wäis: *Stirb, Susi! Der Softie macht den Abgang*, München, 2004

Klein, Naomi: *No Logo!*, München, 2000

Koch, Joachim: *Abschied von der Realität. Das illusionistische Zeitalter*, Reinbek, 1988

Kundera, Milan: *Die unerträgliche Leichtigkeit des Seins*, Frankfurt a. M., 1987

Kurbjuweit, Dirk: *Unser effizientes Leben. Die Diktatur der Ökonomie und ihre Folgen*, Reinbek, 2003

Lefébvre, Henri: *Der dialektische Materialismus*, Frankfurt a. M., 1966.

Lefébvre, Henri: *Kritik des Alltagslebens*, München, 1975

Lehnert, Gertrud: *Mit dem Handy in der Peepshow. Die Inszenierung des Privaten im öffentlichen Raum*, Berlin, 1999

Lenzer, Kathrin, Holstein, Philipp: *30 – Bis hierher und wie weiter?*, Reinbek, 2004

Lethen, Helmut: *Verhaltenslehren der Kälte*, Frankfurt a. M., 1994

Levinson, Jay Conrad: *Guerilla Marketing*, Frankfurt a. M., 1990

Liebl, Franz/Düllo, Thomas (Hrsg.): *Cultural Hacking. Kunst des Strategischen Handelns*, Wien, 2004

Lindner, Rolf: *Das Gefühl von Freiheit und Abenteuer. Ideologie und Praxis der Werbung*, Frankfurt a. M., 1977

Ljubic, Nicol: *Genosse Nachwuchs. Wie ich die Welt verändern wollte*, München, 2004

Luhmann, Niklas: *Soziale Systeme*, Frankfurt a. M., 1987

Maar Christa/Burda, Hubert (Hrsg.): *Iconic Turn. Die neue Macht der Bilder*, Köln, 2004

Maier, Corinne: *Die Entdeckung der Faulheit. Von der Kunst bei der Arbeit möglichst wenig zu tun*, München, 2005

Marcus, Greil: *Lipstick Traces: kulturelle Avantgarden und ihre Wege aus dem 20. Jahrhundert*, Hamburg, 1992

Maresch, Rudolf/Werber, Niels: *Kommunikation, Medien, Macht*, Frankfurt a. M., 1999

Marquardt, Volker: *Das Wissen der 35-Jährigen: Handbuch fürs Überleben*, Berlin, 2003

Meffert, Heribert: *Lexikon der aktuellen Marketingbegriffe*, Frankfurt a. M., 1997

Mesching, Alexander/Stuhr, Mathias (Hrsg.): *Arbeit als Lebensstil*, Frankfurt a. M., 2003

Meyer, Thomas: *Mediokratie. Die Kolonisierung der Politik durch die Medien*, Frankfurt a. M., 2001

Miegel, Meinhard: *Die deformierte Gesellschaft. Wie die Deutschen ihre Wirklichkeit verdrängen*, 2002

Misik, Robert: *Genial Dagegen*, Berlin, 2005

Mohr, Reinhard: *Generation Z*, Berlin, 2003

Morgenthaler, Julia: *Facts oder Fiction*, 2000

Ohrt, Robert: *Phantom Avantgarde*, Hamburg, 1990

Olins, Wally: *Marke Marke Marke*, Frankfurt a. M., 2004

Osten, Marion von (Hrsg.): *Norm der Abweichung*, Wien, 2003

Peirce, Charles S.: *Phänomen und Logik der Zeichen*, Frankfurt a. M., 1983

Pfaller, Robert: *Die Illusion der anderen. Über das Lustprinzip der Kultur*, Frankfurt a. M., 2002

Plessner, Helmuth: *Diesseits der Utopie*, Frankfurt, 1974
Postman, Neil: *Wir amüsieren uns zu Tode. Urteilsbildung im Zeitalter der Unterhaltungsindustrie*, Frankfurt a. M., 1988
Purdy, Jedediah: *Das Elend der Ironie*, Hamburg, 2002
Quart, Alissa: *Branded. Wie wir gekauft und verkauft werden*, München, 2003
Rau, Joachim: *Märkte, Mächte, Monopole*, Frankfurt a. M./Wien/Zürich, 2001
Reich, Robert: *The Future of Success*, München, 2002
Renner, Tim: *Kinder, der Tod ist gar nicht so schlimm! Über die Zukunft der Musik- und Medienindustrie*, Frankfurt a. M., 2004
Richt, Dieter (Hrsg.): *Protest in der Bundesrepublik*, Frankfurt a. M./New York, 2001
Riehl-Heyse, Herbert: *Jugendwahn und Altersstarrsinn. Mein ganz persönlicher Generationskonflikt*, München, 2003
Rifkin, Jeremy: *Access. Über das Verschwinden des Eigentums*, Frankfurt a.M./New York, 2000
Röggla, Kathrin: *Wir schlafen nicht*, Frankfurt a. M., 2004
Römer, Stefan: *Künstlerische Strategien des Fake. Kritik von Original und Fälschung*, Köln, 2001
Rössler, Beate: *Der Wert des Privaten*, Frankfurt a. M., 2001
Ruppert, Wolfgang: *Chiffren des Alltags*, Marburg, 1993
Rushkoff, Douglas: *Media Virus!*, 1996
Rushkoff, Douglas: *Der Anschlag auf die Psyche. Wie wir ständig manipuliert werden*, Stuttgart, 1999
Schacht, Martin: *Die ewige Zielgruppe. Warum sich die heute 30- bis 49-Jährigen nie wieder Sorgen machen müssen*, Berlin, 2004
Schirrmacher, Frank: *Das Methusalem-Komplott*, München, 2004
Schütz, Alfred/Luckmann, Thomas: *Strukturen der Lebenswelt*, Frankfurt a. M., 1979
Seidl, Claudius: *Schöne junge Welt. Warum wir nicht mehr älter werden*, München, 2005
Sennett, Richard: *Der flexible Mensch. Die Kultur des neuen Kapitalismus*, Berlin, 1998
Sennett, Richard: *Die Tyrannei der Intimität. Verfall und Ende des öffentlichen Lebens*, Frankfurt a. M., 1983
Sennett, Richard: *Respekt im Zeitalter der Ungleichheit*, Berlin, 2002

Siemons, Mark: *Schöne neue Gegenwelt. Über Kultur, Moral und andere Marketingstrategien*, Frankfurt a. M., 1993

Simmel, Georg: *Philosophie des Geldes (1920)*, Köln, 2001

Shakar, Alex: *Der letzte Schrei*, Hamburg, 2002

Smith, Zadie: *Zähne zeigen*, München, 2000

Smith, Zadie: *Der Autogrammhändler*, München, 2003

Sontag, Susan: *Kunst und Antikunst*, Frankfurt a. M., 1982

Sontag, Susan: *Camp*, München, 1987

Steiner, George: *Von realer Gegenwart*, München, 1990

Stephan, Cora: *Der Betroffenheitskult. Eine politische Sittengeschichte*, Berlin, 1993

Teipel, Jürgen (Hrsg.): *Verschwende deine Jugend*, Frankfurt a. M., 2001

Testcard. Beiträge zur Popgeschichte. Nummer 4: Retrophänomene in den 90ern, Mainz, 1997

Timmerberg, Helge: *Tiger fressen keine Yogis. Stories von unterwegs*, Münster, 2001

Toscani, Oliviero: *Die Werbung ist ein lächelndes Aas*, Frankfurt a. M., 1977

Weber, Max: *Die protestantische Ethik und der »Geist« des Kapitalismus*, Weilheim, 2000

Welsch, Wolfgang: *Ästhetisches Denken*, Stuttgart, 1990

Welsh, Irvine: *Porno*, Köln, 2004

Welsh, Irvine: *Transpotting*, München, 1999

Werner, Klaus/Weiss, Hans: *Schwarzbuch Markenfirmen*, Frankfurt a. M./Wien/Zürich, 2001

Zimmermann, Peter/Natalie Binczek (Hrsg.).: *Eigentlich könnte alles auch anders sein*, Köln, 1998

Žižek, Slavoj: *Liebe dein Symptom wie Dich selbst! Jacques Lacans Psychoanalyse und die Medien*, Berlin, 1991

Bildnachweise

Seite 14: Printanzeige für den Renault Modus, »Tu nicht so erwachsen« (Renault Nissan)

Seite 54: Printanzeige für Diesel (Fotograf: Carl de Keyzer, Magnum Photos/Agentur Focus)

Seite 55: Ostermarsch 1969, Fotograf Anton Tripp (Rechte: Fotoarchiv Ruhrlandmuseum Essen, nach einer Idee von Sigrid Schneider und Stefanie Grebe; Ausstellungskatalog *Wirklich Wahr!*, Hatje Cantz 2004)

Seite 94: Zeitungsausschnitt zum Tode Kurt Cobains, keine Rechteangabe

Seite 108: Politiker und Stars beim Kickern; Rechte bei action press

Seite 163: Pressefoto Guerillaaktion für die SZ, Rechte bei www.webguerillas.de

Seite 179: Printanzeige für MasterCard, Rechte ebendort

Seite 183: Printanzeige für Microsoft, Rechte ebendort

Seite 209: Adbusters.org

Seite 211: Adbusters.org

Seite 212: www.ora-ito.com

Seite 216: Nike-Skulptur auf dem Karlplatz, www.0100101110101101.org

Seite 237: Foto der Modefirma Maegde & Knechte, Rechte beim Fotografen: Roman Raacke

Seite 238: Che Guevara-Image, noch keine Rechteangabe

Seite 246: Andy Warhol, Joseph Beuys-Porträt

Seite 247: Fotografie Hello Kitty, Rechte bei dpmpublishing.com

Seite 266: Aufkleber Original Fake

Seite 267: Rechte bei The Yes Men (theyesmen.org)

Seite 273: Wahlkampagne der Zeitschrift *Titanic*, Rechte ebendort

Leider haben sich nicht alle Rechteinhaber der verwendeten Abbildungen eruieren lassen. Für nachträgliche Meldungen sind wir dankbar und nehmen den Rechtevermerk in der nächsten Ausgabe auf.